『兵範記』を読む

保元の乱の全記録

元木泰雄

角川選書
676

『兵範記』を読む——保元の乱の全記録

目次

序　論　21

第一部　摂関家への奉仕と鳥羽院政期の政情　35

第二部　忠通・頼長の相克——仁平二年～仁平四（久寿元）年　111

第三部　保元の乱前夜――久寿二年～久寿三（保元元）年

第一章　久寿二年前半――孤立する頼長

平信範関係系図

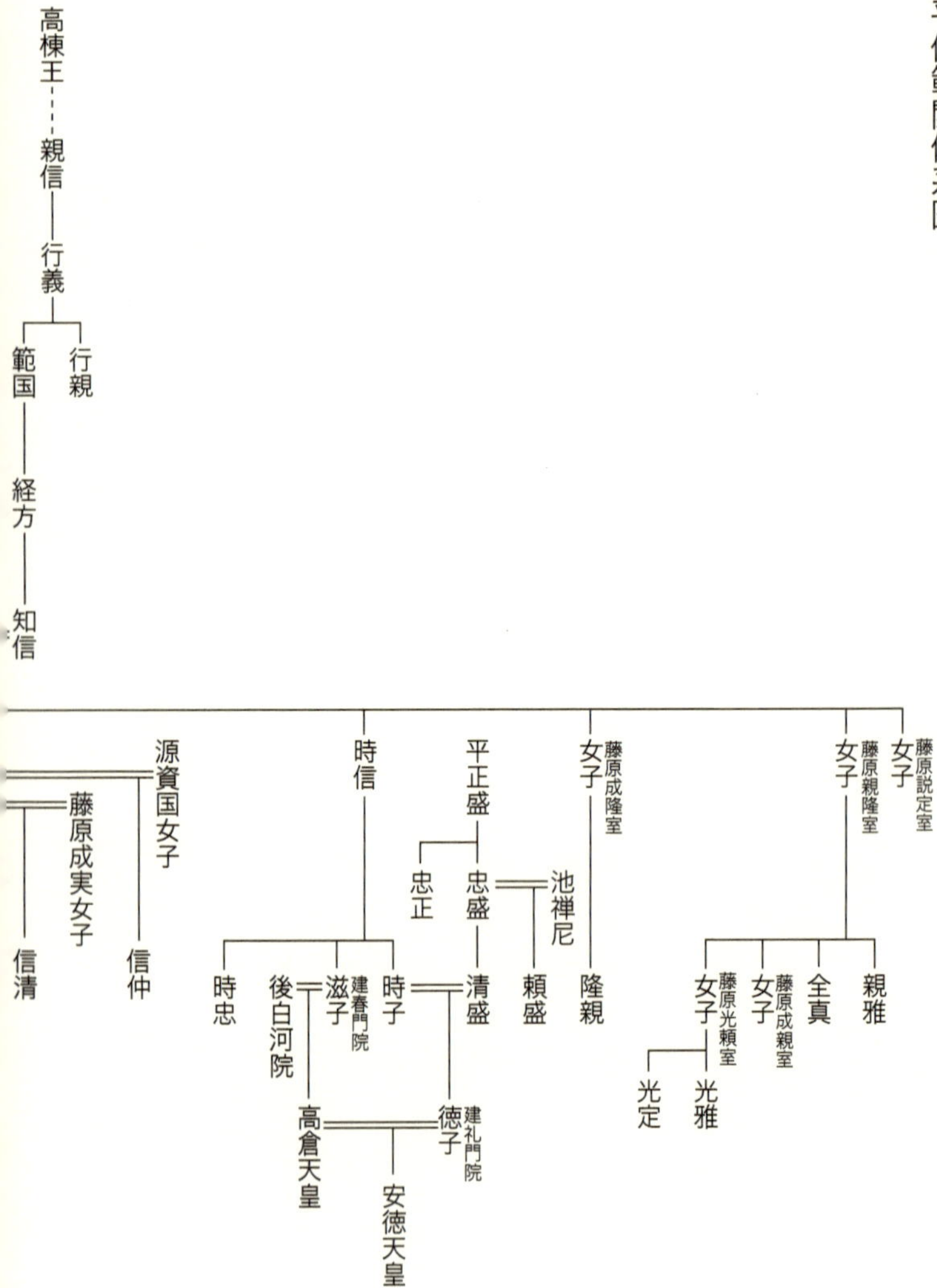

高棟王
親信
行義
範国
行親
経方
知信
源資国女子
藤原成実女子
信清
信仲
時信
時忠
後白河院
滋子
建春門院
時子
高倉天皇
安徳天皇
平正盛
忠正
忠盛
池禅尼
清盛
頼盛
徳子
建礼門院
女子
藤原成隆室
隆親
女子
藤原親隆室
女子
藤原説定室
女子
藤原光頼室
女子
藤原成親室
全真
親雅
光定
光雅

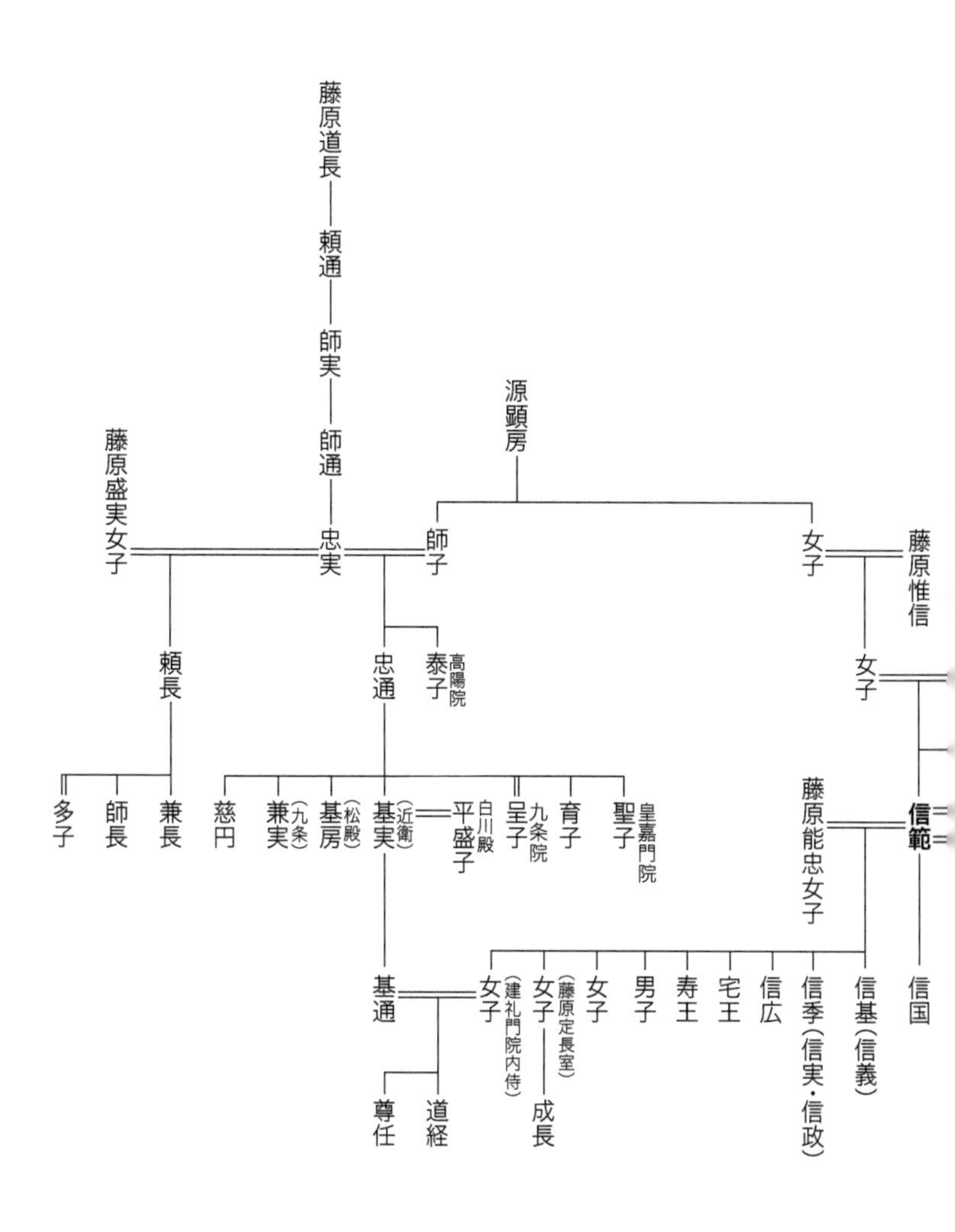

勝浦令子氏「家と家族—平信範とその家族を中心に—」（院政期文化研究会編『院政期文化論集』第5巻 生活誌、森話社、2005年）の掲載系図をもとに作成。

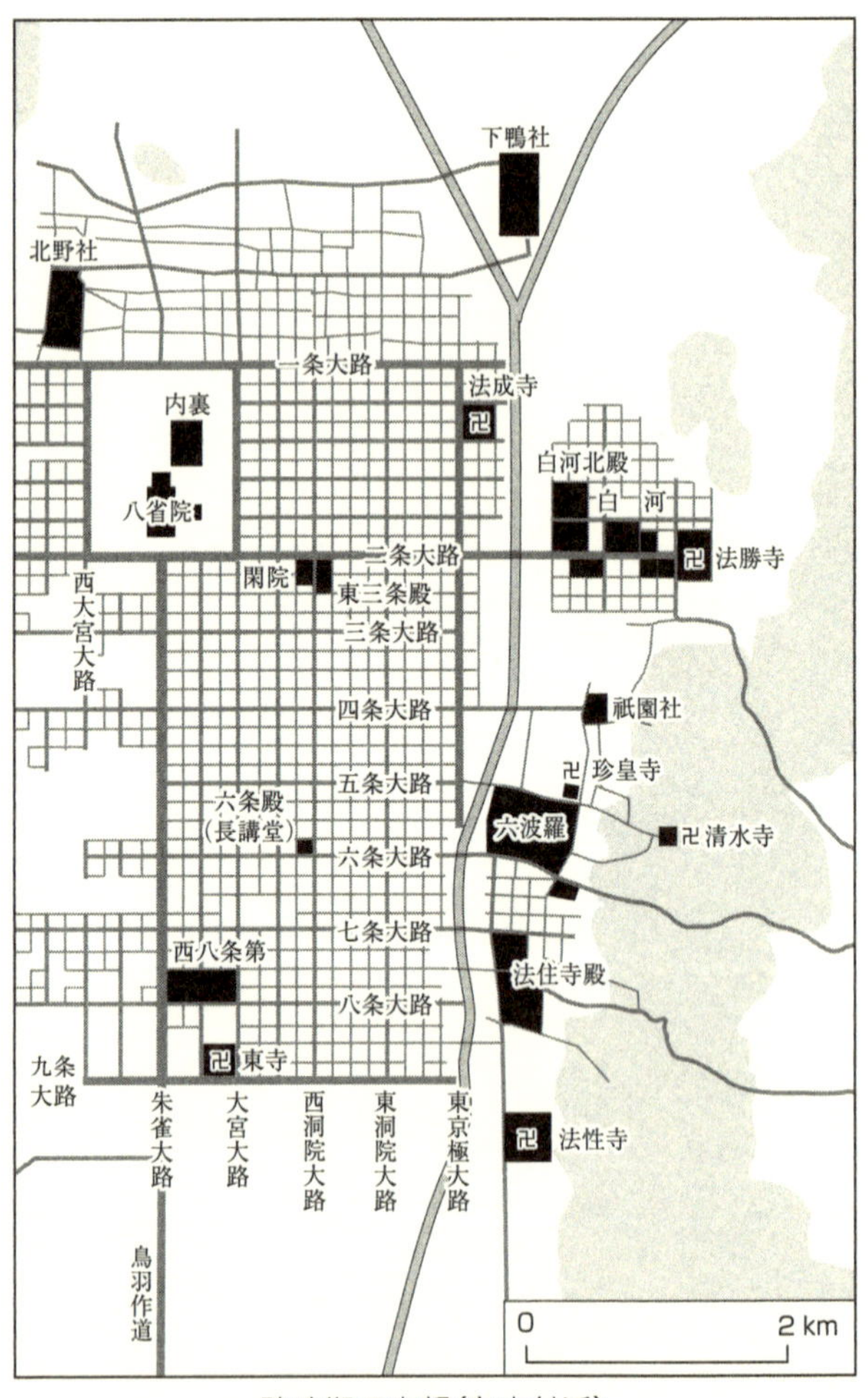

院政期の京都(左京付近)
元木泰雄ほか『京都の中世史2　平氏政権と源平争乱』
(吉川弘文館、2022年)山田邦和氏作成

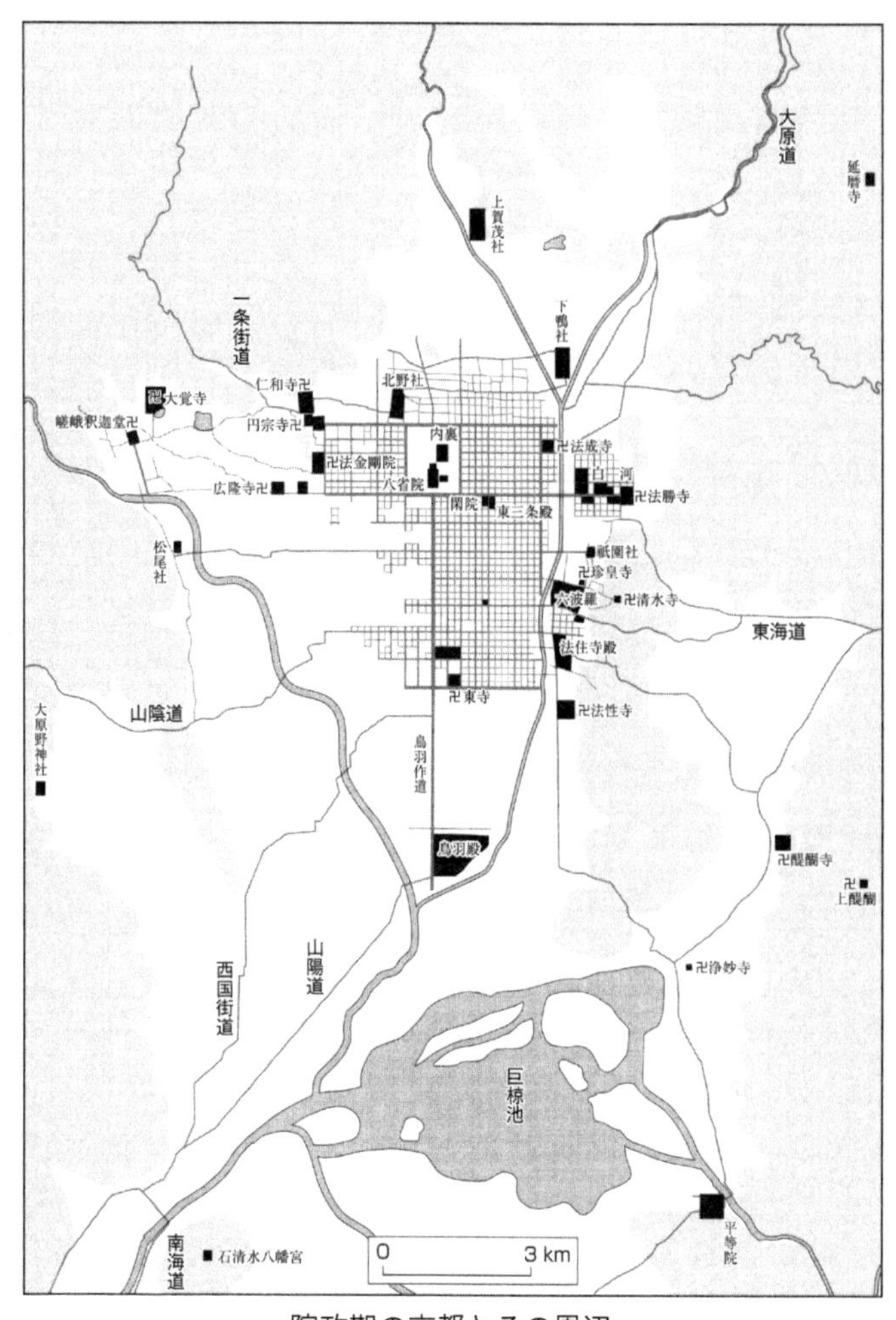

院政期の京都とその周辺
元木泰雄ほか『京都の中世史2　平氏政権と源平争乱』
（吉川弘文館、2022年）山田邦和氏作成

序論

『兵範記』保元元年7月11日条(陽明文庫蔵)

一　『兵範記』と保元の乱

鶏鳴、清盛朝臣・義朝・義康ら、軍兵すべて六百余騎、白河に発向す〈**清盛三百余騎、二条の方より。義朝二百余騎、大炊御門の方より。義康百余騎、近衛の方より**〉。

鶏鳴、すなわち鶏が鳴くころを意味する明け方、平清盛・源義朝・同義康が率いる六百余騎の軍勢が、後白河天皇の命で、天皇の兄崇徳院、左大臣藤原頼長が立てこもる鴨川東岸の白河北殿を目指して出撃していった。最大の三百余騎を率いる清盛は二条大路、二百余騎を率いる義朝は大炊御門大路、そして百余騎を率いる義康は近衛大路から、それぞれ進撃した。

これは、高等学校の日本史教科書の大半に掲載されている、保元の乱勃発に関する「史料」である。保元の乱とは、後白河天皇と崇徳院が皇位を、関白藤原忠通と左大臣同頼長が摂関の座をめぐって対立し、平清盛・源義朝以下の有力武士を組織した後白河・忠通陣営が、崇徳・頼長陣営を破った兵乱である。慈円が『愚管抄』（巻第四、巻第七）において、「武者ノ世」が到来したと記したことはよく知られている。

その保元の乱において、平清盛をはじめとする武士たちが、歴史の中心に躍り出すかのように出撃していった姿を想起させる印象的な記述である。一方で、日本史を動かした重大な兵乱の軍勢が僅か六百余騎だったのかと、意外に思われるかもしれない。ともかく、この冒頭の引用文自体については、ご記憶の方も多いことと思う。しかし、その出典や執筆者までご存じの方は少ないのではないか。

執筆者は平安時代末期の公卿、正三位兵部卿平信範（一一一二－八七）、出典は彼の日記『兵範記』の保元元年（一一五六）**七月十一日条**である。信範は、保元の乱の当時、乱に勝利する関白藤原忠通の家司（政所別当）という立場にあった。詳細は後述するが、忠通に仕えて家政を取り仕切り主君を補佐する、いわば摂関家の裏方を務める吏僚である。それだけに、摂関家の内情に通じており、『兵範記』には当時の政情の機微に触れる記事も少なくない。とくに忠通と、その父忠実、忠実が支援した弟の左大臣頼長との鋭い対立に関する記述は、保元の乱の前提を知る上でも興味深い。

本書は、保元の乱に至る『兵範記』の記事を紹介しながら、摂関家の内側から見た当時の政治情勢、そしてあまり知られていない摂関家の家政機関を、沈着な官僚である信範の目を通して描こうとするものである。

もちろん『兵範記』には、保元の乱後の政情にも詳しい叙述がある。信範の姪平時子は武門平氏の平清盛の室となり、その妹滋子は後白河院の寵愛を受け高倉天皇の母となる。信範の一族は平氏繁栄の中枢に加わり、彼も弁官（太政官の官僚）・蔵人頭（蔵人所の長官）という朝廷の実務官僚として、一門の隆盛を側面から描いているが、本書では割愛する。

『兵範記』の記事の分析に入る前に、まずはそもそも公家の「日記」（古記録）とはどのようなものか。この『兵範記』とはどのような史料であったのか。またこれを記した平信範とはいかなる人物か。このことから説明しておくことにしたい。

二　公家の日記（古記録）

日記が重要な史料であると聞いて、不思議に思われる方もあるかもしれない。今日の感覚でいえば、日記は外部には秘匿すべきものであり、それを覗き見るのは如何なものか。しかも主観的な記述だから、内容もどこまで信じていいものやら。そう思われるのも無理はない。しかし、当時の日記はかなり公的な性格を持っていたのである。

歴史学において研究の素材を史料というが、それは大きく三種類に分けることができる。すなわち、古文書・典籍・日記（古記録）である。このうち古文書は同時代史料で、特定の人物・機関が、特定の相手に特定の目的を伝えるものになる。一方、典籍とは書物であり、編纂史料・文学作品・経典などが含まれる。これらの多くは、後代における不特定多数の読者を想定して編纂・執筆されたものである。文学的興趣を目的としたり、『吾妻鏡』のように政治的意図で編纂されたりした書物であるから、信憑性という点では問題がある。

これらに対し、日記（古記録）は書いた人物（記主）が本人の備忘のため、あるいは太政官の下部組織である外記局などの機関が、記録を残すために記したものである。同時代史料という点では古文書と共通するが、特定の読者を想定したものではない。日記には外記局のような機関の記録もあるが、大半は個人が記したものである。日記を書いた人物を「記主」と称し、創作である文学作品の書き手を意味する「作者」とは呼ばない。また、同じ日記でも、『蜻蛉日記』『紫式部日記』などの女房日記は、公家日記と全く異なるものである。これらは、仮名で書かれた回顧録・随筆で、文学作品、すなわち典籍の範疇に入る。これに対し、公家日記は、毎日の政務・儀式などを漢文で記したものである。

かつて律令国家では公的歴史書である「六国史」が編纂された。延喜元年（九〇一）に完成した『日本三代実録』の後、国史の編纂が途絶すると、入れ代わるように、貴族個人の日記が作成されるようになった。その作成の目的は、自身の備忘とともに、子孫に政務・儀式の在り方を伝授する教科書という性格も帯びていた。したがって、日記は政務・儀式を記録した「歴史書」であった。もちろん、単純な誤記や、自身の立場を擁護するための曲筆も皆無ではないが、作成目的から考えて日記の記述内容はおおむね正確とされる。

当初、日記を記したのは宇多・醍醐天皇や、摂関を務めた藤原忠平、その子右大臣師輔といった有力者で、その延長上に藤原道長の『御堂関白記』、右大臣藤原実資の『小右記』が登場する。このため、日記には政治の枢機にかかわる記述も多く、摂関時代以降の政治史を研究する基本史料となるのである。

一方、摂関時代の後半から院政期にかけて、摂関・大臣のほか、弁官など、政務・儀式を担当する実務官僚といった中級貴族の日記も次第に増加する。これは、複雑化した儀式を子孫に伝えるとともに、彼らが仕える摂関家以下の有力者に儀式などの家政の実態を記録・報告するために作成したのである。以下で縷々述べるように、信範もそうした記録係を務める貴族の一人であった。

三 『兵範記』について

『兵範記』の概要

では『兵範記』とはどのような日記であろうか。『兵範記』という名称は、記主平信範の極官（最終官職）が兵部卿だったので、官職と名前の一字ずつを取って命名されたものである。兵部卿は太政官に属する八省の一つ兵部省の長官であるが、兵部省は他の省と同様、当時すでに実体を失い形骸化していたので、兵部卿も名前だけの名誉職でしかない。

これに対し、原本の半ばを保存している公益財団法人陽明文庫では、『兵範記』ではなく『人車記』と称される。これは「信範」という文字から、その一部分を取って付けられた名称であるが、一般的には『兵範記』がより通用しているように思われる。このほか辞書類には『信範記』『信範卿記』『北隣記』『平兵部記』『平洞記』などの呼称も記されているが、ほとんど用いられない。

記事は鳥羽院政期の天承二年（長承元年、一一三二）七月から、源平争乱期の寿永三年（元暦元年、一一八四）二月までが残存している。しかし、残念ながら散逸した部分が多く、まとまった記事が残っているのは、天承二年（長承元年）の後半、仁平二年（一一五二）から保元三年（一一五八）、仁安元年（一一六六）後半から嘉応二年（一一七〇）前半までの都合十年余りに過ぎない。筆まめな彼の日記がもっと残っていれば、この時代の研究はどれだけ進んだことかと長嘆息するばかりである。

とはいえ、残存部分の中には冒頭に掲げた保元元年（一一五六）七月の保元の乱、あるいは仁安三年（一一六八）二月における平清盛の出家など、平氏一門の動向に関する重要な記事が多数含まれている。とくに保元の乱については、乱に至る政治情勢、乱の経緯、さらに乱後の措置に至るまで詳細な記述が残っており、『兵範記』が保元の乱に関する最も詳細で正確な史料となっている。

また後述するように、信範は受領（国守）などに任じられることはなく、摂関家の政所別当（家司）のほか、朝廷で少納言、弁官、蔵人頭など、実務官僚を歴任した。このため、彼は摂関家の家政のほか、朝廷や院の重要政務や儀式について、大変詳細な記録を残している。

『兵範記』のテキスト

『兵範記』の大半は、臨川書店の「増補史料大成」（笹川種郎氏編、矢野太郎氏校訂「史料大成」を踏まえたもの）という叢書として刊行されており、その内容を活字で確認することができる。ただ、戦前の古い校訂なので誤りも多いが、有り難いことに記主信範の自筆本、あるいは彼自身の修訂が加えられたとされる平安末期の浄書本で、誤記を訂正することが可能である。

今日、平安時代の日記はかなりの数が残存しているが、藤原道長自筆の『御堂関白記』などの僅かな例外を除き、大半は後世の人が書き写した写本である。このため、どうしても写し間違えが起こり、誤った記述や意味の不明確な箇所が生じる。また、写本が何種類かあると、写本によって文言が異なる場合もある。

これに対し『兵範記』は、筆跡が相違しているのですべて本人が清書したとは考え難いが、少なくとも記主本人が確認した浄書本が残っているので、写本のみが残存する日記に起こるような問題は少ない（西田直二郎氏「兵範記に就いて」）。その意味でも『兵範記』は大変貴重な日記である。

浄書本は二つに分かれて、公益財団法人陽明文庫と京都大学に保管されている。これは、『兵範記』（陽明文庫では『人車記』）の原本が信範の子孫平松家から、一旦主君の近衛家に献上され、江戸時代にその一部が平松家に返却されたためである（米田雄介氏「兵範記と近衛基熙」、井上幸治氏「延宝五年の『兵範記』分与について」）。近衛家の所蔵分が、同家の宝物を伝える陽明文庫に、平松家が京都大学に永久寄託（のち売却）した分が、京都大学附属図書館に保管されている。余談だが、保元の乱や、平氏一門の活動などに関する重要な部分は、陽明文庫に所蔵されており、やはり近衛家は大事なところを手元に残したように思われる。

二カ所に所蔵された浄書本は、それぞれ『陽明叢書 人車記』、『京都大学史料叢書 兵範記』として、ともに思文閣出版から影印本が公刊されているので、容易に閲覧することが可能である。また、京都大学所蔵分は京都大学貴重資料デジタルアーカイブ（https://rmda.kulib.kyoto-u.ac.jp）で、鮮明なカラー写真を閲覧できる。

四　平信範について

信範の家系

では、記主の平信範はいかなる人物か。彼は桓武平氏高棟王流の貴族で、父は知信、母は藤原惟信の娘である。平清盛の室として知られる時子、その弟で「此一門にあらざらむ人は、皆人非人なるべし」（『平家物語』巻第一・禿髪）と揚言した時忠、そして後白河院の寵愛を受けて高倉天皇を産んだ建春門院滋子は兄時信の子であるから、信範は彼らの叔父にあたる。

いうまでもなく桓武平氏は桓武天皇の子孫で、その皇子葛原親王の子供の代に臣下に下り平姓を賜った。親王の長男で、正三位大納言に昇った平高棟の子孫が公家として発展し、公卿平氏・堂上平氏と呼ばれるが、信範はその系統に属している。

桓武平氏では、平氏政権を樹立した武門平氏の平清盛が著名だが、彼は『尊卑分脈』（第四篇三頁）に高棟の弟とされる高見王の系統に属する。高見王の子高望が平姓を賜って平高望となり、九世紀末に上総介として坂東に下向、子孫は武士となって各地に勢力を築くことになる。平将門の乱で知られる将門、彼を討った貞盛はともに高望の孫にあたる。そして貞盛の子孫に清盛が登場する。

のちに平清盛が太政大臣に昇進したように、武門平氏は政治的地位を上昇させ、ついには堂上平氏を凌駕するが、本来は堂上平氏の方が官位も上であった。信範の先祖は四位・五位の位階を有する諸大夫層に属し、摂関家の家司を務めた。「家司」というのは、もともと公卿家の家政機関に仕える職員全体を称したが、信範のころには政所の別当を意味するようになっていた。

政所というと鎌倉幕府のそれが有名であるが、本来は摂関家以下の公卿家に存在した家政機関であり、源頼朝はそれを模倣したのである。摂関家における政所は、儀式の遂行、荘園から徴収する年貢の管理、政所下文以下の文書の発給といった、様々な家政を担当する機関、すなわち家政機関であった。公家の政所別当は一人だけではなく複数任命されており、中心的な役割を果たす家司を「執事家司」などと呼ぶ（以上、拙稿「摂関家家政機関の拡充」）。

その家司の中でも、信範の先祖は儀式などを日記に記録することを職務とする「にき（日記）の家」（『今鏡』すべらぎの下第三、二葉の松）であった。堂上平氏代々の日記を「平記」と称するが、そのほとんどは散逸し、残念ながらごく僅かしか残っていない。そうした家に生まれた信範は、やはり摂関家に仕え、日記『兵範記』を記したのである。

信範の経歴

信範は、藤原忠実・忠通・基実という摂関家代々の当主、そして忠通の娘で崇徳天皇中宮の聖子、忠実の娘で鳥羽院の皇后であった藤原泰子（高陽院）などにも奉仕していた。彼は幸いなことに嘉応三年（一一七一）に公卿に昇進しているので、公卿昇進後はもちろん、公卿昇進までの官歴をまとめた『公卿補任』の尻付（細字で施された注記）によって、詳しい経歴を知ることができる。ただし、摂関家などで私的に任じられた家司などの役職は記載されていない。

信範の公的な経歴は、まだ十歳の保安二年(一一二一)三月の文章生から始まる。天承二年(長承元年、一一三二)正月には中宮藤原聖子に仕える中宮職の職員である権少進に就任、長承三年(一一三四)四月に六位蔵人となり、保延五年(一一三九)正月に二十七歳で叙爵し従五位下となった。五位以上の位階を有する者が「貴族」なので、信範も貴族の仲間入りを果たしたのである。叙爵は位階を得ることを意味するが、五位に昇ることには特別な意味があるため、叙爵というと従五位下に叙されることを意味する。

その後、彼は名目だけの官職である権守には任官するが、受領(国守)は経験していない。保元の乱後の主要な官職としては、保元元年(一一五六)十一月に少納言、永暦元年(一一六〇)十月に五位蔵人、永万元年(一一六五)八月に右少弁、仁安二年(一一六七)正月に権右中弁に昇る。

このうち、同じ蔵人でも、五位蔵人と六位蔵人とは大きく異なる。六位蔵人は宮中の雑用を担当し、少年や、あまり家格の高くない者も任じられた。かの源頼朝も、平治元年(一一五九)六月に十三歳でこの地位についている。これに対し、五位蔵人は天皇・院・摂関などの政務の取次も担当する重職で、実務に堪能な上に家柄の良い者が任じられていた。

少納言も蔵人の登場で職務は減少したが、家柄と有能さが求められている。信範は、少納言から右少弁に昇進するが、弁官は太政官における政務・儀式の実務を支える官僚である。権右中弁に昇進した信範は、仁安二年二月に六条天皇の蔵人頭に就任する。蔵人頭は天皇の側近として、天皇と摂関、院との間の政務取次を担当しており、彼が官僚として高く評価されたことがわかる。

中級貴族には大国受領を歴任する者と、信範のように実務官僚を歴任する者があり、両者は家柄も経歴も截然と区別される。前者を大国受領系、後者を実務官僚系と称するが、院近臣の多くは大国受領系で、成功などで院に対する経済奉仕を行っている。政治的には無能な者が多いが、受領の代官である目代、受領郎従が有能なので、任国の統治は可能であった。これに対し実務官僚系は代々儀式に通じ、政務に堪能な者が輩出していた（以上、拙稿「院の専制と近臣」）。信範はそうした一族に属した能吏だったのである。

信範は嘉応元年（一一六九）に延暦寺強訴の混乱に巻き込まれ、理不尽な理由で十二月に解官・配流されるが、翌年十二月に本位に復帰し、嘉応三年正月に無官のまま従三位となって公卿に昇進している。その二年後の承安三年（一一七三）正月に兵部卿に任じられるが、先述のように形骸化した官職で、政治に関与することはなかった。

公卿といっても、公的に朝廷の政治に参加できるのは、議政官と呼ばれる参議・中納言・大納言、そして大臣のみであった。それ以外の者は三位以上でも「散三位」、位階だけで官職のない散位の三位と称され、公卿とは名ばかりであった。信範は議政官に就任することはなく、政治の中心に加わることはなかったのである。

姪時子の夫清盛の躍進により、甥の時忠は三度検非違使別当を務め、さらには権大納言となって華々しく活躍したが、信範は対照的に政治の中枢からは距離を置いていた。安元二年（一一七六）三月に正三位に昇るが、翌安元三年（治承元年）七月に出家して政界を退いている。「所労」（病気）が理由だったが、その後も健康には恵まれ平氏一門滅亡後の文治三年（一一八七）二月十二日まで存命し、七十六歳という当時としては長寿を全うした。

先述のように、『兵範記』には保元の乱を中心とする摂関家の動向と、弁官・蔵人頭としての活躍という二つの重要なテーマがあるが、本書ではより緊迫感のある前者に焦点を絞り、同書を繙（ひもと）いてゆく。

なお、『兵範記』の本文を引用する際には、漢文体の原文を読み下し、太字で示す（読者の便宜を図って現代仮名遣いを用いる）。小書きや分注は〈〉記号で括り、破損箇所は□記号で示した。先に紹介した「増補史料大成」の翻刻に基づくとともに、信範の自筆本や浄書本の影印・カラー写真を参照して、適宜翻刻の誤りを訂正している（訂正箇所には傍線を加え、刊本との異同を後ろに示す）。また、「増補史料大成」の翻刻には、まま読点に誤りがあるので、これも内容に即して改めた。

第一部　摂関家への奉仕と鳥羽院政期の政情

『兵範記』保延7年3月10日条（京都大学附属図書館蔵）

第一章　中宮藤原聖子と家政

一　中宮権少進信範

最初の記事

まずは、『兵範記』にはどのようなことが書かれているのか、そのことを知るために、現存する記事の冒頭部分を取り上げよう。ここに記されているのは、天承二年（一一三二、八月十一日に長承元年に改元）における中宮藤原聖子（一一二二―八二）のもとでの活動である。聖子は当時の関白藤原忠通の娘で、崇徳天皇の中宮であった。彼女の生涯は後述する。

さて、信範は天承二年正月に中宮権少進に就任し、二年後の長承三年（一一三四）四月に六位蔵人に補任されるまで、その地位にあった。彼の二十一歳からの二年間にあたる。

最初の記事は、天承二年**七月一日条**である。

辰の刻、格子を上ぐ。次いで主水司、御手水を供ず。夜に入り、膳宿、膳を供ずる事、例

の如し。

信範は、辰の刻（午前八時ごろ）に中宮の御所に行き、格子を上げ、ついで主水司が手水を持参した。そして夜になって膳宿が夜の御膳を供えた。特段の儀式もなく、記されているのは中宮のもとでの日常である。

記念すべき最初の記事にしては拍子抜けの感もある。ただ、信範はすでに正月には中宮権少進に就任していたので、七月一日から記述が始まる理由は明確ではない。この前の部分が散逸した可能性もある。

さて、信範が仕えたのは中宮であった。中宮とは天皇の正式の配偶者を指し、本来は皇后と

藤原頼長
（『天子摂関御影』皇居三の丸尚蔵館収蔵）

同義であった。ところが、よく知られているように、長保二年（一〇〇〇）、藤原道長は娘彰子を一条天皇に入内させ、すでに皇后（中宮）であった兄道隆の娘定子に対抗すべく、皇后と中宮を分離し、彰子を強引に中宮に立てたのである。

後から入内した彰子は皇后定子より格下となるため、彰子が皇子を産んでも天皇になれない恐れがあった。そこで、道長は皇后と中宮を分離し、定子を皇后とするとともに、彰

子を同格の中宮にしたため、一帝に二后となってしまったのである。もちろん、いつも二后が並立したわけではなく、これはごく特殊な事態であったが、信範の時代にも再び「一帝二后」が再現されることになる。

　久安六年（一一五〇）、藤原忠通・頼長兄弟が、ともに養女を近衛天皇に入内させ、忠通の養女呈子が中宮に、頼長の養女多子が皇后となって、一帝に二后が並立したのである。並立した際には、先に立后（りっこう）していた方が皇后を称していた。立后をはじめ、両者の対立が激化し、ついには保元の乱における衝突の一因となるが、この問題は後述する。

　さて中宮に仕える役所が中宮職（しき）で、その職員には令制の官司に共通する四等官制が適用されていた。四等官とは、長官を「かみ」（ただし中宮職は「だいぶ」と称する）、次官を「すけ」、三等官を「じょう」、四等官を「さかん」と呼ぶもので、文字は役所ごとに異なる。

　中宮職には、まず長官の大夫、次官の亮、三等官の大進・少進、四等官の大属・少属が設置され、それぞれに権官（今でいえば副官）が付置されていた。信範は三等官の少進の権官で、位階もまだ六位に過ぎない。少進には、五位と六位があり、前者を「大夫進」（この「大夫」は五位の意味）、後者を「六位進」と呼んだ。これらは令に規定された職員だが、その下には雑用を奉仕する六位以下の「侍」などが組織されていた。

　ちなみに、今では「侍」というと武士と同義語になって、武士道を体現する勇敢な存在とみなされ、野球の日本代表チームが「侍ジャパン」と呼ばれるように、スポーツチームの愛称に使われている。しかし、平安末期の侍と武士は同義ではなく、皇族・貴族に仕える基本的に六位以下の下級官人を指す。地方の武士などが大概六位であったため、中世の後半に入って次第に武士と侍が同じ意味になるのである。貴族社会では、最上級の三位以上が公卿（くぎょう）、四～五位が諸大夫、そして六位以下を侍と呼んでいた。貴族としての特権を与えられ、貴族とよばれるのは五位以上なので、六位以下の侍は貴族以下の官人であった。

中宮聖子の生涯

次に信範が仕えた中宮藤原聖子について紹介しよう。

彼女が中宮として配偶関係にあったのは、崇徳天皇（一一一九–六四）で、退位後に皇位をめぐって弟後白河天皇と保元の乱で衝突し、敗れて讃岐（さぬき）に流され、同地で亡くなる悲劇の天皇である。長承元年当時、天皇は十四歳、聖子はまだ十一歳、聖子の父は時の関白藤原忠通（一〇九七–一一六四）、母は権大納言藤原宗通（むねみち）（一〇七一–一一二〇）の娘宗子（一〇九五〈一〇八九とも〉–一一五五）であった。

忠通は保元の乱で後白河天皇に従い、崇徳院や弟頼長と衝突して勝利を収めた。聖子は父と夫の衝突という悲劇を経験することになる。代々摂関家に仕える家に生まれた信範が中宮に仕えたのは、彼女が忠通の娘だったためである。

さて、聖子は大治四年（一一二九）に崇徳天皇の女御として入内し、翌五年に中宮となった。意外なことに現職摂関の娘が立后したのは、永承六年（一〇五一）に関白藤原頼通（よりみち）の娘寛子が後冷泉天皇の皇后となって以来のことであった。延久六年（一〇七四）、頼通の嫡男師実（もろざね）の養

崇徳院
(『天子摂関御影』皇居三の丸尚蔵館収蔵)

女賢子が白河天皇の中宮となったが、彼女は養女であった上に、中宮冊立は師実の関白就任以前である。かつては摂関家の娘が中宮・皇后となるのは当然であったが、後三条天皇・白河院と摂関家との軋轢が影響し、長く中断していた。

しかし、鳥羽院は若くして退位させられたことなどから祖父白河院に反発し、大治四年(一一二九)の白河死後に院政を開始すると、白河によって謹慎に追い込まれていた前関白忠実(忠通の父、聖子の祖父)を政界に復帰させ、退位後にもかかわらず、忠実の娘泰子(後の高陽院)を皇后に迎えるなど摂関家との融和を図った。聖子の立后も、その一環である。

ただ彼女は崇徳天皇との間に皇子・皇女を儲けることはなかった。このため、崇徳の異母弟體仁親王を養子に迎えている。この親王は、院近臣家出身の藤原得子(美福門院)の皇子で、永治元年(一一四一)十二月に践祚する。院近臣の娘を母とする初の天皇、近衛天皇である。聖子を養母としたので、近衛天皇と崇徳院も義理の父子関係になる。

元の天皇なら誰でも院政ができるわけではなく、天皇に父権を行使できる直系尊属(父、祖父、曾祖父)のみにその権利があった。養子とはいえ、崇徳は近衛の父院であったから、もし近衛天皇が久寿二年（一一五五）に亡くならなければ、崇徳院政も実現したと考えられている。

なお、『愚管抄』（巻第四）は、崇徳天皇から近衛天皇に譲位が行われた際、その宣命に「皇太子」ではなく「皇太弟」と記されたとし、崇徳と近衛とは父子ではなく兄弟とされたので、崇徳は院政が不可能になったとする。事実とすれば大事件だが、同時代の記録で確認できず、また近衛天皇が亡くなるまで崇徳と鳥羽との関係も破綻していなかったので、この挿話は疑わしい。

それはともかく、崇徳天皇の心は次第に聖子から離れ、白河院に近侍した法印信縁という僧侶の娘兵衛佐局を寵愛するようになる。そして、保延六年（一一四〇）九月、彼女との間に重仁親王を儲けたのである。『今鏡』（みこたち第八、腹々のみこ）は、娘聖子を蔑ろにされた忠

①白河院―②堀河天皇―③鳥羽院

待賢門院璋子＝③鳥羽院
　④崇徳天皇―重仁親王
　上西門院統子（恂子）
　⑥雅仁親王（後白河天皇）―⑦守仁親王（二条天皇）
　覚性法親王

藤原長実―美福門院得子＝③鳥羽院
　⑤體仁親王（近衛天皇）
　八条院暲子

王家系図
（丸番号は天皇即位順）

通が崇徳を不快に思ったとする。

聖子は久安六年（一一五〇）二月に院号を宣下されて皇嘉門院と称した。女院は、退位した天皇を意味する「院」の女性版で、男性の院と同様の待遇が付与された。詳しくは美福門院を取り上げるときに説明する。保元元年（一一五六）、崇徳院が保元の乱で失脚した後、聖子は京で父の庇護を受け、源平争乱最中の養和元年（一一八一）十二月に六十一歳で亡くなっている。晩年に、弟九条兼実の子良通を養子に迎えて荘園を譲渡したが、これが九条家領荘園の基礎となり、九条家が摂関家嫡流の近衛家に対抗する経済的基盤となった。

二　所宛と中宮の職員

権大進光房

さて、八月十一日に改元があり天承二年（一一三二）が長承元年となった。当時は天皇即位のほか、災害や暦の関係でやたら改元があり、五年以上続く元号は珍しかった。改元三日後の**八月十四日条**に、中宮「所充」の記事がある。この記事を通して中宮職の職員を紹介しよう。

宮の所充の事あり。晩頭、束帯を着し参入す。この間、権大進光房、殿上の装束を奉仕せしむ。

「所充」は、一般的には「所宛」と書き、中宮に仕える各家政機関の別当を定め、年中行事の担当者を割り振る儀式である。もとは朝廷から始まり、蔵人所において同所が管轄する家政機関（「所」と称する蔵人所の下級部署）の別当を定める儀式であった。中宮、摂関家以下の諸家でも朝廷と同様、八月に行われている。信範は束帯、すなわち正装を着して儀式に臨んでいるが、これは他の儀式でも同様である。

さて、この儀式に最初に登場するのは、権大進藤原光房（一一〇九–五四）で、彼は殿上間（てんじょうのま）の装束を奉仕している。この「装束」は現代のように「服装」を意味するのではなく、儀式における舗設（ほせつ）（建具・調度を配置して、儀式の場を設けること）を意味する。光房は、その後の儀式の進行も担当しており、所宛の実務面の中心であった。

藤原光房は実務官僚系の廷臣で、父は為隆（ためたか）（一〇七〇–一一三〇）、祖父は為房（ためふさ）（一〇四九–一一

冬嗣
- 良房〈摂関家〉
- 良門
  - 利基—兼輔—（三代略）—頼成—清綱
    - 隆時—清隆—光隆
    - 忠清—源義朝母
  - 高藤—定方—朝頼—為輔—宣孝—隆光—隆方—為房
    - 為隆—光房—経房
    - 顕隆
      - 顕頼
        - 光頼
        - 惟方
        - 成頼
        - 女子＝藤原忠隆
          - 信頼
      - 顕長
    - 朝隆

良門・為房流系図

一五）で、藤原北家の藤原高藤（八三八－九〇〇）の子孫にあたる。高藤は皇太子敦仁親王（八八五－九三〇、のちの醍醐天皇）の外祖父として内大臣に昇るが、子孫は受領・弁官などを務める諸大夫層となり、摂関に家司として仕えることになる。有能な官僚だった為房は、摂関家と同時に白河院にも仕え、院に才覚を認められ院近臣に加わり、参議として公卿に列したのである。

以後、子孫は繁栄し公卿が輩出、一門は氏寺にちなんで勧修寺流と呼ばれた（現在の「勧修寺」は「かんじゅじ」とよみ、京都市山科区に所在）。為隆は為房の長男で、摂関家に仕え、父と同じく参議に昇進している。その子光房も有能な官人で、聖子のほか忠通やその室に仕え、弁官として朝廷でも活躍した。しかし、仁平四年（一一五四）、四十六歳で急死する運命にあった。有能ゆえに仕事が集中し過労死したのである。彼の死去については第二部第七章で詳述する。ちなみに、彼の長男は鎌倉初期の親幕府派公卿として活躍する吉田経房である。

ところで、光房の叔父顕隆（一〇七二－一一二九）の系統は院近臣として活躍する。顕隆は夜間に院御所を訪れ、院の政務決裁の助言をしたことから、「夜の関白」とも呼ばれた（『今鏡』すべらぎの中第二、釣りせぬ浦々）。本来の関白が「昼の関白」であることに対応する表現である。彼の死去に際し、権大納言藤原宗忠が日記『中右記』大治四年（一一二九）正月十五日条に「天下の政、この人の一言にあり」と述べたように、白河院の腹心中の腹心であった。

同じ院近臣でも、大国受領系統がもっぱら経済的に奉仕したのに対し、実務官僚系統は政策決定などで院を支えたのである。これは、近臣の単なる恣意的抜擢ではなく、身分秩序を超えた有能な官人の人材登用でもあった。顕隆の子孫は葉室家として繁栄する。

なお、光房の上には大進藤原有業がいたが、彼は五月に死去し後任は未定であった。

中宮大夫と権大夫

所宛には「両大夫」の座が儲けられたが、両大夫とは中宮職の長官中宮大夫と、副長官中宮権大夫を意味する。中宮大夫は正二位大納言の源能俊（一〇七一－一一三七）、権大夫は従三位権中納言の藤原忠宗（一〇八七－一一三三）である。このように両大夫には公卿が就任しているが、奈良時代の養老官位令の規定によると、大夫は従四位相当となっており、かなり身分が上昇したことになる。どの官職でも、官位相当制が崩れると、だいたい位階が高くなっていた。

大夫の能俊は醍醐源氏で、安和の変で失脚した源高明の子孫である。高明の娘明子が道長の室となったことから、この一族は道長に近侍し、高明の子俊賢は道長の腹心となった。俊賢の孫で、能俊の父俊明（一〇四四－一一一四）は、側近として白河院を支えると同時に、堂々と院に直言した有能で気骨のある実務官僚として著名である。

能俊の室は、摂津源氏の武将で摂関家の家司を務めた源頼綱の娘なので、摂関家とも近しい関係にあったとみられるが、忠通や聖子の周辺との関係は詳らかではない。おそらく姻戚関係などの人脈よりも、父譲りの実務能力で選ばれたのであろう。なお能俊は、所労（病気）で欠席している。

権大夫の藤原忠宗は、忠実の叔父家忠の子という摂関家傍流出身で、忠実の従弟にあたる。

息子には花山院太政大臣忠雅、中山忠親（『山槐記』の記主）らがいた。当時まだ四十六歳であったが、この翌年に急死している。遠縁ではあるが、能俊と同様、聖子や忠通周辺との姻戚関係といった深いかかわりは不明確である。

亮顕輔と権亮重通

中宮職の次官にあたるのが亮と権亮である。亮は藤原顕輔（一〇九〇－一一五五）、権亮は藤原重通（一〇九九－一一六二）であった。

まず顕輔は白河院の乳母子顕季の三男で、歌人としても名高く、和歌の家六条藤家の祖となった。父顕季は白河院の乳母藤原親子の子、つまり院の乳母子である。当時の乳母は、生母に代わって授乳する女性というわけではない。授乳する乳母もいたが、それは僅かで、乳母の多くは夫（乳父、乳母夫とも。読み方はいずれも「めのと」）とともに、託された貴人の子を保護・養育する立場にあった。

乳母の子供が「乳母子」で、養育された貴人とは幼馴染で親密な関係にあったから、顕季は白河院から最も寵遇された院近臣となった。顕季は院の支援で播磨などの大国受領を歴任して富裕化し、本来四位までしか昇進できない受領層出身でありながら、公卿昇進を果たしている。その子孫は代々の院近臣として活躍し、顕季の子長実・家保は白河院の、孫家成は鳥羽院の、そして曽孫成親は後白河院の、各々腹心というべき近臣となったのである。

顕輔も白河院の近臣であったが、讒言で院に嫌われ失脚する。その彼を救ったのが忠通で、彼は院の没後に顕輔を中宮亮に任じたのである。顕輔の姉妹が聖子の外祖父宗通の室で、忠通・聖子と密接な関係を有したことから起用されたとみられる。当時は近江守であったが、のちに公卿に昇進、正三位左京大夫に至り、久寿二年（一一五五）に六十六歳で亡くなっている。

権亮重通は藤原宗通の子で、聖子の母の弟、母方の叔父にあたる。しかも、彼の母は顕季の娘なので、顕輔の甥でもあった。当時、正四位下右中将で、正二位大納言に至った。二人の亮は、忠通や聖子、そしてお互いに密接な関係を有したのである。またともに公卿家の出身で、自身も公卿に昇進している。大夫・権大夫が名誉職的なのに対し、亮は実質的に中宮職の中心を担っていたと考えられる。

所宛の儀式

次に所宛の儀式を紹介しよう。貴族の儀式と耳にしただけで、煩雑で無意味といった印象を持たれることと思う。決してそんなことはない、とは残念ながら言えないが、どんなものか少し味見をしていただこう。「くさや」や「鮒ずし」だって、何度か口にすれば愛好する人も出てくるのだから。

さてこの日、大夫は欠席したが、権大夫、亮、権亮が参入している。そして以下のような記述がある。

権大夫、主計頭家栄朝臣を召し、侍所において日時を勘申せしむ。次いで権大夫に覧ず〈筥に入れ、古き大間一巻を加う。庁に在るをかねて召し儲くるか〉。

日時勘申は、当日が妥当であることを答えるだけの形式的な儀式である。貴族は占いを重視するが、けっしてそれに振り回されるわけではなく、都合よく利用していた。今日でも、結婚式に大安を選び仏滅を避けるようなものである。

侍所というと鎌倉幕府の御家人統制機関が想起されるので、侍所で勘申が行われたというと意外に思われるかもしれない。公家(くげ)には六位以下の官人である侍が組織されており、侍所はその詰め所であり、彼らを統制する機関でもあった（拙稿「平安後期の侍所について」）。侍所は侍に限らず他の家政機関職員にも指図する機能を有していて、後述のように家人統制という点で、公家と鎌倉幕府の侍所は共通する性格を有したのである。その一方で、この場合のように、本来の機能と関係なく便宜的に利用されることも多い。

権大夫の前に、勘文(かんもん)とともに古い「大間」が置かれ、これを見ながら儀式は行われた。古い大間は「庁」（中宮職の庁、役所）に保管してあった昔のもの。「かねて召し儲くるか」というのは、「あらかじめ用意したのだろうか」という意味で、「か」には現代と同様、不審、疑問の意味がある。彼は、こういう準備をすることを知らなかったのである。若い信範は自身の不勉強と思ったのかもしれないが、これから見てゆくように結構鼻っ柱の強い彼は、先例にない非常識な行為と思った可能性もある。

「大間」というのは諸役を書き並べた台帳で、予(あらかじ)め書かれた諸役と諸役との大きな行間（大間）に担当者の名前を記入した。大間という様式の文書は、朝廷の除目(じもく)でも用いられる。もっとも、この日の所宛は議論して担当者を決めたわけではなく、すでに決まっていた人名を書き入れる形式的な儀式であった。

そんなことだから、儀式と並行して酒宴が行われている。まず少進藤原顕憲（あきのり）が手に持っていた笏（しゃく）を腋（わき）に差し挟んで権大夫に酒を注ぎ、ついで権大夫は亮にも酒を勧めている。その後、汁物が置かれ、権大進が紙や筆記用具の入った硯筥（すずりばこ）を権大夫の前に置いた。ここで信範は次のように記した。

これに先んじ、須（すべか）らく箸を下ろさるべし。しかるに下ろされざるは如何（いかん）。

筆記用具を持参する前に箸を下ろすべきなのに、下ろさない、つまり食事を始めないのはおかしいと批判を記している。記録で確認した儀式次第と相違していたのであろう。儀式の不審に対する批判は『兵範記』の大きな特色で、主君の忠実らにも容赦はない。さすがに忠実には記さないが、他者の失策を「失」とする記述は頻出する。

ここで初登場の少進顕憲に触れておこう。彼は藤原氏高藤流の傍流で、一族は六位蔵人・少納言などを務めた実務官僚である。彼の姉妹が忠実の愛妾となり、保元の乱で敗死する左大臣頼長を産んでいる。このため、保元の乱に至るまで頼長の腹心の家司として活動することになる。しかし、同じ高藤流でも、先述の光房が属する為房の系統とは異なり、この系統には弁官・五位蔵人・蔵人頭といった重職に就く者はいなかった。

さて、権大夫の命で権大進が大間を記入し、それを権大夫に見せ、権大夫・亮・権亮（ごんのすけ）が署名して、さらに「殿下」、すなわち関白忠通に見せている。殿下というと今は皇族の敬称であるが、当時は摂関を意味していた。殿下による確認が終わると大間は収納され、亮以下は中宮の庁で宴会を行った。「盃饌」は「数献」に及んだとのことで、かなりの酒量のようである。当時のアルコール度数はさほど高くなかったようだが、これだけ飲むと相当酩酊したのではないかと心配になってしまう。

儀式でやたら酒が入るが、だから平安貴族はいい加減と言えるかどうか。所宛に関する実際の決定は実務担当者によってすでに行われており、権大夫以下はそれを確認しただけであった。実務担当者に任せて形式的な確認をするだけということも、公務に託けて宴会を楽しむということも、今でもありそうなことである。

三　諸社への奉幣

十一月の行事

所宛以後も、『兵範記』には様々な儀式が記されているが、次に諸社に対する奉幣を取り上げよう。旧暦の十一月は今の十二月に相当し、もう冬になるが、諸社で秋祭りに当たる祭礼が挙行されていた。祭礼に際し、中宮からも諸社に布で作られた幣帛を奉納する「奉幣」が行われ、まず二日には春日奉幣の使者が出立している。三日の上申の日に春日祭があるので、前日に使者は南都に向かったのである。三日に平野、四日に梅宮、十五日に吉田と、各神社の祭礼に際し奉幣が行われた。

十九日条には「**大原野祭の奉幣立つ。使長政親**」とあって、大原野祭の奉幣使として「長政親」が出立している。「長」とは侍の中の上首である侍長(さむらいのおさ)を意味する。大原野神社は、現在の京都市西京区に所在し、藤原氏の氏神春日社から分社され、平安遷都、あるいは藤原良房(よしふさ)の父冬嗣(ふゆつぐ)の時に勧請(かんじょう)されたと伝えられる。

　春日の分社なので藤原氏の氏社であり、とくに藤原氏の皇后が祭祀(さいし)を行うことになっていた。このため、中宮聖子との関係も深く、他社の奉幣に比べて『兵範記』の記述は詳細である。奉幣使政親のほか、中宮の御禊(ごけい)に際し介添え役の陪膳は権亮重通、雑事を担当する役送・行事は権大進光房が務めた。

　祭礼の準備には、祭使以外の役人たちも向かっている。

　今朝、小（少）進顕憲、祭の庭の舗設を随身(ずいじん)し、社頭に参向す。侍所司信親(のぶちか)、役の諸大夫・諸司の官人を催し具して、同じくもって進発す。

　少進顕憲が祭礼の「庭」（場(ば)）の舗設（設え(しつらえ)）を社頭に持参し、侍所司信親（姓未詳）が諸役を務める諸大夫・諸司の官人を「催し具して」（催促して伴い）、進発した。六位の侍所司が、自分より身分が高い五位の諸大夫も含む、侍以外の官人を動員したことがわかる。侍所は家政において、家人たちに行動を指示し、それを監督する役割を果たしていたが、その中心は侍所司であった。

　二十日条には、以下のように記されている。

　午後、大夫進(たいふのじょう)、大原野祭の見参(げんざん)を持参し、まず殿下に覧じ、次いで御前に啓す。

　この日、大夫進顕憲が、大原野祭の「見参」を殿下忠通に見せ、ついで中宮の御前に申し上げている。見参は、出仕した者の名前を記入した台帳と思われ、ここで昨日の祭礼に出仕した者を確認したことがわかる。侍所司による催促に従ったのかどうかの確認なので、催促と関連した行動といえる。

侍所司というと、鎌倉幕府の侍所所司梶原景時を想起する方も多いだろう。彼が御家人を監視し、さらには源義経を頼朝に讒言するなど、別当和田義盛より重要な役割を果たしたことが有名である。公家の場合、侍所別当には侍を監督するような行動はみられない。これに対し所司は六位で、今回の催促のように重要な実務を担当していた（拙稿「平安後期の侍所について」）。こうした役割が、鎌倉幕府の侍所所司にも継承されたことになる。

侍所司の失策

このように、侍所司は儀式で重要な役割を果たす役職であるが、その所司の失策に関する記事がある。十二月の大神祭奉幣で事は起こった。大和国の大神神社は、日本最古の神社とされる三輪神社のことで、例年、四月、十二月の上卯の日に祭礼が行われていた。

三日、丑、大神の祭、奉幣立つ。使属安倍宗重、陪膳亮朝臣、役供権大進光房、御禊例のごとし。

（※「三」「倍」―刊本の「二」「信」を、それぞれ影印本で訂正）

十二月三日の丑の日に大神祭の奉幣使が出立した。「使」とは奉幣使を指す。同時に中宮の御禊も行われ、陪膳を亮顕輔、役供（送）を権大進光房が務めた。問題はその続きである。

そもそも件の祭、明後日也。今日の奉幣、極めたる失也。四月は丑の日、使立つ。十二月は寅の日、奉幣也。

祭礼は明後日の卯の日だから、奉幣は前日の寅の日だったはずで、今日の出立は「極めたる失」、すなわち、これ以上ない失策と信範は激しく非難している。ただ、ややこしいことに、四月の奉幣は丑の日に使者が出立し、十二月は寅の日に出立することとなっていて、四月と十二月とで出立の日が違っていたのである。もちろん煩雑だから式日を間違えてよいわけはなく、これは大失策であった。なぜこんなことが起こってしまったのだろうか。

この奉幣は中宮大進藤原有業の担当であったが、先述のように彼は天承二年六月に死去し、代わりの担当者が未定のまま、侍所司信親が四月の式日と間違えて丑の日に奉幣使を出立させてしまったのである。

信親の失策だが、やはりこれを確認する中宮職の宮司が必要だった。先の引用文に続いて、「**亮・権大進ら、左右なく申し行なわれおわんぬ**」とあるように、禊に奉仕した亮顕輔・権大進光房も、「左右なく」（軽率に）執り行って失策を見落としたのである。自分の担当ではない儀式に、いい加減に対応するというのも、いつの時代でもありそうである。

まだ年も若く身分も下の信範は、亮や権大進に意見できなかったのだろう。その憤懣もあったのか「**尤も奇怪、後例となすべからざるか**」、非常におかしい、のちの例としてはならないと厳しい非難を浴びせている。先例と齟齬することは、貴族社会で最も批判される出来事であり、またこうした失策を悪しき先例として記録し、子孫たちの戒めとしたのである。まだ若年ながら、将来まで見据えた信範の厳格な性格があらわれている。こういう人が傍にいると任せて安心だが、口煩い(くちうるさ)ことに辟易(へきえき)させられたことだろう。

ちなみに、有業の没後、空席だった大進には、翌長承二年（一一三三）正月に信範の父知信が就任している。信範は同三年四月に崇徳天皇の六位蔵人に転じるが、それまでの間は父とともに中宮に仕えていたことになる。父子の間でどのようなやり取りがあったのか興味深いところだが、残念ながら『兵範記』の記事は十二月までで途切れていて、父からの教訓や、ともに中宮に奉仕した有様を知ることはできない。

第二章　美福門院得子と平忠盛

一　鳥羽院の后たち

高陽院への奉仕

『兵範記』は、長承二年（一一三三）から保延四年（一一三八）までの記事が欠落しており、保延五年の記事が十月のみ、保延七年（永治元年）の記事も二月、三月がごく僅かに残るだけである。また、原本も散逸し、写本のみが残存している。その中に、のちの美福門院、当時は鳥羽院の女御であった藤原得子や、鳥羽の最初の中宮待賢門院（たいけんもんいん）、そして平忠盛（ただもり）に関する記事が見出（みいだ）される。

保延七年は七月に永治と改元され、十二月には崇徳天皇から得子所生の皇子體仁親王（なりひとしんのう）に譲位が行われた。近衛天皇である。東宮の母で鳥羽院の女御であった得子は、天皇の即位とともに皇后に立てられる。皇后は本来天皇の后を意味するが、長承三年（一一三四）に後述する藤原忠実の娘泰子（高陽院）が鳥羽院の皇后となって以来、天皇の皇后が不在であれば院の后も皇后となったのである。

保延七年、信範は三十歳、二年前の保延五年正月五日に叙爵して従五位下となり、貴族の仲間入りを果たした。ちなみに叙爵前の官職は、検非違使・左衛門少尉であった。検非違使というと、源義経のように追捕など警察活動を行う武士という印象が強いが、検非違使は武士ばかりではない。裁判や京中の一般行政を担当する実務官僚も任じられていたのである。

叙爵後、検非違使を辞任した信範は甲斐権守に就任した。甲斐国の副長官であるが、実際には名目だけの官職で、甲斐国への下向はもちろん、京で同国に関する仕事を担当したわけでもない。彼はもっぱら摂関家の家司として活動し、大殿藤原忠実と、その娘で鳥羽院の元皇后、当時は女院となっていた高陽院に奉仕していたのである。

彼が仕えた高陽院（一〇九五－一一五五）は、忠実と正室源師子との娘で、本名は勲子、次いで泰子と改めている。忠実と正室との間の長女、すなわち摂関家の嫡女であるから、当然鳥羽天皇への入内が計画される。ところが、白河院は彼女の入内と引き換えに、品行に問題のあった養女藤原璋子（のちの待賢門院、一一〇一－四五）と、嫡男忠通との婚姻を要求したために縁談は暗礁に乗り上げた。怒った白河院は、璋子を鳥羽の中宮に立ててしまったのである。その後、忠実と鳥羽は、熊野参詣中の白河に無断で勲子の入内を計画したため、忠実は白河の逆鱗に触れ、何と保安二年（一一二一）に関白辞任に追い込まれ、さらに宇治での謹慎を余儀なくされた。摂関家の没落、院への従属を明示する事件である。

先述のように、白河院死後、鳥羽院は白河に反発し、忠実を政界に復帰させるとともに、勲子改め泰子を長承三年（一一三四）に先例のない院の皇后として迎え、保延五年に高陽院の院号を宣下した。しかし彼女に子はなく、この婚姻には政治的意味合いが強かった。これに対し、保延七年当時、鳥羽院の寵愛を恣にしていたのが、院の女御藤原得子（一一一七‐六〇）である。

女御藤原得子の栄進

得子が『兵範記』に初めて登場するのは、保延七年**二月二十五日条**であった。当時、鳥羽院は三月十日の出家を前に相ついで諸社に参詣をしていたが、この日は宗廟石清水八幡宮に参詣している。これに「女御殿」藤原得子も同行し、有力な院近臣も多数随行したのである。

美福門院
（安楽寿院所蔵）

同日条冒頭には、「**上皇、八幡御幸也。女御殿、同じく参らしめ給う**」とあり、続いて随行した公卿・殿上人以下が列挙されている。鳥羽院の牛車の後には、院の最大の寵臣で得子の従兄・右衛門督藤原家成（一一〇七‐五四）が従った。この位置に随行するのは、おおむね最も信頼された貴族である。家成は播磨など大国受領を歴任し、この当時は従三位権中納言兼右衛門督であった。

女御得子の前駆（露払い）は十二人、牛車

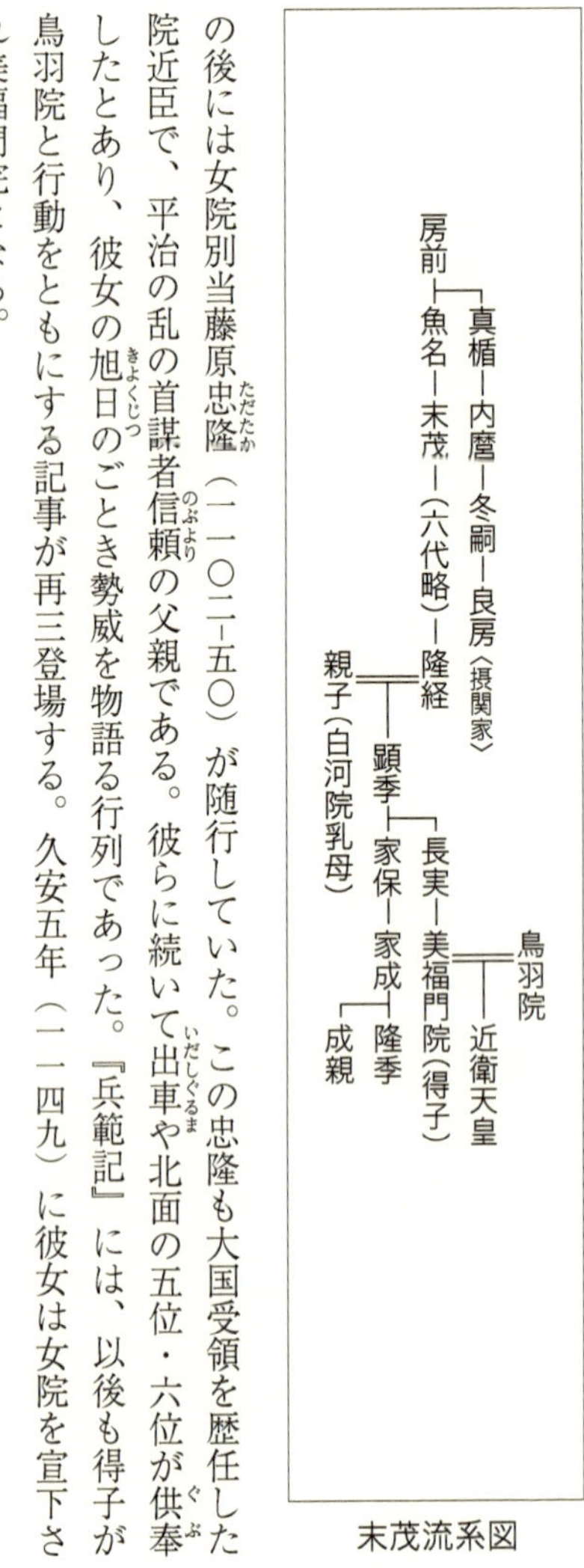

末茂流系図

の後には女院別当藤原忠隆（一一〇二―五〇）が随行していた。この忠隆も大国受領を歴任した院近臣で、平治の乱の首謀者信頼の父親である。彼らに続いて出車や北面の五位・六位が供奉したとあり、彼女の旭日のごとき勢威を物語る行列であった。『兵範記』には、以後も得子が鳥羽院と行動をともにする記事が再三登場する。久安五年（一一四九）に彼女は女院を宣下され美福門院となる。

　鳥羽の后のうち、高陽院が先述のように摂関家出身、後述する待賢門院が摂関家傍流の権大納言藤原公実の娘であったのに対し、美福門院（得子）は諸大夫家に過ぎない藤原末茂流出身である。諸大夫家とは、本来は公卿に昇進できない四・五位の家柄であった。しかし、中宮亮顕輔を取り上げた際に述べたが、末茂流は白河院唯一の乳母子顕季以降、政治的地位を急上昇させた。諸大夫家から院の寵愛で急激に成り上がった院近臣家の典型であった。

　得子の父長実は顕季の長男で、白河院近臣として播磨・伊予といった大国の受領を歴任し、権中納言にまで昇進している。しかし、彼の権中納言昇進は上流貴族の強い反発を招いた。摂関家傍流出身の内大臣藤原宗忠は、長承二年（一一三三）に長実が死去した際、「未曾有の無才の人」が権中納言にまで昇進したと罵倒している（『中右記』八月十九日条）。貴族は官位昇進に敏感で、強引な昇進には激しい非難が巻き起こったから、院といえども近臣の昇進には慎重であった。武士にしか関心のない研究者は、院による官位昇進を恣意的なものとみなしがちだが、それでは当時の政治史は正しく理解できない。

得子の母方子は、村上源氏の左大臣源俊房の娘という高貴な出自であったため、父長実はとくに彼女を目にかけていたという。『今鏡』（すべらぎの下第三、男山）などによると、得子は翌年の長承三年ごろから鳥羽の寵愛を受けるようになり、翌保延元年十二月に彼女はまず叡子内親王を出産する。叡子は高陽院の養女に迎えられたため、『兵範記』にも姿を見せるが、気の毒なことに久安四年（一一四八）十二月に十四歳で夭折した。叡子の二年後に生まれた二人目の皇女暲子内親王（一一三七―一二一一）は、美福門院のもとで養育され、後に大荘園領主として知られる八条院となる。

そして、保延五年（一一三九）五月、得子は待望の皇子體仁親王を出産する。親王は八月に立太子し、先述のように子供のなかった中宮聖子の養子に迎えられた。それまで公的な立場がなかった得子は、立太子と同日、鳥羽院の女御となり、『兵範記』でみたように、院に公然と同行するようになったのである。

保延七年は七月に改元され永治元年となる。その十二月、體仁親王は崇徳天皇からの譲位で皇位に即く。近衛天皇である。摂関家でも代々の公卿家でもない、院近臣家出身の女性を母と

待賢門院
（法金剛院所蔵）

する初の天皇であった。そして同時に得子は皇后に昇進した。また中宮聖子の養子である近衛天皇が即位したことで、義理の関係とはいえ、聖子の父関白忠通は天皇の外祖父の座を得た。このことが忠通と得子（美福門院）との政治的連携の一因になる。

これに対し弟の頼長は、その出自の低さから得子を「諸大夫の女」と日記に記し（『台記』康治三年〔一一四四〕正月一日条）、入内工作でも彼女への嘆願を忌避する有様であった。このため、久安六年（一一五〇）における近衛天皇への入内問題で、その前年に院号を宣下され美福門院となった得子は、忠通と提携し頼長と鋭く対立することになる。

待賢門院の落魄

得子の台頭で落魄を余儀なくされたのが、鳥羽天皇の中宮だった藤原璋子である。当時、璋子は女院となって待賢門院を称していた。彼女は摂関家傍流の閑院流の出身で、父は権大納言公実、白河の母茂子は大叔母、鳥羽の母苡子は叔母にあたる。このように閑院流は代々の国母が輩出し、当時は摂関家に次ぐ名門であった。なお、待賢門院の産んだ後白河天皇が王家嫡流となったこともあって、閑院流は鎌倉時代以降大きく発展し、女院の兄実行の子孫は三条家、通季の子孫は西園寺家、そして実能の子孫は徳大寺家となって、いずれも繁栄することになる。

さて、『兵範記』二月二十八日条に、初めて待賢門院の名前が見える。

今日、待賢門院の御所仁和寺法金剛院の一切経会也。上皇御幸す。

待賢門院御所の法金剛院は、現京都市右京区の双ヶ岡山麓に所在する女院の御願寺で、当時は仁和寺の子院であった。ここで、鳥羽院も出席して一切経会が行われたのである。待賢門院は、かつて鳥羽院の寵愛を独占し、崇徳・後白河天皇以下、七人もの皇子・皇女を儲けたが、得子の登場で院との関係も疎遠になっていた。ただ、この法会に鳥羽院も御幸したように、両者の関係が破綻していたわけではない。

鎌倉時代の説話集『古事談』（巻第二-五四）に、待賢門院の醜聞にまつわる説話がある。彼

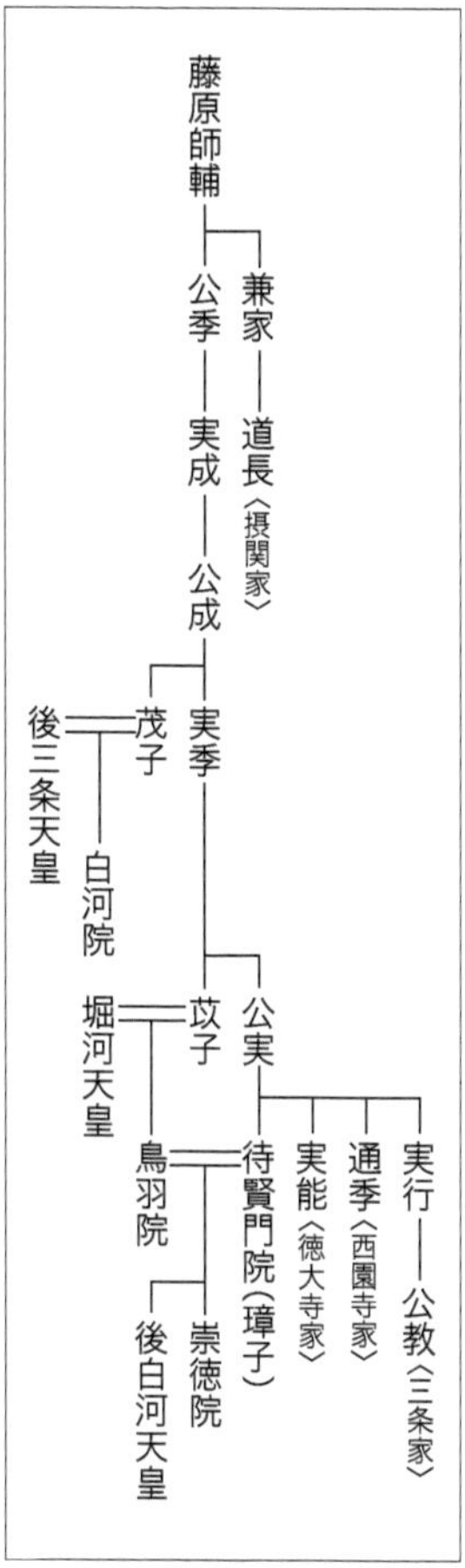

藤原師輔
兼家―道長〈摂関家〉
公季―実成―公成
実季
茂子＝後三条天皇
白河院
公実
苡子＝堀河天皇
鳥羽院
実行―公教〈三条家〉
通季〈西園寺家〉
実能〈徳大寺家〉
待賢門院（璋子）
崇徳院
後白河天皇

閑院流系図

女は養父で鳥羽の祖父でもある白河院と不倫関係にあり、彼女と鳥羽院との長男崇徳は白河の落胤であった。このため、鳥羽院は崇徳を祖父白河の子として「叔父子」と呼んで忌避し、鳥羽と崇徳との間に軋轢が生まれたというのである。これを角田文衞氏（『待賢門院璋子の生涯』）は史実とし、NHKの大河ドラマ「平清盛」（二〇一二年放送）でもこの説話に基づく演出がなされた。しかし、近年の研究は不倫・落胤説に否定的である。

鳥羽院と待賢門院は七人もの皇子・皇女を儲ける琴瑟相和する関係にあり、不倫による軋轢は考え難い。また保延六年（一一四〇）に崇徳の第一皇子重仁が生誕した際、鳥羽院が信任篤い平忠盛・宗子（池禅尼）夫妻を乳父・乳母に選んだことは、崇徳の皇統を重視していたことを物語る。それに、近衛天皇が死去するまで、鳥羽と崇徳との関係に破綻は窺えないのである。

とはいえ、得子の立后が待賢門院やその周辺に大きな衝撃を与えたことは疑いない。翌永治二年（康治元年）正月十九日、待賢門院判官代の散位源盛行と、その妻で女院の女房津守嶋子らが配流された。彼らは、摂津国広田社に巫女らを集め、待賢門院の密命によって得子を呪詛させたと噂されたのである（『台記』『本朝世紀』）。真相は判然としないが、その一月後に待賢門院が法金剛院で出家したことと、この事件とは無関係ではあるまい。そして三年後の久安元年（一一四五）八月、待賢門院は法金剛院で世を去る運命にあった。

待賢門院の不遇は、その子崇徳院の憤りを招き、美福門院との確執も生じさせる。このことが、久寿二年（一一五五）六月の近衛天皇後継者問題に影を落とすのである。

二　藤原得子の栄進と鳥羽院の出家

得子の准三后宣下

得子に関連して、筆が先の時代に及んでしまった。再び、『兵範記』の保延七年（一一四一）の記述に戻ることにしよう。

三月七日、鳥羽院と女御得子は東宮體仁親王（のちの近衛天皇）の三条北西洞院御所を訪問した。その有様は「**公卿・侍臣済々供奉す。殊なる晴儀**」であった。ついで白河殿に戻った得子は准三后の宣旨を受けた。「白河」の地は現在の京都市左京区の岡崎付近で、院御所や法勝寺以下の六勝寺など、王家に関係した寺院が所在した。この地を開いたことから白河天皇の追号も定められている。

得子が宣下された准三后とは、正確には「准三宮」といい、太皇太后宮、皇太后宮、皇后宮の三宮に準じて、年官・封戸・随身などを付与される地位を意味し、宣下された人を准后と称する。「后」とあるが、待遇が三宮に準ずることを意味するだけで、別に女性にのみ与えられたわけではない。

最初の准后は人臣初の摂政として知られる藤原良房、その次が良房の養子で後継者となった基経である。時代は下って室町時代、将軍足利義持らの帰依を受けた醍醐寺三宝院の高僧満済も、「満済准后」と呼ばれたことはご存じの方も多いだろう。

得子も准三后の宣下で種々の特権を付与されるが、それよりも准后という大きな名誉を得たことに重要な意味があった。まだ女御に過ぎない彼女にとって、この宣下は皇后昇進への大きな一歩だったのである。

准后の宣下に続いて、信範は次のように記した。

家司・職事束帯、侍始の事あり。兵部権大輔奉行す。

得子に仕える家司・職事といった職員が正装して、侍始が行われた。家司は政所別当、職事は侍所別当である。侍始は侍所だけではなく、政所も含めた家政機関を拡充する儀式を意味する。家政機関やその職員については、信範が実務を担当した藤原師長の家政機関開設を詳述する次章に委ねよう。ちなみに、この儀式を奉行した「兵部権大輔」は信範の兄時信で、清盛室の時子、その弟時忠の父にあたる。彼は、主に摂関家に仕えていた信範と異なり、院やその周辺に伺候していた。

鳥羽院の出家

三月九日、信範は高陽院の使者として宇治の忠実のもとに赴き、翌日鳥羽殿で挙行される鳥羽院「御遁世」（出家）の儀式について、使者の人選などを打ち合わせている。忠実は、左衛門佐源成雅と信範に高陽院の使者を務めるように命じ、自身も明暁に鳥羽に赴くと伝えた。これを聞いた信範は、高陽院のもとに忠実の返事を届けている。

宇治は、元来藤原道長の別荘があり、頼通がそれを寺院として平等院を建立するなど、摂関家とゆかりの深い土地であった。摂関を退き「大殿」となった忠実は、宇治を愛し同地の別荘に居住していた。近年の調査によると、頼通が建立した平等院鳳凰堂を修復して現在の姿に整備したのは忠実であったとされる（杉本宏氏『宇治遺跡群』）。

三月十日、鳥羽院遁世の儀式が鳥羽殿で行われた。鳥羽院の追号となった「鳥羽」の地は、京の南の郊外で現在の京都市伏見区、名神高速道路の京都南インターチェンジ付近である。ここを開発したのも白河院で、院御所や王家関係の寺院があり、その点では白河地区と共通しているが、白河の寺院が国家的法会の舞台となるなど公的性格を帯びるのに対し、鳥羽の寺院における法会は王家の私的な性格を有していた。

鳥羽院
（『天子摂関御影』皇居三の丸尚蔵館収蔵）

「御遁世」の儀式が始まると、忠実が船で宇治から鳥羽に参入した。鳥羽は淀川水系の桂川・鴨川に面していたので、宇治川を下り巨椋池を通れば宇治から船で行くことができたのである。鳥羽院は白河院に謹慎を命じられていた忠実を政界に復帰させ、娘泰子（高陽院）を皇后に迎えるなど、緊密に連携していたことから、忠実は院の出家の儀式に自ら参列したのである。

翌年の康治元年（一一四二）五月、鳥羽院

と忠実は東大寺、ついで延暦寺でともに受戒した。また、鳥羽の寵姫とはいえ、院近臣家という低い出自でしかない得子の皇女叡子内親王を高陽院の養女に迎えて保護したのも、鳥羽と協調するとともに院近臣をも取り込もうという、忠実の政治的な強かさのあらわれといえよう。息子の頼長が美福門院や家成の出自を侮蔑し、政治的に対立したことと対照的である。

当日の話に戻る。出家の戒師、僧正信証は東寺一長者・広隆寺別当を務めた高僧で、後三条天皇の孫にあたる。剃除はのちに大僧正になる法眼寛遍らが勤仕している。

ついで、出家の儀式が終わった後に、鳥羽院は蔵人頭藤原教長を使者として、出家を崇徳天皇に報告した。これについて、信範は次のように記している。

寛平法皇、遁世の日、中納言をもって使となし、大内に申さる。万寿、上東門院、遁世の日、蔵人頭を用いらる。近き吉例につき、今度、蔵人頭を用いらると云々。

この「寛平法皇」は、昌泰二年（八九九）十月に出家した宇多上皇（八六七―九三一）で、寛平は宇多天皇即位後の元号である。出家に際し中納言源希が使者となって醍醐天皇に報告されたが、この後、菅原道真の失脚などが起こったためか、吉例とはされなかった。

一方、「万寿、上東門院」とあるのは、万寿三年（一〇二六）正月に出家した上東門院彰子（九八八―一〇七四）の先例である。彼女は道長の娘、後一条・後朱雀天皇の国母である。彼女の出家後も宮廷が平穏で、上東門院が当時としては稀有の長寿を全うしたために「吉例」とされたのであろう。男性の院の先例として用いられた点は興味深いが、政務を主導したわけではない彼女を「院政」の先駆とまで評価するのは躊躇される。

さて、この日の信範は、前日の忠実の指示に従い、高陽院の使者として院御所を訪れ、兄の兵部大輔時信に託して女院の書状を院に送った。しばらくして返事を受け取り高陽院のもとに戻っている。

『兵範記』は保延七年三月以降、久安五年（一一四九）十月まで記事が欠落しているが、十月二日条に女院を宣下され美福門院となった得子の「殿上始（てんじょうはじめ）」が記されており、武門平氏の代表平忠盛も登場する。そこで時期は離れるが、本章の最後に美福門院の殿上始と平忠盛の活動を紹介しよう。

三　美福門院の殿上始と平忠盛

女院の殿上人

『兵範記』の久安五年の記事は**十月一日条**から始まっている（原本は散逸し、写本のみ残存）。この日の記事は、藤原頼長の子で、祖父忠実の養子となっていた師長の元服に関するものである。その後も彼の元服から家政機関の創設に至る記述が『兵範記』の中心を占めるが、この話題は次章に譲り、本章では**十月二日条**の美福門院殿上始と、彼女に仕える平忠盛に関する記事を取り上げる。

十月二日、白河大炊御門殿で美福門院の殿上始が行われた。皇后藤原得子は八月に院号を宣下され美福門院と称したのである。女院とは、天皇の母后をはじめ、后妃や内親王といった女性皇族に男性の院と同等の特権を付与したもので、女院に奉仕する女院庁が設置され、別当・判官代などの院司、そして院殿上人が補任（ぶにん）された。また毎年特定の廷臣に官位を付与できる、年官・年爵の権限も付与された。殿上始とは、殿上人を定める儀式である。

　女院の初例は、摂関政治が全盛期を迎えようとしていた正暦（しょうりゃく）二年（九九一）九月、一条天皇の国母で、摂政藤原道隆の妹詮子が東三条院の号を宣下されたことに遡（さかのぼ）る。その後、一世紀の間には、万寿三年（一〇二六）正月に道長の娘で後一条・後朱雀（ごすざく）天皇の国母彰子（上東門院）、治暦五年（延久元年、一〇六九）二月に三条天皇皇女で後三条天皇の国母禎子内親王（陽明門院）、そして延久六年（承保元年、一〇七四）六月に後冷泉天皇中宮の章子内親王（二条院）の三人が宣下されたに過ぎない。

　しかし、十二世紀以降、女院は急激に増加する。鳥羽の后の場合、最初の中宮藤原璋子は天治元年（一一二四）十一月に待賢門院を、退位後の皇后藤原泰子は保延五年（一一三九）七月に高陽院を宣下されており、美福門院をあわせると、退位後も含めた鳥羽院の中宮・皇后はすべて女院となっている。これ以降、夭折した人物や、藤原頼長の養女多子のように政争の敗者の関係者を除いて、中宮・皇后は大概女院を宣下された。

　さて、殿上始では美福門院の殿上人が定められている。殿上人は、本来内裏の清涼殿殿上（てんじょう）間（のま）への立ち入りを許される者のことで、天皇の側近となることを意味する。同様に院や女院にも殿上間があり、殿上人はやはり院・女院の側近である。

　ちなみに、内裏でも院でも、公卿と蔵人は無条件で殿上間に入れるが、四位・五位の諸大夫はとくに許された者だけが立ち入ることができた。立ち入りの許可を昇殿、許された者を殿上人という。殿上人は公卿に準ずる特権身分で、天皇の側近を意味するだけに大変な名誉であった。平忠盛の昇殿が貴族の反発を買ったという、『平家物語』（巻第一、殿上闇討）の逸話は、昇殿の重要性や権威を物語る。院・女院の殿上人は、天皇の殿上人に比して格下だが名誉ある地位に相違ない。この点は、第二部第六章で春日祭上卿（しょうけい）藤原兼長（かねなが）の前駆に関連して後述する。

さて、得子の殿上始に信範の息子で六位の皇后宮少進だった平信国（のぶくに）が、束帯を着して参列した。信国は当時十一歳、この日に女院蔵人となって殿上を許されたのである。その場に信範はいなかったが、息子の晴れ姿を嬉（うれ）しく思うと同時に、失態を恐れて不安に駆られたことだろう。なお、信範には信国のほかに何人かの息子がいたが、彼らについては第二部第六章後半で取り上げたい。

美福門院の殿上人は、蔵人も含めて五十五人にものぼった。殿上人には院近臣の大半が網羅されており、近衛の中・少将、大国の受領、弁官がずらりと並んでいた。橋本義彦氏（「美福門院藤原得子」）は、その顔触れや人数には「目を見張るものがある」と評価されている。その中には平忠盛と、息子の中務（なかつかさ）大輔清盛（刊本は「緒盛」に誤る）、常陸守（ひたちのかみ）（正しくは介。常陸は親王任国なので、親王が名目上の守となり、介が受領。他の国の守と同等）頼盛（よりもり）、散位教盛（のりもり）の三兄弟、そして平治の乱を惹起（じゃっき）する散位藤原信頼らの名前も見える。

殿上人の中には別当と記された人物がいるが、これは女院を支える家政機関である女院庁の別当である。別当は女院庁の中心となる役人で、殿上人で別当はとくに重要な存在となるが、

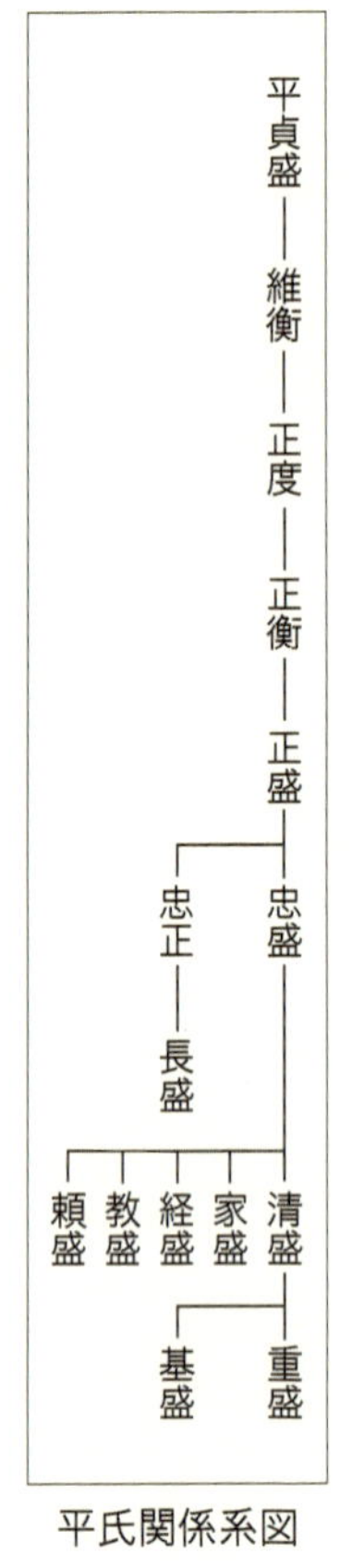

平氏関係系図

その筆頭に名前が挙がっているのが平忠盛であった。

伊勢平氏の台頭

平忠盛（一〇九六－一一五三）は伊勢平氏の武将で、平氏政権を築いた清盛（一一一八－八一）の父である。白河・鳥羽院の近臣で、受領として経済奉仕を行ったほか、悪僧強訴の防御や海賊追討に活躍し、日宋貿易に関与するなど、平氏発展の基礎を築いた（以下、髙橋昌明氏『増補改訂　清盛以前』）。信範の姪時子は忠盛の長男清盛の室となったが、彼女は二年前の久安三年（一一四七）に、清盛との最初の子宗盛を儲けていたから、すでに婚姻は成立しており、信範は忠盛と姻戚関係にあった。信範も、今を時めく忠盛の活躍に注目していたことであろう。

伊勢平氏も信範と同じく桓武平氏であるが、平安時代前期に公家平氏の平高棟流と枝分かれし、代々武士を出した平高望の系統に属する。高望の孫貞盛が平将門を討伐して武名をあげ、貞盛の子維衡が伊勢を拠点として伊勢平氏の祖となった。しかし、内紛もあって伊勢平氏はすっかり沈滞し、忠盛の父正盛の代には自身が受領になることができず、受領に仕えて現地支配を助ける「受領郎従」に低落していた。

しかし、正盛はその立場をたくみに利用し、藤原顕季・為房らの院近臣の受領に取り入って白河院の北面に加わり、嘉承三年（一一〇八）には、出雲で反乱を起こした河内源氏義家の嫡男義親を追討して武士の第一人者となった。さらに海賊討伐や強訴の防御にも活躍し、伊勢平氏の政治的地位を一気に上昇させたのである。

正盛の子忠盛は北面の中心として白河・鳥羽院に伺候し、父と同様に海賊追討や強訴の防御に活躍したほか、越前・備前・尾張・美作・播磨などの大国・熟国（税収の豊かな国）の受領を歴任して富裕化し、鳥羽院庁の別当としても重要な役割を果たしている。備前守時代の天承二年（長承元年、一一三二）、鳥羽院のために得長寿院を建立して内昇殿を許され、貴族たちの反発を買ったことは先述のとおりである。

ちなみに、この得長寿院は千体の観音像を収めた寺院で、多数の仏像造営といった善行こそが極楽往生の捷径という、当時の「多数作善」の思想を顕現した典型的な寺院である。千体観音堂といえば、現存する三十三間堂（蓮華王院）が想起されるが、これは忠盛の息子清盛が、鳥羽院の皇子後白河院のために建立した寺院で、建物は鎌倉時代の再建だが、創建当初の構造や仏像が残っており、院政期の文化を今日に伝えている。得長寿院は三十三間堂の先駆けであり、建物の構造や思想、平氏の当主が院のために造営した点も共通している。ただ、得長寿院は文治元年（一一八五）七月の地震で倒壊して廃絶し、今は京都市左京区岡崎の疎水の畔に石碑が残るに過ぎない。

忠盛の官職

次に忠盛の官職や、女院のもとでの役職を検討してみよう。『兵範記』によると、当時の忠盛は内蔵頭(くらのかみ)、年預(ねんよ)・別当の職にあり、位階は正四位上、公卿である従三位を目前にしていた。別当はもちろん女院別当、年預は女院別当の中で中心的な役割を果たす年預別当を意味している。忠盛は、鳥羽院から大切な美福門院の院庁を切り盛りする中心的な役割を任されたのである。

一方、内蔵頭は宮中の財宝を管理する内蔵寮の長官で、大変な名誉であるとともに、その修復を自腹で担当するので、富裕でないと務まらない官職であった。忠盛は熟国の受領を歴任して莫大(ばくだい)な財産を築いていた上に、院の深い信頼を得ていたから適任であった。

同時に彼は播磨守も兼任していた。この播磨守は、院政期の官職制度を説明した故実書『官職秘抄』に、伊予とともに「四位上臈、これに任ず」とあり、受領の中で四位の最上位の者が任じられる官職であった。三位以上の公卿は受領に任じられないので、受領の最高峰を意味する。言い換えれば最も格式が高く、実入りの良い受領であったことになる（拙稿「院政期における大国受領」）。保守派の左大臣頼長も、忠盛の刑部卿(ぎょうぶきょう)補任の可否を尋ねた鳥羽院の諮問に対し、その家柄は劣っているが、正四位上に叙され、内蔵頭・殿上人である上に播磨守を経験しているので、任命に問題はないと述べており（『台記別記』仁平元年二月二十一日条）、播磨守の政治的重要性が明らかである。

忠盛は他の院近臣と異なり、過度な贅沢(ぜいたく)を避ける慎み深い人柄であったから、院近臣に辛辣(しんらつ)

だった頼長さえも彼の死去を惜しんでいる（『宇槐記抄』仁平三年正月十五日条）。

忠盛の活動

美福門院に奉仕する忠盛の姿は、『兵範記』にも散見する。まず**十月十日**、美福門院は女院となって初めて近衛天皇のもとに御幸した。この御幸で女院は「唐御車」に乗り、前駆は村上源氏の内大臣源雅定をはじめ、権大納言藤原伊通・成通兄弟、左衛門督藤原公教、右衛門督藤原家成以下、十四名の公卿を含む五十名にものぼった。内蔵頭平忠盛は、殿上人の筆頭に名前が挙がっている。鳥羽院は、この一行を鴨川の河原で牛車の中から見物した。今回の御幸について信範は次のように記している。

待賢門院、院号の後、初めての御幸にて入内すと云々。かの例に准じ行わるる也。

院号宣下後、最初の御幸で天皇を訪問するのは、待賢門院の先例に準拠したものであった。次に、**十一月三十日**には、熊野参詣から帰京する女院を忠盛が出迎えている。熊野社は本来山岳修行の場であったが、白河院が再三参詣して以来、皇族・貴族の篤い信仰を受け多数の貴顕が参詣していた。参詣を終えた女院は鳥羽殿に向かうが、年預内蔵頭忠盛は、女院が乗る車を用意して鳥羽の港で出迎えた。以後も、忠盛は鳥羽院・美福門院に甲斐甲斐しく奉仕している。

なお、忠盛は熊野参詣で子息を失うという痛切な経験をしている。この久安五年の二月、鳥羽院の熊野参詣があり、忠盛は正室宗子所生の次男家盛、五男頼盛、それに庶腹の四男教盛という三人の子息とともに随行した。一行は三月に帰京するが、京を目前にした山崎で次男家盛が体調を崩し、二日後の三月十五日に死去したのである。当時、彼は従四位下右馬頭兼常陸介であった。これを聞いて、清盛の腹心で家盛の乳父平惟(これ)（維）綱(つな)は京より山崎に馳せ向かい、その場で出家するに至った（以上『本朝世紀』）。

長男清盛の母を白河院の子を宿した祇園女御(ぎおんのにょうご)とする『平家物語』（巻第六、祇園女御）の逸話は事実とは考え難いが、清盛を白河院の落胤(らくいん)とする可能性までも否定することはできない。なぜなら、保安元年（一一二〇）七月、清盛が三歳の時に早世した忠盛室は清盛の母とみられるが、その死去を記した藤原宗忠は、彼女が「仙院の辺(あたり)」、すなわち白河院に仕えた女房であったことを特記している（『中右記』七月十二日条）。したがって清盛の実父が白河院という噂は人口に膾炙(かいしゃ)し、それが『平家物語』の逸話に反映されたのである。

これに対し、家盛は紛うことなき忠盛の子であり、正室宗子との長男だけに、清盛の嫡男の座を脅かす可能性もあった。その同母弟頼盛は、清盛と十四歳も年齢差があったので、家盛の死去は結果として平氏一門内での清盛の立場を安定させたのである。

第三章　藤原師長の元服と家政機関

一　信範の活動

久安五年の記事

先述のとおり、『兵範記』は保延七年（永治元年、一一四一）三月から久安五年（一一四九）十月までの記事が欠落している。久安五年の記事も残念ながら十、十一月分のみである。前章で美福門院の殿上始に関連した部分を紹介したが、本章ではそれ以外を取り上げる。

この年、信範は三十八歳の壮年、官位は従五位上甲斐権守だが、この官職は名目のみで、彼は大殿藤原忠実、摂政忠通の家司（けいし）、そして忠実の娘高陽院の院司を勤仕し、もっぱら摂関家に奉仕していた。このため、日記の多くはこれらに関係する記事で占められている。

十月の記事の中心は、十九日に行われた藤原師長（一一三八-九二）の元服、すなわち成人の儀式である。師長は頼長の子息だが、祖父忠実の養子となっていたため、儀式は忠実が居住する宇治小松殿で行われた。師長は数えの十二歳、今でいえばまだ小学生であるが、当時はこの前後の年齢で元服しており、直前の十月六日には近衛天皇も十二歳で元服することが決まり、翌年正月に東三条殿で元服の儀式が行われている。

信範は担当の家司として奮闘しており、家司の役割を知る好史料である。また、師長の家政機関の創設に関する記事は極めて詳細で、摂関家や公家の家政機関、あるいはその職員の構成、職務を考える基本史料となっている。師長は一般的にはあまり知られていないが、結構浮沈の多い生涯をたどっている。その詳細は本人が登場してから紹介しよう。

師長元服の準備

十月一日、「**寒嵐初めて吹**」いた日、信範は忠実に呼ばれて未明に宇治に参入する。忠実の仰せは以下の通りであった。

左府の若君、今月首服を加うべし。内々に日次を尋ね問わるるところ、来る十九日丁卯、吉也。且は雑事を書き註せらるるは、今日宜しき由、憲栄朝臣これを註し申す。

「首服」は元服の意味、「左府」は頼長、若君が師長である。忠実は、師長の元服の日次を陰陽頭の賀茂憲栄に尋ねたところ、十月十九日（干支は丁卯）を吉日とし、その雑事を書き上げるのは今日がよいと注進してきたと言った。そこで、信範は早朝から宇治まで呼びつけられたのである。なお、ここでの「且は」は、「その上」という意味になる（訓は峰岸明氏「記録語解義」参照）。ついで忠実との間で以下のようなやり取りがあった。

まず先例を尋ね仰せらる。下官、条々の事を執り申す。

忠実は参入した信範に先例を尋ねた。予め用意していた信範は、これを報告する（「下官」

は信範の自称)。先例調査も家司の職務で、とくに「日記の家」に属する信範には重要な意味を持った。信範は、まず口頭で答えた後、夜になって硯(すずり)や紙を用意し、文書に書いて報告することになった。得意とする先例の調査だけに準備万端怠りなし、と言いたいところだが、思わぬ失策。

下官、文書を随身すと雖も、衣冠を用意せず。

忠実の質問に備えて先例を文書に書き、これを持参したまではよかったが、忠実に報告する際に着す正装である衣冠を忘れてしまった。これは「失」のはずだが、衣冠を着す必要はないと判断したのか、自分のことであるためか、「失」の文字はない。

続いて大治五年(一一三〇)の例に准じ、用意する品物や儀式の行事担当者の名前などを書き上げた。信範が準拠した大治五年の例は、同年四月十九日に行われた師長の父頼長の元服である。最後に信範は次のように記した。

寛治二年、蔵人弁(くろうどのべん)為房、嘉承二年、平右大丞(うだいじょう)、大治五年、家君、これを書かしめ給う。

寛治二年(一〇八八)は忠実の元服で、蔵人弁藤原為房が、嘉承二年(一一〇七)は忠通の元服で、平右大丞、すなわち右大弁平時範(ときのり)が、大治五年先述の頼長の元服で、「家君」すなわち父平知信が、それぞれ主君の命によって元服に関する雑事を書き上げている。

為房は、先にも触れた実務官僚の代表ともいうべき人物で、摂関家の家司、ついで白河院の近臣として活躍し、参議に昇進して公卿(くぎょう)となった。時範は堂上平氏の一門で、公卿目前の右大弁まで昇進した。父の知信も含め、いずれも歴代の名だたる摂関家の家司たちである。その歴史に名前を連ねたことで、信範も少し誇らしかっただろう。

十月七日、信範は冠師に若君の頭の寸法を伝え、御倉町に冠の作製を命じた。御倉町には、併せて元服の儀式に際して行われる侍所の饗に用いる台盤や、家政機関職員任命の際に提出される名簿（名符）を収める唐櫃などの製作も命じている。彼は忠実の家司として、儀式を準備し実行する行事家司を務めたのである。

「御倉町」は一般に倉庫群のことを意味し、受領などで邸宅に御倉町を持つことは膨大な富の象徴であった。ここでは摂関家の荘園からの貢物や、氏長者の象徴である朱器・台盤などの財宝を収めた倉庫街を指し、摂関家の正邸東三条殿に付設されていた。信範が製作を命じた品々は御倉町に置かれた細工所で作られたのである。同所には絵仏師や鋳物師も属しており、儀式に際し仏像や備品などを製作している（村井康彦氏「御倉町」、脇田晴子氏「荘園領主経済と商工業」）。

諸方への奉仕

師長の元服に関する指示が終わると、信範は翌**八日**に行われる叡子内親王の月忌（月命日）のために宇治から帰京し、高陽院に奉仕した。叡子は、前述のように鳥羽院と美福門院との皇女で、高陽院の養女に迎えられたが、可哀そうなことに前年久安四年の十二月八日に僅か十四歳で亡くなっていた。このため、月命日の八日に法会が行われたのである。

ついで**十月十三日早朝**、忠実の北政所であった故源師子（一〇七〇－一一四八）のための一品経供養に出席するために、信範は仁和寺に赴いた。忠実も前日に宇治から参入している。師子は半世紀以上連れ添った忠実の正室であり、高陽院と摂政忠通の母であった。没したのは前年の久安四年十二月十四日。享年は七十九、当時としてはかなりの長寿である。彼女の父は村上源氏の右大臣源顕房、母は醍醐源氏の権中納言源隆俊の娘隆子という名門の姫君であった。

この供養には忠実のほか、師子の子高陽院・忠通と、養子頼長、それに仁和寺の御室覚法法親王（一〇九一―一一五三）が結縁のために出席した。翌久安六年、近衛天皇に対する入内をめぐって、忠実・頼長と忠通とが競合し激しく衝突するが、師子が健在であれば、両者を仲介した可能性もあっただろう。

覚法は白河院と師子との子で、師子は忠実との婚姻以前に覚法を産んでいた。忠実は白河の愛妾を正室に迎えたわけで、当時の院と忠実との関係が窺知される。また、頼長の実母は土佐守藤原盛実の娘であったが、頼長は師子の養子となっていた。実母が受領の娘であったことが頼長の負い目となり、逆に受領層の院近臣を侮蔑するようになったとされる。

ついで**十六日**、同じ仁和寺で叡子内親王の遺骨を納める御堂建立の奉行が信範を待っていた。内親王は亡くなる前に仁和寺で出家したので、同寺に堂が造営されたのである。本来の奉行は藤原朝隆（一〇九七―一一五九）であったが、彼が伊勢神宮式年遷宮の費用を徴収する太神宮役夫工を奉行することになったため、信範にお鉢が回ってきた。朝隆は先述した能吏藤原為房の六男で、母が摂政忠通の乳母だったことから摂関家に伺候し、高陽院には皇后時代から仕えていた有能な官人である。

任務を引き継いだ信範は、早速行事担当の僧侶や家政機関職員らの関係者を呼んで指示を与えている。師長元服の儀式を準備する合間にも、信範は様々な業務をこなしていた。

師長の命名と昇殿

叡子内親王御堂の沙汰を終えた信範は、父頼長とともに六条万里小路の高階仲行邸にいた師長のもとに駆け付ける。以下は**十六日条**の続きである。

今日、左府の若君〈十二、信雅朝臣の女の腹、女院の宮仕、督殿〉、所々昇殿の事あり。

師長は「所々」、すなわち内裏・諸院で昇殿を行うことになっていた。師長は先にも触れた通り当時十二歳、母は村上源氏の陸奥守源信雅の娘で、高陽院に「宮仕」（女房）として仕える督殿である。師長は元服前に内裏と諸院で殿上人の特権を与えられ、いわば殿上人見習いとなった。これを童殿上という。

出立に際し、能書家で知られた参議兼右中将藤原教長が師長の名簿五通を書いている。教長は師実の孫にあたり摂関家傍流に属する。崇徳院の側近で、頼長にも親しかったことから、保元の乱で崇徳・頼長陣営に加わり配流の憂き目をみている。「名簿」は名前を記した紙片で、武士社会では主従関係締結の際に主君に提出しており、これを「名簿捧呈」という。昇殿も主君の側近となることを意味するので、主従関係の締結といえる。主従関係は公家にも存在しており、けっして武士の専売特許ではない。

この名簿には「**蔭子藤原朝臣師長／入道 前太政大臣の子**」（／は改行）とあって、昇殿に際し師長と命名されたこと、入道前太政大臣である祖父忠実の養子であったことが記されている。昇殿が認められたのは、内裏・鳥羽院・崇徳院・高陽院・美福門院で、内裏のほか、すべての院・女院であった。これが五通の名簿の提出先である。

なお、命名に際し大学頭大江維順が「実家」と「家教」を提案したが、父の頼長はこれらを退けて師長と名付けた。同年の異母兄弟は兼長、弟は隆長と命名されているので、頼長は自分と同じ「長」に拘ったのかもしれない。

余談だが、師長という名前のとばっちりを受けた官人がいた。太政官の下部組織外記局の大外記中原師長で、彼は左大臣の子息と同名を憚って師業と改名している。従四位下の中級貴族だが、相手が摂関家のご令息では致し方ないところか。

夜になり所々の昇殿の儀式について連絡があったが、美福門院の御所への昇殿は、深夜になって美福門院が退出するので、行われないことになったという。しかし、高陽院や崇徳院の御所への昇殿が行われているので、夜が遅いというのは口実で、快く思っていない頼長の子の儀式を嫌ったのではないか。

さて、師長は藤原教長の兄新中納言忠基の牛車に乗り、内裏、白河の鳥羽院、高陽院、そして崇徳院の順に回り、昇殿の儀式を行った。儀式の内容は、内裏・諸院で案内に立つ貴族に名簿をわたし、「殿上簡」（「日給簡」とも）という板に名前を記してもらう。これは殿上人の名札で、出欠の確認に用いられた。殿上人を罷免されることを「殿上を削る」と言ったが、これは簡から名前を削られたためである。ついで天皇・院に挨拶して儀式は終わった。

高陽院では女院に仕えていた信範自身が師長の名簿を取り次ぎ、師長が参上したことを女院に申し上げている。師長は女院の御前に参ったのちに退出した。信範は高陽院御所に伺候していて師長に随行できなかったため、次のように記した。

今日の儀、高陽院の外の次第、ある人の伝説をもってこれを記す。僻事(ひがごと)、相交わるか。追って一定(いちじょう)を尋ぬ（異本「尋ね問う」）べし。

高陽院以外は他人からの伝聞による記述だったので、「僻事」（誤り）が混じっており、再確認が必要であるとしている。不審な話もあったのだろうが、例によって信範の厳格で慎重な、悪く言えばあまり他人を信用しない姿勢がよく示されている。

この日、宇治の小松殿では師長元服の儀式の舗設が開始された。本来なら担当家司の信範が出席すべきだが、高陽院に伺候していたため遠い宇治には行けなかった。代わって職事(しきじ)行事源高基(たかもと)が、忠実の指示に従って舗設を行っている。いよいよ師長の元服である。

二　師長の生涯――時代に翻弄された貴公子

保元の乱まで

信範が元服の儀式を準備した藤原師長は、左大臣頼長の子で祖父忠実の養子となっていた。この師長という人物が辿(たど)った生涯は、大変波乱に富んだものであった。元服の儀式の前に一瞥(いちべつ)しておくことにしよう。

師長は鳥羽院政期の保延四年（一一三八）二月に生まれた。先述の通り母は陸奥守源信雅の娘で、信雅は村上源氏の右大臣顕房の子であった。忠実晩年の談話集『富家語』（一一八四）によると、信雅と、その子成雅はともに忠実と男色関係にあり、まさに「腹心」であったが、信雅の官位は正四位下陸奥守に留まった。このことが、師長と異母兄弟の兼長との関係に反映することになる。

兼長は、師長より三カ月後、村上源氏の権中納言源師俊の娘を母として生まれた。信雅と同じ村上源氏だが、公卿である権中納言と受領に過ぎない陸奥守とでは大きく身分が違う。このため、弟のはずの兼長が『公卿補任』には「一男」（長子）とされ、昇進も師長に先行していた。兼長は元服前に九歳で童殿上を認められ、久安四年（一一四八）四月に十一歳で元服して従五位上に叙された。そして久安五年八月には従三位に叙しており、師長の元服の時点で、すでに公卿となっていたのである。

話は逸れるが、兼長の昇進には摂関家嫡流をめぐる葛藤が反映されている。兼長は元服に際し、摂関家嫡流を示す正五位下ではなく従五位上に止められた。一般の貴族が最初に叙されるのは従五位下だが、摂関家嫡男は二階上の正五位下に叙されることになっていた。それが、一階下の従五位上だったのである。

しかし、兼長は直後に近衛中将に任じられ、五位のまま中将となる五位中将となった。この五位中将は、摂関家の嫡男に許された特権身分であったから（拙稿「五位中将考」）、兼長が摂関家の嫡男ということになる。この微妙な処遇の背景には、忠通と頼長との軋轢が存した。

長らく継嗣がなかった忠通は、弟頼長を養子に迎えて後継者としたため、頼長の嫡男兼長は摂関家嫡流とみなされた。しかし、康治二年（一一四三）、長男基実が生まれたことから忠通は頼長への摂関譲渡を拒むようになり、忠実・頼長と忠通との深刻な対立が生まれたのである。摂関家嫡流は、忠通から基実に継承されるのか、はたまた頼長、そして兼長に移るのか。その中で、兼長は忠通の養子として元服したが、正五位下に叙されず、頼長らを怒らせた。その埋め合わせのように、五位中将に任じられたのである。摂関家嫡流をめぐる葛藤は保元の乱まで継続する。

話を師長に戻そう。元服後の師長は侍従を務め、仁平元年（一一五一）二月に正四位下のまま参議となって公卿の仲間入りを果たす。ちなみに、当時兼長は正三位右中将であった。兼長が政務に参加する議政官を兼任していないのに対し、師長は参議として公事も務めており、師長には公事に関する才能があったらしい。官位では兼長がつねに先行するが、頼長は師長の才気も評価していた。

ちなみに議政官とは、序論でも触れたように、公卿のうち政務に参加できる大臣・大納言・中納言・参議を指す。政務というのは、国政の重要事を審議する陣定（仗議）への出席や、宣旨発給・諸祭礼などの重要行事の責任者である上卿を務めることを言う。位階が三位以上の公卿でも、何ら官職を兼任していない者はもちろん、たとえ近衛府の大将・中将、衛府の長官、八省の卿、諸職の長官（中宮・皇后宮大夫、修理大夫、左京・右京大夫など）などの官職に就いていても、公的には重要政務に参加できなかった。『公卿補任』でも議政官を兼任していない者は、位階があっても官職がない「散位」と記されている。

師長は久寿元年（一一五四）十一月に権中納言に昇進、位階も従二位に昇っていた。兼長は正二位権中納言で、その差は位階一階でしかなく、頼長も仁平三年（一一五三）九月に兼長・師長の二人に与えた遺誡において、いずれを後継者とするとも記していない。場合によっては師長が父の後継者となる可能性もあったのである。

保元の乱以後

左大臣の子息として順風満帆であった師長の人生は、保元元年（一一五六）の保元の乱で一変する。父頼長が謀反人として敗死したため、師長の兄弟たちも連座して全員配流という重罰に処されたのである。乱の当時、正二位権中納言兼右大将で大納言を目前にしていた兼長は出雲に、そして従二位権中納言兼左中将に達していた師長は土佐に配流された。

配流の衝撃のためか、兼長は二年後の保元三年正月、配流先において僅か二十一歳で死去してしまう。これに対し土佐に配流された師長は、美福門院女房だった室の母（従三位忠子）らの支援を受けたおかげで配流生活に耐え、乱から八年を経た長寛二年（一一六四）六月に帰京を許された。二年後の仁安元年十一月には配流前を超える権大納言に昇進している。妻やその母の恩は多大であった。この婚姻については第二部第二章で後述する。

ところが翌仁安二年、何と師長はこの大恩ある妻を離縁して、母方の従兄（いとこ）平経盛（つねもり）（一一二四－八五）のもとに移ってしまった。経盛は清盛の異母弟で、師長の行動の背景には清盛の計画があったと噂された。清盛は、藤原忠通の長男関白基実を婿に迎え摂関家を保護下に置いたが、永万二年（仁安元年、一一六六）七月に基実が夭折（ようせつ）したため、彼と死別した娘盛子と師長との婚姻を目論（もくろ）むに至った。清盛が師長に目をつけたのは、彼に摂関就任の可能性があったためである。

盛子との縁談は消滅するが、その後も師長は摂関昇進者が多く任じられる左大将を兼ね、内大臣に昇進するなど高い官職を帯びた。彼は安元三年（治承元年、一一七七）三月に太政大臣に任じられたが、その際、摂関の思いを断つので太政大臣を所望すると述べている（『玉葉』正月二十三日条）。よって、それまで摂関昇進の可能性があったことがわかる。

当時、保元の乱で父が敵対した後白河の院政下であったが、師長は巧みに後白河に接近した。これには、師長の公事の才知とともに、彼が院近臣藤原成親と姻戚関係を結んだこと、そして琵琶（びわ）の達人という音楽の技量が、芸能を愛好する後白河に気に入られたことも関係していた。まさに「芸は身を助ける」である。

また後白河は、平治の乱後に彼の院政を一時停止し、対立していた二条親政を支持した藤原忠通・基実らの摂関家嫡流を忌避していた。このため、保元の乱までは摂関家嫡流だった頼長の子で、さらに院の側近となった師長に摂関継承の可能性が生まれたのである。しかし、さすがに配流経験者で、謀反人の息子が摂関に昇進することはなかった。後述するように格式は高いが名誉職に過ぎない太政大臣は、摂関を逸した「残念賞」であった。

流人から太政大臣に昇りつめた師長であったが、平清盛が後白河院を幽閉した治承三年（一一一七九）政変では、後白河側近として尾張に配流されてしまう。二度目の配流で彼は出家し、ついに政治生命を絶たれた。師長は、清盛没後の養和元年（一一八一）三月、幸いにも帰京を許され、建久三年（一一九二）七月に五十五歳で没している。『尊卑分脈』（第一篇六五頁）によると、子供たちは政治的地位に恵まれず、彼の子孫は絶えてしまった。

三　師長の加冠

儀式の準備

さて、師長がかかる波乱の人生を送ることなど、むろんこの時点で誰も知る由もない。『兵範記』の**十月十九日条**には、師長の晴れがましい元服の有様が詳細に述べられている。師長は数えの十二歳。儀式は、忠実の邸宅宇治小松殿で行われた。忠実は保延二年（一一三六）以後、専らここで生活していた。小松殿の遺跡は確認されていないが、その所在地は平等院の西方で、現在のＪＲ宇治駅がある宇治市宇治戸ノ内付近と推察される。

信範は、師長の祖父で養父でもあった忠実の命をうけたまわって儀式を遂行してゆく。まず例によって開始の時刻を陰陽頭賀茂憲栄に尋ね、元服の中心となる「加冠」の時刻は十九日の戌の刻（午後八時ごろ）と定まった。加冠とは、それまでの総角などの童の髪型を改め、理髪して髻を結い、その上に冠を被せるという元服の象徴ともいえる儀式であった。このため、加冠というだけで元服を意味するようになる。加冠役は儀式で最も身分の高い人物が務めた。

信範は憲栄の勘申を覧筥に入れ忠実の御覧を仰いだ。覧筥は「御覧筥」とも言い、重要な文書を貴人に見せるときに用いられた蓋のついた箱である。

　仰せにより、若君の御所に進め留む。須らく禅定の御前に留むべしと雖も、なお憚りありて献じ置かるるか。

「禅定」は禅定殿下の略。仏門に入った摂関の意味で、忠実を指す。忠実の手元に留めるべき勘申を、若君（師長）のもとに留めるように返されたのを信範は不審に思っている。彼が知っていた先例と違っていたのだが、相手が忠実では従うしかなく、「失」と書けなかったのだろう。この後も、何かと自己流を貫く忠実の指示に対する不審、不満が頻出する。

次に信範は、師長の侍所に設置する「侍所簡」の製作を命じた。侍所は内裏の殿上を模して整備されたので、殿上間に設置された殿上簡に倣って、職員の名を記し出仕を確認する侍所簡と呼ばれる板が設置されていた（拙稿「平安後期の侍所について」）。素材の板は荘園からの貢物ではなく、朝廷の木工寮から調達し、細工所の職人である「政所の工」が製作した。細工所が政所の管轄下にあったので、このように呼ばれている。

そのあと、元服の儀式で公卿以下に提供される「饌」（ごちそう）が準備される。納言以下の饌は高坏三本で予め並べられているが、大臣の饌は高坏四本で、着座してから用意することになっていた。弁当とコース料理の差といえようか。

公卿・殿上人の饌は、忠実の知行国である淡路の受領藤原朝方が準備した。この朝方は先に触れた朝隆の子で、のちに後白河院近臣となって権大納言に昇進している。一方、侍所の台盤に饗二十前（膳）が並べられたが、こちらは忠実の別荘富家殿が用意している。忠実の私財で準備したのだが、信範は次のように記した。

受領なきによりこれを勤む。例となすべからず。

受領がいないので富家殿が勤仕したが、本来は受領が用意すべきなので例としてはならないとしている。淡路以外にも忠実は数カ国の知行国を有したが、何か用意できない事情でもあったのか。あるいは知行国以外の受領の協力が得られなかったのだろうか。後者とすると、忠実・頼長ら摂関家と、院近臣を中心とする受領層との軋轢が広がりつつあった時期だけに、微妙なものが感じられる。

加冠役の到着と饗

やがて客人たちが参入し、継母源師子の死去によって重服（重喪。父母の喪）であった頼長も密かに見物している。さらに京で製作された冠が届けられ、師長に献上された。その間に、加冠役の右大臣藤原実行（一〇八〇―一一六二）が船で宇治に参着している。実行は、その日の客人で最も高い官位を持つので、主賓を意味する「尊者」と呼ばれた。彼は藤原氏閑院流の公卿で当時七十歳、この年の七月に右大臣に就任し閑院流で初めて大臣となり、翌年には太政大臣に昇進している。

父は鳥羽天皇の外伯父権大納言公実、妹は崇徳院の母待賢門院で、鳥羽院は従弟、崇徳院は外甥になる。彼の大臣昇進には、姪幸子が頼長の正室となっていた縁で、忠実・頼長の支援があった。こうした頼長との深い連携もあって加冠役に選ばれたのである。

　しかし、この六年後の久寿二年（一一五五）、待賢門院所生の外甥、後白河天皇が思いがけなく即位したことで外戚の座を得た実行は、保元の乱では頼長を見限って後白河天皇方に立った。その結果、実行は政治的地位を保ち、子孫三条家は大臣を世襲する清華家として繁栄する。遥か後の明治維新で活躍する三条実美はその後裔である。

　尊者の饌が据えられると、冠者師長が装束を着して参入し、献盃が行われる。尊者の饌の手長（給仕）の中に、保元の乱で崇徳・頼長方に参戦して敗死する右馬助平忠正の姿がある。彼は伊勢平氏の武将で、忠盛の弟、清盛の叔父にあたる。宇治に邸宅を持ち、日ごろから忠実・頼長に伺候していた。奉仕の内容から見て、家政機関職員として忠実・頼長に仕えていたとみられる。このように、武士も貴族社会の一員として、摂関家の家政に深く組み込まれていた。それゆえに、彼は保元の乱でも頼長に従ったのである。

加冠の儀

その後、冠と理髪の道具が用意される。

まず御冠〈（中略）**冠者の右方に置く。巾子は南にこれを置く。しかるに、額をもって南に向くべき由、代々所見あり。巾子をもって南に向くるは失也と云々**〉。

最初に冠が置かれるが、信範は早速冠の置き方を「失」としている。巾子は冠後部の突き出した部分で、ここに頭頂部に結った髻を入れた。これを南向きに置いたが、冠の前部、つまり額の側を南向きにするように代々の記録にあるので、これは失ではないか、としている。「云々」を付したのは、絶対にそうでなくてはならないと断定しなかったためで、やや自信がなかったのだろうか。

ついで理髪が行われる。それに先立ち、散位高階仲行と藤原経憲が、ひねった紙や布に蝋を塗った小型の照明具である脂燭を置いたが、それに箸が添えられた。

> **おのおの箸を副う。これまた先例見えずと雖も、入道殿の御定也。随いて必ず入るべき由、両人談ずるところ也。**

「入道殿」は忠実である。照明具に箸を添えることは先例になかったが、忠実の命令だったので仲行と経憲はこれに従ったと述べた。これについて信範は、次のように記す。

> **しかれども、土器をもって燈を受くべき由、所見あり。箸は謂れなき事也。例となすべからざるか。**

箸の用法は不明だが、先例は土器で燈を受けていた。先例にない忠実の命を「謂れなき事」と否定している。主君の命令でも先例にないことは批判する。まさに儀式の専門家としての矜持であり、勝手な命令を出す忠実に対するかなり厳しい反発が窺われる。

ついで、理髪人左中将源成雅が着座し理髪が行われる。理髪とは加冠に先立ち髪を整えることで、童の髪形である総角を解き、髪を束ねて紙などで巻き、髻を結い上げることである。髻は成人男子の象徴で、髻を結っていない者が童になる。髻がほどけ、髪の毛がばらけるさまを「大童」というのはご存じのとおり。また、身分が低く髻を結うことを許されない牛飼を、成人でも牛童と呼んだ。それほど髻は大事なものであった。

　この時の理髪人源成雅は陸奥守信雅の子で、姉妹が頼長の妾となって師長を産んでいたので、師長は甥にあたる。このことから理髪人に選ばれたのだろう。この成雅は、先述のように父信雅とともに忠実と男色関係にあった。さらに成雅は頼長にも仕え、保元の乱後、越後国（えちごのくに）に配流される運命にあった。

　ついで加冠が行われた。加冠人右大臣藤原実行は、冠者の後ろを経て、先ほどまでの理髪の座に着し冠を被せた。そして元の経路で座に戻った。これについて信範は、代々の加冠人はまっすぐ円座（わろうだ）に向かっており、延久・寛治以来の先例を見ても冠者の後ろを通っていないとして「**珍重の儀たり。なお先例を尋ねこれを存ずべし**」と記している。儀式では、経路一つをとっても大問題で、儀式の記録を残して子孫に伝え、後代の摂関家の規範としなければならないという信範の意識が伝わってくる。

　元服とともに、師長は正五位下に叙された。先述のように、一般の貴族の場合、最初に与えられる位階は従五位下であるが、従五位上も超えて二階上となっている。摂関就任前の左大臣頼長の子なので本来は従五位上のはずが、摂政・関白を務めた忠実の養子として正五位下に叙されたのである。忠実の養子となったのはこのためであった。なお、先述のように、師長に先立って前年四月に元服した兼長は、摂政忠通の養子にもかかわらず従五位上に留められたため頼長が不服を述べている。

四　家政機関職員の補任

名簿と侍所簡

加冠が終わり、尊者らが退出したのち、師長の家政機関職員が補任(ぶにん)された。師長に仕える家政機関の中心は政所と侍所で、その構成や機能は後で詳述する。本来、家政機関は三位以上の公卿に設置されるが、師長のように公卿昇進が間近な場合は、元服とともに家政機関が設置され、職員が補任されている（以下、拙稿「平安後期の侍所について」、同「摂関家家政機関の拡充」による）。

忠実は、信範に「家司・職事・下(げ)家司」などの補任の手続きを行うように命じた。このうち、家司はおおむね四位・五位の政所別当、職事は五位の侍所別当、そして下家司は家司の下で政所の実務を担当する知家事(ちけじ)・案主(あんじゅ)といった六位以下の下級官人を意味する。命令を受けた信範は侍所に退き、補任される人々から提出された名簿を集めて箱に入れ、忠実の御前に持参した。「名簿」は、師長が所々で昇殿した際にも登場したが、名前を書いた紙片で、これを提出することは、主従関係を締結し臣従することを意味する。名簿は侍所に保管されており、信範は侍所から名簿を取り出して忠実のもとに持参した。忠実は名簿を見て任命される家政機関職員の名前を確認し、名簿を信範に返している。侍所は名簿を保管・管理しており、人事を管轄する家政機関であることがわかる。

名簿を返却された信範は侍所に戻った。人事に関係する手続きは侍所で行われていたのである。信範は次のように記した。

侍所において、まず家司・職事を書き下す。次いで名簿等を令旨に加う。

ここで注目されるのは「令旨」という文言である。「令旨」と言えば、古文書学では皇族が発給する奉書形式の文書（主君の命を奉った臣下が出す文書）と習うが、ここは明らかに異なり、後述のように家政機関職員の補任辞令を意味した。「書き下す」とあるのは、「令旨」を作成したことを意味する。名簿を「令旨に加う」とあるのは、令旨と先に提出された名簿とを一緒にして収納したことを意味する。

令旨を作成した信範は、令旨と名簿とを侍所の実務を担当する侍所司惟宗長賢に下した。次に信範は、散位為雅に「侍所簡」とその袋の銘を書かせている。為雅は、侍所簡に家政機関職員の名前を記した。

侍所簡は三段に分かれていて、最上段には家司三人、職事二人の名前が、次の段には五位の侍四人の名前が、三段目には有官・無官を合わせた侍六人の名前が書かれ、裏側の下に当日の日付が記入された。このように侍所簡には、侍だけではなく政所別当である家司の名前も記入されており、彼らの出仕を確認するために用いられたのである。

作成された簡は袋に入れられ、職事が封をして侍所の長押の傍に置いた。また令旨と名簿は櫃に収納され、侍所司が封をして簡のもとに置いた。家司の令旨は政所に保管されたが、家司以下が侍所簡に名前を記されて出仕を確認され、名簿が侍所に保管されたのだから、侍所が家政機関職員を統括していたことがわかる。

令旨

さて、信範は皇族の奉書と間違えそうな「令旨」という文書の全文を記している。

家司

正四位下行(ぎょう)　大学頭大江朝臣維順

従四位下藤原朝臣顕憲(あきのり)

従四位下藤原朝臣為実(ためざね)

仰せを被(こうむ)るにいわく、件(くだん)の人ら、宜しく大夫方の政所別当たるべし者(てえり)。

久安五年十月十九日　従五位上平朝臣信範　奉(うけたまわ)る

これは、三人の家司を補任した辞令で、主君の命令を家司が奉って発給する奉書という形式の文書である。ちなみに奉書の「奉」という字は「うけたまわる」と読む。学部生の時に受けた授業で、これが「たてまつる」ではなく、全く逆の意味と教えられて驚いたことが忘れられない。「件の人ら」からあと、「たるべし」までの部分が、信範がうけたまわった主君忠実の命令の内容で、「以上の者を政所別当に任じよ」という意味になる。信範は家司として、主君の命を受けて政所別当補任の実務を担当している。

「者」は、発言や、引用した内容の締めくくりに用いる言葉で、「～と言えり」が訛(なま)ったものである。ここでは、上文の「仰せを被るにいわく」と対応している。

古文書学では、身分によって奉書の名称が異なっており、天皇の奉書は綸旨、院は院宣、皇族は令旨、摂関家以下の公卿は御教書という。信範が奉わったのは忠実の仰せだから御教書なのだが、先述のように信範が書き下し、名簿とともに収納したのは「令旨」であった。したがって、この補任辞令は令旨と呼ばれていたことになる。また、令旨は「仰書」とも称された。古文書の様式、名称にはまだまだ新たな発見がある。

この文書で「大夫方」とあるのは、まだ大夫（五位）である師長を指す。先にも述べたが、師長はすぐに公卿に昇進することを前提として、本来公卿以上に置かれる家政機関を設置された。ちなみに師長は、約一年余りのちの仁平元年（一一五一）二月に参議に就任し、公卿の仲間入りを果たしている。

さて、家司に続いて侍所別当である職事、下家司である知家事・案主にも令旨が出された。知家事・案主に対する令旨の文言は次の通り。

仰せを被るにいわく、件の人ら、宜しく大夫方の政所の事に従わしむべし。

彼らは政所の職務に従事するように命じられており、別当である家司の監督下で様々な実務を担当した。たとえば案主は、政所が発給する文書の文案を作成している。先述の如く彼らを下家司と呼ぶ。侍所簡にも名前を記されておらず、政所にのみ属していた。このため下家司の令旨は、家司のそれとともに下家司紀俊光に渡された。

家司・職事の顔ぶれ

師長の家司・職事にはあまり有名人はいないが、補任された者の特色が窺われる。まず、家司は政所別当として家政の中心である政所を管轄する立場にあり、信範の活動からもわかるように、様々な儀式の遂行を奉行し、担当者の手配、物資の調達のほか、文書・記録を作成している。

家司三人はいずれも四位である。筆頭の大学頭大江維順は白河院近臣の大学者匡房（まさふさ）の子で、最初に命名を提案したことは先に触れた。公卿家では様々な文書を作成するだけに、家司にはこうした漢文学に通じた人物も必要とされた。この後、あまり顕著な事績はないが、維順の子維光（これみつ）は源頼朝の腹心となる広元（ひろもと）の実父として知られる。

藤原顕憲は以前に紹介した通り聖子の中宮少進を務めており、師長の父頼長の母方の伯父（おじ）にあたる。彼は仁平三年（一一五三）閏（うるう）十二月以前に死去しているが（『兵範記』同年閏十二月二十九日条）、この時に職事に任じられた経憲をはじめ、彼の子供たちは保元の乱に際し頼長に最後まで仕えていた。師長の家政機関職員でも、頼長母の一族が重要な役割を果たしている。もう一人の藤原為実は、長年摂関家の家司を務めているが特筆すべき事績は確認できない。

職事、すなわち侍所別当は侍所の管轄者であるが、侍を統率して職務を遂行した事例はあまり見られない。師長の元服の舗設に際し、職事行事源高基が奉行家司信範を代行した（『兵範記』十月十六日条）ように、家司の補佐役を果たすことが多かった。

職事は二人で、従五位下高階仲行は忠実・頼長に仕え、保元の乱後も洛北（らくほく）の知足院（現在の大徳寺付近）に幽閉された忠実に近侍し、彼の談話集『富家語』を筆録した、まさに忠実の腹心であった。彼は、忠実が死去すると出家し、摂津の四天王寺付近で晩年を過ごした。もう一人の従五位下藤原経憲は、先述のように顕憲の子で、保元の乱でも頼長に最後まで仕え、乱後に隠岐に配流された。

口宣と侍

次に、「**出納重清、仰書なし。ただ口宣にて同じく下知しおわんぬ**」とある。下家司の一人である出納の重清には「仰書」、すなわち令旨はなく、「口宣」で任命が命じられたという。「口宣」というと、古文書学では天皇による命令を意味し、「天皇が口頭で発した勅命を蔵人が伝える」という意味に用いられ、著名な辞典類でもその意味しか掲載されていない。しかし、この場合が天皇の命令であるはずはなく、文字本来の意味の通り口頭での宣告（命令）を意味する。

同様に、侍所司縫殿允惟宗長賢、雑色所長右近番長中臣重文も「**同じく仰する也**」とあって、彼らも「仰す」、つまり口頭で補任されたことがわかる。身分によって、辞令か、口頭での通達かという差をつけられていた。口頭の通達は安っぽいが、実はもっと粗略な補任があった。

続く「**簡に付する侍の輩**」とあるのが、師長の侍所簡に名前を付けられた、師長に仕える侍である。五位が四人、六位が所司を含む六人で、忠実の恪勤の者（精勤の侍）が選ばれた。彼らも名簿を献じているが、口宣があったとも書かれていない。同じ六位以下でも下家司は専門的な仕事があって令旨を与えられたが、雑用係の侍は補任の方法も簡略で、貴族社会で軽視されていたことがわかる。伊勢平氏も平正盛まではおおむね六位に留まる侍身分で、その息子が急に出世して昇殿したのだから、忠盛を「成上り者」として貴族たちが反感を抱いたのも当然だった。

公家・武家の家政機関

以上のように、公家には政所・侍所といった家政機関があり、これらは鎌倉幕府にも継承されている。公家の家政機関について、幕府と対比しながら簡単に触れておきたい。

政所は荘園を管理して費用を調達し、儀式を遂行するとともに、必要に応じて文書を発給する家政の中心機関である。その別当である家司は、信範のように様々な儀式を奉行するとともに、文書発給、記録としての日記作成など、家政全般に奉仕している。政所の原形は、養老令の家令(かれい)・職員令(しきいんりょう)に規定された三位以上の家政機関で、それが摂関時代に政所と呼ばれるようになった。師長の家政機関には見えないが、「家令」や大小の従、書吏といった令に規定された職員の名称が政所に継承されていることから、両者の関係を窺うことができる。

その政所が拡充されたのは荘園が増大した院政期以降で、まだ道長の時代には政所下文(まんどころくだしぶみ)も発給されておらず、家司の構成なども不明確である。師長の例からもわかるように、政所には監督的な立場にあって儀式の遂行などを担当する家司（政所別当）が複数任命され、その下に知家事・案主・出納といった実務を担当する下家司がいた。古文書学的にいえば、政所下文の奥

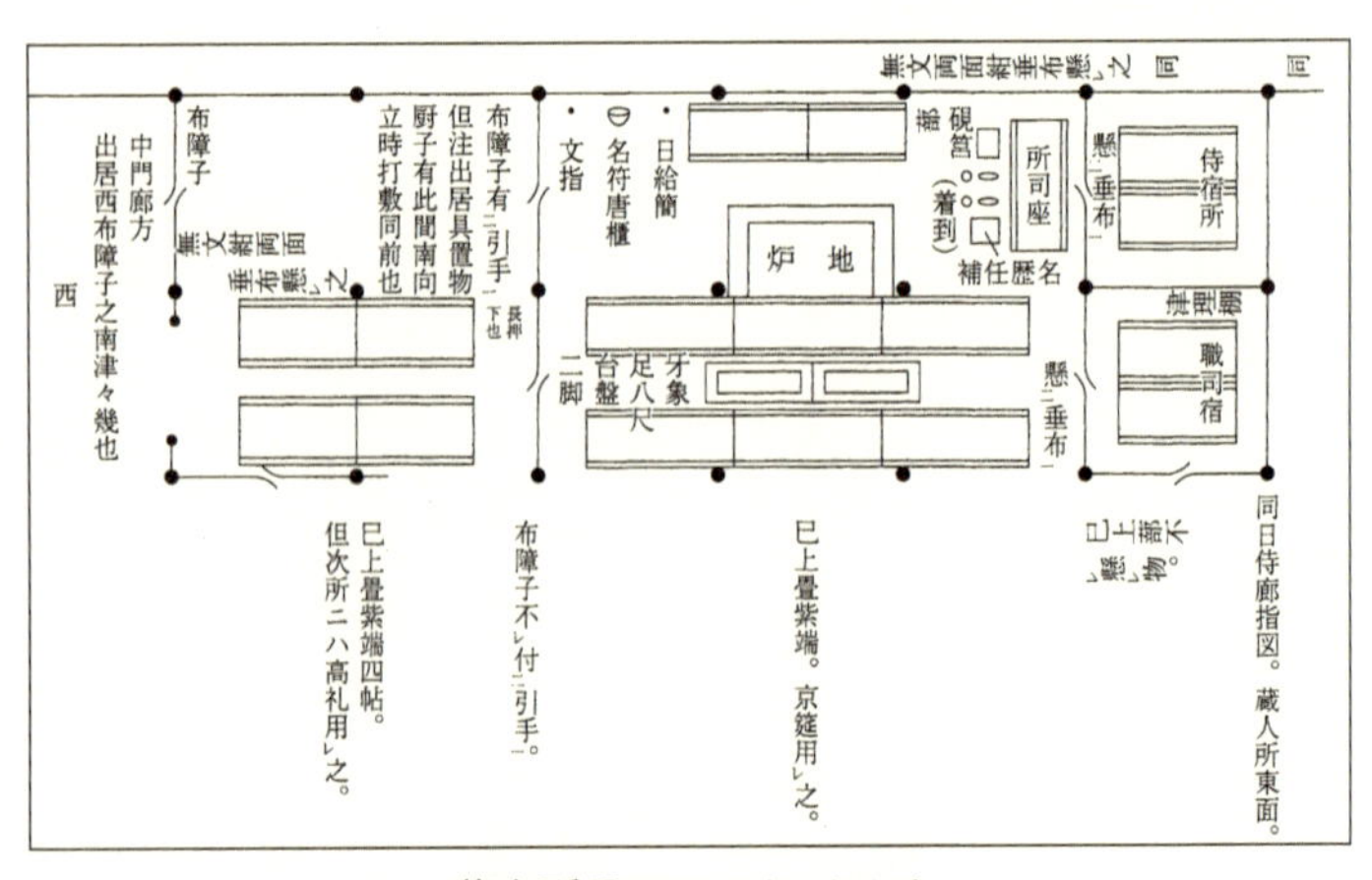

蔵人所（『類聚雑要抄』巻第2）
元木泰雄「平安後期の侍所について―摂関家を中心に―」
（『中世前期政治史研究』吉川弘文館、2024年。初出1981年）

上段に署名するのが家司、奥下段に署名するのが下家司となる。別当は四位・五位、下家司は六位以下であった。ただし下家司はいわば「専門職」で、侍とは区別される。

こうした職員の構成、所領管理などの担当、下文以下の文書の発給といった機能は鎌倉幕府にも共通する。幕府の政所別当というと大江広元が有名だが、頼朝存命中にも複数の別当が存したし、有名な執権・連署も複数の別当を意味する。

一方、侍所は宮中の殿上と蔵人所を模倣して成立したもので、摂関家でも侍所を蔵人所と呼ぶことがあった。摂関時代に出現するが、家政機関として拡充されるのは、政所と同様に院政期以降になる。永久三年（一一一五）における関白忠実の東三条殿を描いた『類聚雑要抄』の絵図からも、蔵人所（侍所）に先述の日給簡、名符（名簿）唐櫃が設置されていたことがわかる。

侍所は名簿・侍所簡を管理し、侍所司は儀式への出仕を催促・確認することで家司以下を統制し、主従関係を統括する役割を果たしていた。侍だけではなく、家司も管理の対象としていたところに侍所の特色がある。摂関家の蔵人所の例であるが、「着到」という家司以下の出仕を確認する台帳があった。

この「着到」は鎌倉幕府の侍所にもみられる。『吾妻鏡』治承四年（一一八〇）十二月十二日条によると、鎌倉の頼朝邸にある十八間の侍所に御家人三百十一人（三百十一人とも）を集め、別当和田義盛が着到を記入している。さらに儀式と戦場という相違はあるが、催促、出仕の確認など、侍所の機能には家人統制という点で共通性が存した。

だが公家・武家の侍所に大きな相違もある。公家の侍の数は師長の例では十人余り、いくら多くても鎌倉幕府のような二、三百人余ということはあり得ない。また、建物も幕府のように十八間もあるような巨大なものではなかった。さらに、鎌倉幕府では頼朝が侍所に臨席して宴会を行うが、公家の場合は侍所に主君が出向くことはない。また別当・所司の存在は共通するが、幕府の別当は一人であった。

貴族と武士は全く異なるという見方は誤りで、政所・侍所のように共通した性格を持つ家政機関があった。しかし、一方では侍所の形態に大きな相違点もあった。家政機関は、公家と幕府の共通性と相違点を考える好素材といえよう。

信範の安堵と不審

さて、『兵範記』に戻ろう。儀式を終え自室で就寝しようとした信範のもとに、忠実の言葉が伝えられた。

仰せていわく、今日の事、一塵も懈怠なく奉行遂げおわんぬ。返す返す感じ思しめす。

忠実は懈怠が少しもない、つまり一切失策なく完璧に今日の行事を奉行したので、大いに感心したという讃辞を信範に贈ったのである。この讃辞こそ行事家司としての本懐であり、これを聞いた信範の安堵と喜びが伝わってくる。しかし、信範は喜んでばかりはいなかった。彼は、今回の儀式と先例との相違を書き立てている。

今度、御装束敷筵なし。円座・菅円座等を敷かず。御曹司狭少（小カ）の上、便宜なきにより毎事省略す。すでに代々の儀に違う。後代の如法の儀となすべからざるか。ただ禅定殿下の御今案をもって沙汰せしめ給うもの也。

今回は、敷筵がなく、さらに円座（円形の座布団）・菅円座（菅でできた円座）がなかった。それは御曹司（部屋）が狭かった上に、便宜がなかったので省略したが、代々の在り方と違うので、これを先例としてはならないと記した。先例と違うのは、忠実が「御今案」、今思いついた考えで行ったためであった。摂関家歴代の先例を破り、自身の判断で儀式を行った忠実に不満を抱いていたことが窺われる。信範の憤懣はそれだけではなかった。

下官奉行の上、最も家司の仁に当たる。しかるにその列に入らず。これ、両院の院司により、その恐れをなさるるか。すこぶる不審。

信範は、「私は奉行した上に、最も師長の家司に相応しい人間である。それなのに、家司に選ばれていない。これは、両院の院司を兼ねていることを恐れ憚ったためであろうか。何とも不審だ」と記した。両院は鳥羽院と高陽院のことだが、院司の兼任は珍しくない。おそらく、信範が忠通の嫡男基実の乳父であったこと、また頼長が自身の外戚藤原顕憲一族を重視したことが家司人事に関係したのではないだろうか。

五　他の諸儀式

成楽院中御堂供養の指示

久安五年の記事は十一月までしか残っていないが、師長の元服以外にも興味深い記事がみられる。師長元服の儀式を終えた翌二十日、信範は早朝から忠実に呼び出され、長時間にわたる指示を受けた。

忠実は十月二十五日に予定されていた、宇治成楽院中御堂の供養の奉行を信範に命じた。この御堂は忠実の正室、故源師子のために建立されたもので、師長の元服に続いて信範は重要な儀式を任されたのである。彼は忠実の信頼を改めて認識したかもしれないが、師長の家司に漏れた不満を抱いていただけに心中は複雑だったろう。

師子は、先述のように高陽院・摂政忠通姉弟の母で、前年の久安四年十二月に七十九歳で亡くなっている。成楽院は、忠実の宇治における邸宅小松殿の中にあった持仏堂のような寺院で、康治元年（一一四二）六月に供養された。忠実は、その一角に師子のための新堂を建立したのである。

指示を受けた信範は、本尊をはじめ各種行事の詳細を尋ね、担当者に忠実の命令を伝えて迅速に処理している。ただ、堂の建立にあたって、「鎮壇」（土壇を築いて地形を鎮める重要な儀式）が行われていなかった。忠実は大したお勤めではないので忘れて沙汰していなかったと述べた。本当に不要と思ったのか、うっかりしていたのかはわからない。

京に帰った信範は、師長元服に用いた品々を忠通と高陽院に返却した。忠通が師長のために貸し出したのだから、彼と忠実・頼長の関係は、まだ破綻してはいなかったことになる。

二十三日、信範は早速鎮壇の先例を調べて手筈を整え、忠実の杜撰な措置を補完した。**二十四日**は供養の準備をし、**二十五日**の供養当日を迎えた。御堂は三間四面檜皮葺きで、半丈六（立像で八尺、坐像で四尺）の大日如来像一体が安置された。未明の寅の刻（午前四時ごろ）にまず鎮壇が行われた。信範は、儀式を執り行った法眼良修に布施を与えているが、二人とも早朝からご苦労なことである。卯の刻（午前六時ごろ）に仏壇が据えられ本尊以下が安置された。巳の刻（午前十時ごろ）、僧侶と公卿が参入する。京で忠通の任太政大臣の儀式があったために、参入の公卿は右大弁藤原資信、三位中将藤原兼長のみで、重服の頼長は簾中に控えていた。

法会の最後に、忠実を筆頭に、高陽院、皇太后聖子、忠通、覚法法親王、そして養子頼長といった師子所縁の人々が、施物やその趣旨を書いた諷誦文を奉納した。頼長の諷誦文は、末尾に次のように記されていた。

右、諷誦請うところ件の如し。

久安五年十月廿五日

別当散位従四位下藤原朝臣顕憲

政所別当藤原顕憲が署名している。これに対し信範は、「**この御誦経文、家司の加署、いわれなき事也。例となすべからず**」と厳しく指摘している。忠実は「**弟子沙門某**」、忠通は「**弟子摂政従一位藤原朝臣忠通**」と、本人が加署している。別当が加署したのは、高陽院・皇太后聖子・二品親王覚法という女院や皇族で、摂関家関係者といえども、臣下は自身が加署しなければならなかったのである。

おそらく頼長は先例を知らずに、皇族同様に別当に署名させてしまったのだろう。彼は、中国の古典には詳しいが、わが国の故実に疎いところがあった。これは同時に家司の失策でもある。家司藤原顕憲は先述のように頼長の母の兄弟で、その縁故で一族とともに頼長に重視され、師長の家司にも任用されていた。しかし彼の一族に弁官や蔵人頭などの重職に就任した者はなく、実務能力に限界があったのではないか。頼長は姻戚関係を優先し、この一族を重視したことに問題があったのかもしれない。

忠通の太政大臣任官

同じ十月二十五日、京の内裏では忠通の任太政大臣の儀式があり、節会が行われた。忠通は、白河院政末期の大治三年（一一二八）十二月十七日から翌年四月十日まで太政大臣に在任していたので、二回目の太政大臣就任である。同一人物が二度も太政大臣に就任したのは初めてなので、故実書『官職秘抄』に特筆されている。と言っても名誉職の太政大臣に二度就任したことが、画期的だったわけではない。

本来、摂関は太政大臣に付随していたが、道長の父兼家の時に摂関は太政大臣と分離し、独立した官職となった。寛和二年（九八六）六月、右大臣だった兼家は、外孫一条天皇を即位させて摂政となったものの、従兄で前関白の頼忠が太政大臣に留まったために、太政大臣を兼任できなかった。このままでは太政大臣の下位に立つことになる兼家は、同年七月に右大臣を辞すとともに、摂関を独自の官職と定め、太政大臣より上位に位置付けたのである。

もともと太政大臣は、養老職員令に天皇の「師範」とあるだけで、具体的な職務がなかった。その職務を具体化するために摂政・関白が太政大臣に付随して成立したのである。ところが、その摂関と分離したため、太政大臣は職務を失い単なる名誉職になってしまった。公卿会議の陣定に参加することも、上卿を勤仕することもなかった。

道長の叔父藤原為光（九四二―九九二）以降、太政大臣には引退間際の政界の長老が就任するようになったのである。仁安二年（一一六七）二月に平清盛が太政大臣に就任したことを教科書は重視するが、所詮は長老に対する処遇に過ぎない。

一方、摂関が太政大臣を兼任するのは、摂政が天皇元服の加冠役を務めるときに限られていた（橋本義彦氏「太政大臣沿革考」）。これは、太政大臣が天皇の「師範」とされたためで、摂政太政大臣による天皇の加冠は、中世以降も長く継承されている。前回、忠通が太政大臣に就任したのは、大治三年（一一二八）十二月で、翌年正月の崇徳天皇元服の加冠を務めた。今回は久安六年正月に予定された近衛天皇の加冠のためである。

太政大臣任官後、いつものように節会があった。節会は、季節の変わり目の儀式や、任大臣などの重要政務後に行われる宮中の公的な宴会である。その後、公卿以下、弁官をはじめとする太政官の役人たちは忠通の私邸近衛殿に向かい、吉書始などの儀式に臨んでいる。ところが内弁の右大臣藤原実行は内裏からそのまま帰宅してしまった。形式的な任官を軽んじたのか、あるいは忠実・頼長と忠通との微妙な空気を警戒し、前者に近い実行が意図的に退出したのだろうか。

勘ぐれば、忠通の太政大臣任官の日に成楽院供養を重複させたことにも何らかの意図があったのかもしれない。ただ、忠実と忠通の関係は、まだ決裂していたわけではない。

公卿参入の間の事、ならびに御在所の御装束の儀等、入道殿に申し合わせ、沙汰せらるる也。先例なきにより、併しながら新儀也。

このように、入道殿忠実と、摂政忠通とが公卿参入の儀式や邸宅の装束（舗設）などについて相談している。忠実による忠通義絶は翌年九月に迫っており、忠通が頼長の子兼長の昇進を妨害するなど破綻の兆しは窺われるが、まだ両者は話し合える関係にあった。話し合ったものの、二度目の太政大臣就任は先例がないので、すべて「新儀」で行われることになってしまった。「併しながら」は「すべて」という意味である。

平等院の経蔵

二十五日の供養の後も、信範は宇治に留まっていた。翌朝、彼は忠実から宇治平等院の小経蔵より「朱銘」の唐櫃を取り出すように命じられた。「朱銘」というのだから朱筆で銘が付されていたのだろう。この「小経蔵」は残念ながら現存していない。本来は一切経を収める蔵であったが、しだいに摂関家歴代の宝物が収められるようになり、当時は摂関家の宝物庫となり「宝蔵」ともよばれていた。そこから重要な宝物の搬出を命じたのだから、忠実が信範を深く信頼していたことは疑いない。

このような蔵であるから、摂関家関係者以外は立ち入り禁止であった。ところが、長承元年（一一三二）九月二十四日、鳥羽院が宇治に御幸した際、忠実は院に随行した院近臣藤原家成の経蔵立ち入りを認めたという説話が、鎌倉時代の説話集『続古事談』（巻第一―二三）に見える。すでに触れた通り、忠実は美福門院の皇女叡子内親王を高陽院の養女に迎えたように、院近臣に対して柔軟な姿勢で接していた。この辺が、院近臣に対する蔑視をあらわにし、家成との紛争まで起こした息子の頼長と大きく違うところである。

当時、様々な宝物を保管する宝蔵が院や摂関家に設置されていた。後白河院が蓮華王院（れんげおういん）に設置した宝蔵は有名で、院が日宋貿易に関与したのも、宋の重宝を入手し王権の権威を増すためであったとされる（美川圭氏「後白河院政と文化・外交」）。建久元年（一一九〇）に頼朝が上洛した際、後白河から宝物の見物を慫慂（しょうよう）されたのを断ったという『古今著聞集』（巻第十一―四〇〇）の説話は著名である。

　さて、信範は忠実の指示に従って平等院の執行僧良俊、寺主永勝と、蔵を管理する蔵司とともに蔵を開き、唐櫃を忠実のもとに持参した。そこに収納されていたのは、「**貞信公・九条殿下以下執筆の大間、自筆の御記等、秘蔵の文書**」であった。「貞信公」は、朱雀・村上天皇の摂政・関白をつとめた藤原忠平（八八〇–九四九）、「九条殿下」は忠平の子で右大臣として父を支えた師輔（九〇八–九六〇）のことで、師輔の孫が道長である。

「大間」は、前述のように除目で用いられた文書である。彼らが除目の中心である執筆を務めた際の大間書が保管されていたのであろう。また、「御記」は日記のことで、忠平の『貞信公記』、師輔の『九暦』の自筆本、すなわち原本を意味する。先例を重んじた当時、先祖の日記こそ大変な重宝であった。今日、これらの原本は失われたが、藤原道長の『御堂関白記』の原本が奇跡的に伝存しているのは、これを重宝の中の重宝として守り抜こうとした先人の強い意志の表れである。

　忠平は、朱雀天皇の外戚（外伯父）として摂政・関白を務めた。宇多天皇と藤原時平との対立、菅原道真の失脚、時平の早世などで動揺した政情を安定させたのが忠平である。彼は、朱雀天皇が幼少の時に摂政、成人後に関白を務め、摂政は幼主の代行、関白は成人天皇の補佐という役割を確立した。師輔も公事に優れ父を支えて活躍しており、二人は摂関政治繁栄の基礎を築いた人物だった。こうしたことから、彼らの先例が重んじられ、日記や関係の文書が宝蔵に秘蔵されたのである。

　ちなみに、師輔の娘安子は村上天皇の中宮となって三人の皇子を儲けた。のちの冷泉天皇、為平親王、円融天皇である。もし師輔が長命であれば、外孫を次々と即位させ、のちの道長のような栄華を築いた可能性があったが、彼は天徳四年（九六〇）、摂関目前で死去してしまった。さらに安子・村上天皇が相ついで没したことから政界は不安定になり、安和二年（九六九）に安和の変が勃発するのである。

忠実は、これらを見て「**おのおの御不審を開く**」とあるので、何かの先例を確かめたのだろう。最後に「**御封を付し返納す。事おわりて後、帰京す**」とあるように、信範はこれらの貴重書を収納すると京に帰った。

翌年、摂関家では父忠実が長男の関白忠通を義絶し、次男頼長を氏長者に据える大事件が起こる。『兵範記』には、その部分が欠落しており、次の記述は仁平二年（一一五二）正月となる。

第二部　忠通・頼長の相克

——仁平二年〜仁平四(久寿元)年

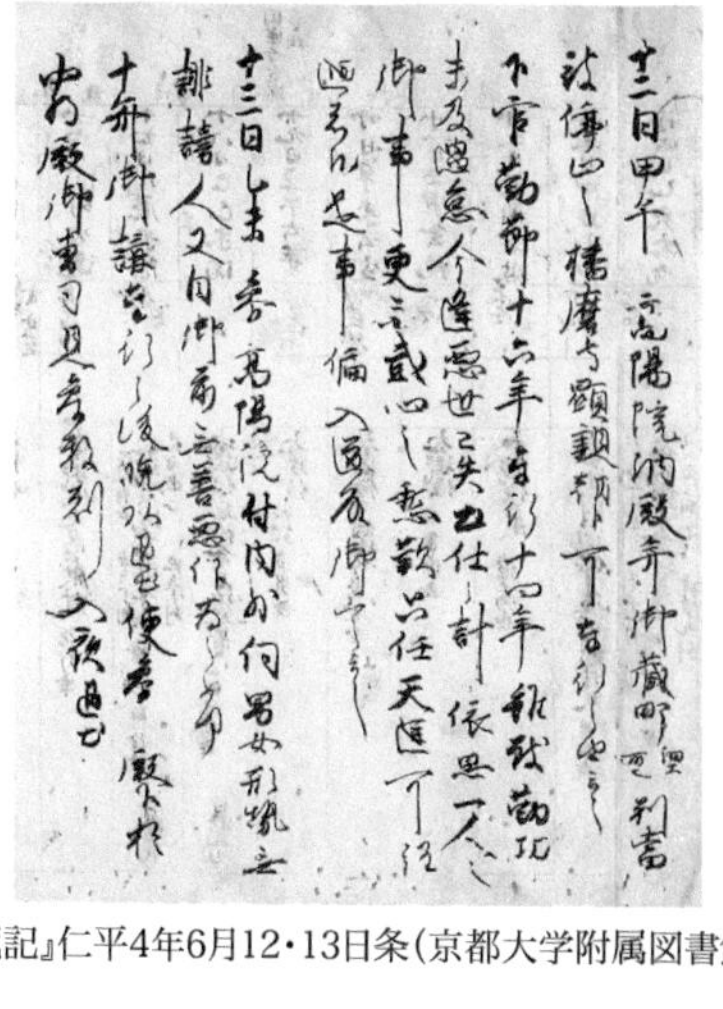

『兵範記』仁平4年6月12・13日条(京都大学附属図書館蔵)

第一章　氏長者藤原頼長の誕生——忠実の忠通義絶

一　東三条殿の接収

忠通の返報と忠実の憤怒

平信範が仕えていた摂関家は、保元元年（一一五六）七月に勃発した保元の乱で、兄の関白藤原忠通と弟の左大臣藤原頼長とが全面的に衝突する。摂関家分裂の原因となったのが、久安六年（一一五〇）九月二十六日における、大殿藤原忠実による長男忠通の義絶にほかならない。残念ながら、『兵範記』にこの日の記事はないので、詳細な記述のある『台記』に基づいて事件の概要を記すことにしよう。もっとも同書は当事者頼長の日記だけに、そのまま鵜呑(うの)みにできない面もあるが。

事件前日の二十五日、鳥羽院は摂政忠通からの返書を添えて、院自身の手書き書状を宇治の忠実に送った。その忠通の返書には、「（摂政を頼長に与えるというのなら、院が）没収してください。自分から譲渡することなどできません」と書かれていたのである。後述するように、忠実は忠通に対し、摂政を頼長に譲渡するように何度も申し入れていた。ところが、忠通は院から没収されない限り、摂政を譲る気はないと答えたのである。

　この返事に怒った忠実は、頼長を伴って真夜中に宇治を出立、未明に摂関家の正邸である東三条殿に入った。ここは藤原道長以来の摂関家邸宅だが、当時は居宅というよりも儀式などに用いられる正殿、今風に言えば「公邸」という位置付けになっていた。忠実が上洛した目的は、この東三条殿の接収にあった。摂関家の象徴ともいうべき邸宅と、ここに収められていた氏長者に関する重宝を忠通から奪取しようとしたのである。

　東三条殿には、すでに忠実の命を受けた河内源氏の武将源為義（一〇九六－一一五六）が兵を率いて駐屯していた。忠通派の抵抗に備えて武士を動員したのである。為義が保元の乱で崇徳院・頼長に従って敗れ、長男の義朝に処刑されたことは周知に属する。『尊卑分脈』（第三篇二二四頁）で為義の父とされる義親は、出雲で反乱を起こし嘉承三年（天仁元年、一一〇八）正月に平正盛に討たれ、翌天仁二年には義親の弟で、彼に代わって河内源氏の当主となった義忠が暗殺されたため、為義は急遽河内源氏の棟梁となった。しかし、まだ弱冠十四歳、家人を統制できず、さらには自身の失態もあって、白河・鳥羽院から忌避されてしまった。

　その彼を私兵として組織し、興福寺の悪僧統制、あるいは増大しつつあった摂関家領荘園の管理に起用したのが忠実であった。やがて、為義は忠実の後継者となった頼長に臣従し、ついには保元の乱に頼長方として参戦することになる。

氏長者の授与

さて、忠実は頼長に忠通の義絶を伝え、摂政は「天子」（天皇、実際には院）が与えるものだから奪えないが、「氏長者」は自分が譲ったのだから、忠通から奪回して頼長に与えると述べて、氏長者を象徴する宝物を頼長に与えた。宝物とは、長者印、長者に付随する殿下渡領の証書、最も著名な宝物の朱器・台盤、そして摂関家御厩を象徴する蒭斤である。

このうち、朱器・台盤は、長櫃四合に収めた朱塗りの器と五脚の台盤で、皇位を象徴する三種の神器に相当する宝物とされた。元来は、平安初期の藤原北家の当主藤原冬嗣（七七五―八二六）の御物とされ、氏長者となった人物は朱器を用いて大饗を行うことになっていた。

氏長者は藤原氏の第一人者の意味で、摂関時代以降、摂関が兼ねていた。氏長者の権限は、藤原氏一門に対する叙爵の推挙権、氏社春日社、興福寺・法成寺以下の氏寺、藤原氏の大学別曹勧学院の管理権、そして長者の地位に関係する荘園の支配権という、非常に大きなものであった。

忠実の述懐の通り、公的な官職である摂政・関白が天皇や院に補任されたのに対し、官職ではない氏長者は家長が譲渡することになっていた。また、この時代、親権は絶対で、親は子が不孝を行った場合、さきに譲渡した財産を取り返すことができる「悔返権」という権限を有していた。忠実は、この権限を行使したのである。忠実は、氏長者の地位だけではなく、忠通に譲渡していた多くの荘園も奪い返している。

二　忠通義絶の背景

摂政譲渡問題

忠通義絶の直接の理由は次のようなものであった。忠実は忠通に十回あまりも、摂政を頼長に譲るように説得したが、忠通はこれを拒んだ。最後に丁重に摂関の譲渡を依頼したにもかかわらず、先述のように忠通は院から没収されない限り、摂関を頼長に譲渡するつもりはないという返書を送りつけた。ここで忠実の堪忍袋の緒が切れたのである。

『愚管抄』（巻第四）によると、頼長を偏愛する父忠実は、摂関就任をせがむ頼長の願いを叶えるために忠通に摂関譲渡を申し入れたが、忠通は頼長の人物に問題があるために譲渡を拒んだとする。この記述により、頼長は弟のくせに摂関を望み、父忠実は彼を偏愛したとして、非はもっぱら忠実と頼長にあったと考えられてきた。

しかし、それは忠通の息子慈円の評価であり、単純に従うわけにはゆかない。ここで注意されるのは、右大臣藤原宗忠の日記『中右記』目録の天治二年（一一二五）四月二十三日条にある、「大殿の若君、摂政殿の御子になり給う」という記述である。この「若君」は頼長であり、彼は忠通の養子となっていたのである。ちなみに両者には二十三歳の年齢差があった。

この当時、白河院に無断で娘勲子の鳥羽天皇への入内を企て、院の怒りに触れた忠実は、関白を罷免され謹慎に追い込まれていた。このため、頼長は兄の摂政忠通の養子になったほうが

藤原忠通
（『天子摂関御影』皇居三の丸尚蔵館収蔵）

昇進に有利と判断されたのである。頼長は大治五年（一一三〇）四月に関白忠通の子息として元服し、摂関の子にのみ許された正五位下に叙された。いわば特権を得るための方便というべき養子関係であったが、その後大殿として摂関家家長に返り咲いた忠実のもとで、頼長は目覚ましい昇進を遂げる。

頼長は摂関家嫡男を示す五位中将、中納言中将を経て、保延二年（一一三六）十二月には、驚くべきことに十七歳の若さで内大臣に昇進した。これは、明らかに摂関家嫡流、摂関の後継者という扱いであった。忠通は男子に夭折され、存命の子息も母の身分の関係で出家していたため、保延二年当時、継嗣がなかったのである。忠通はすでに四十歳、これから継嗣を得る可能性はあまり高いとはいえず、頼長は忠通の後継者、そして摂関家嫡流の立場となった。これは家長忠実の決定であり、内大臣任官で頼長は次代の摂関を朝廷からも約束されたのである。

ところが、思いがけないことに、忠通は四十七歳の康治二年（一一四三）に後の基実、その二年後には基房、さらに兼実・慈円以下、次々と男子を儲けた。こうなると、忠通は当然実子への摂関継承を望み、弟頼長への譲渡に難色を示し始めた。弟や一族を後継者に決定した後に実子が誕生し、内紛が起きるという皮肉な出来事は、足利義政と義視の兄弟、豊臣秀吉と甥の秀次をはじめ、歴史上よく見られる。

そこで忠実は、『愚管抄』にもあるように、頼長の後は忠通の子息に摂関を返還することを約束して譲渡を申し入れたが忠通は応諾せず、さらに鳥羽院を通して忠通の意向を尋ねたところ、忠通は頼長の器量・人格に問題があるとして、最終的に譲渡を拒むに至った。こうしてみると、父権絶対の当時、実子誕生で父の方針を反故にした忠通にも問題があり、単純に忠実の偏愛、頼長の身勝手な願望の結果とは言い難い面があった。

それにしても、忠実・忠通は父子だけに、もう少し妥協の余地はなかったのだろうか。義絶という最悪の事態を招いた背景が問題となる。

忠実・忠通父子の断絶

先述のように、忠実が白河院の勘気に触れて失脚した際、忠通は関白に就任して摂関家を守った形となった。ところが、鳥羽院政期に忠実が政界に復帰し内覧に就任したため、忠通と並立することになる。忠通は現在の摂関家当主、これに対し忠実は一旦失脚したとはいえ、父・家長という意識がある。こうした両者に軋轢が起こらないはずがない。

その端緒は、摂関家の管理下にありながら、再三強訴を繰り返した興福寺の問題である。同寺の悪僧統制に十分な対策を講じられなかった忠通を後目に、忠実は悪僧の巨魁信実を取り込み、先述した源為義の武力も用いて強力な統制に成功した。

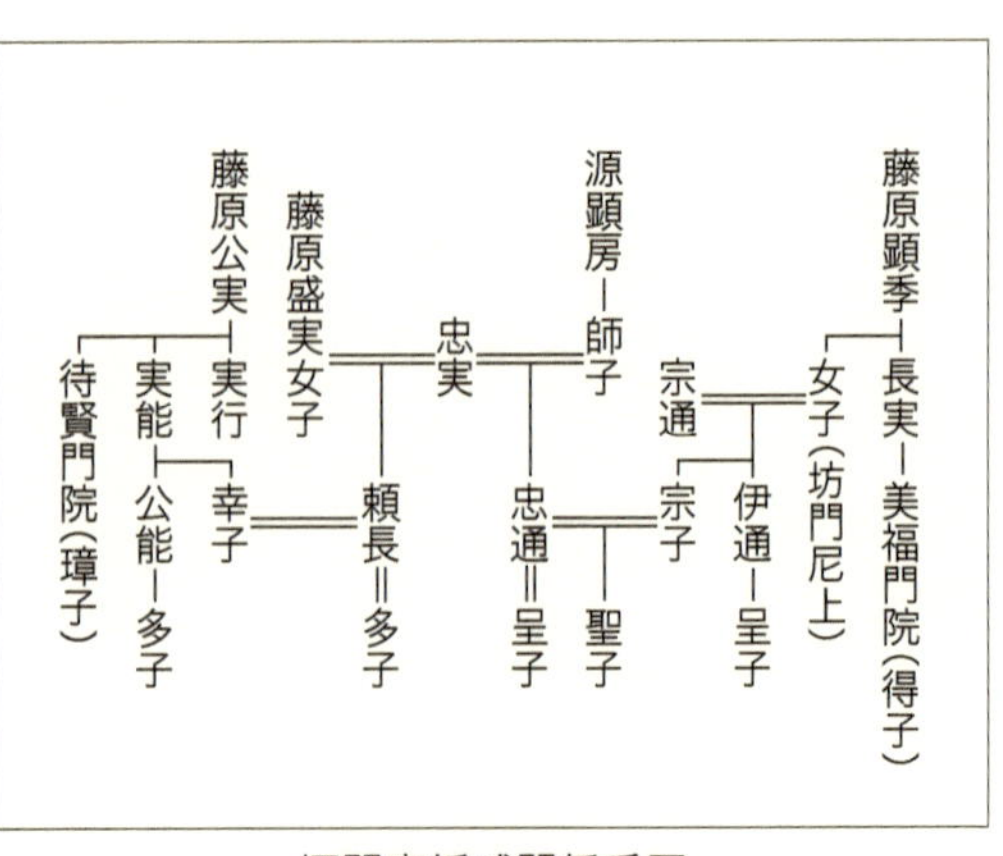

摂関家婚戚関係系図

これに対し忠通は、天養元年（一一四四）に大和国を知行国とし、知行国主として興福寺を抑えようとするが、興福寺悪僧の抵抗で国内の検注（荘園などの土地調査）もできず、石見（いわみ）に知行国を変更している。時まさに基実生誕の直後である。このころから、忠実と忠通との関係は悪化してゆく。

忠通の後任摂関をめぐる軋轢が激しくなってきた久安六年（一一五〇）正月、近衛天皇の元服にともない、忠実の支援で頼長は養女多子を近衛天皇に入内させた。これに対し、忠通も国母美福門院と結んで養女呈子の入内を画策する。養女に皇子が生まれ、頼長が天皇の外戚となれば、摂関は頼長の子孫に継承されるだけに、忠通も譲れないのは当然であった。しかし、これも父忠実に対する反抗にほかならない。

久安六年三月多子が皇后となると、翌四月に呈子が中宮となった。長保二年（一〇〇〇）、藤原道長が先に入内していた兄道隆の娘皇后定子に対抗し、娘彰子を中宮に立てたのと同様、一帝二后という事態が生まれた。しかし、近衛天皇は専ら忠通の養女呈子と同居することになり、国母美福門院と結んだ忠通の勝利となったのである。

皇子を儲け外戚関係を築けば、摂関の継承も忠通の思う通りとなる。忠実は入内競争で事実上敗北し、鳥羽院を通した関白譲渡の説得も失敗した。そこで繰り出した最後の切札が父権による義絶だったのである。

それほどまでに、忠実は頼長の家督継承に拘ったが、いざ氏長者となっても頼長に財産や寺院の管理権をなかなか譲渡しなかった。頼長の政治的力量をあまり評価していなかったのである。それでは、なぜ忠実は強硬な措置を取ったか。この背景に、頼長に対する偏愛が皆無だったとは言い切れないが、むしろ重要なのは父権であった。

悔返が可能であったように、当時の親権は絶対であり、現職の摂関とはいえ忠通は忠実の息子であり、父・家長である大殿忠実に反抗することは許しがたいことであった。忠実が一度決めた頼長への摂関継承を、忠通が拒絶したことは、まさに父権に対する反抗、「不孝」だったのである。不孝、父権に対する拒絶を許すことは、同時に摂関家家長としての忠実を否定することを意味した。父権に対する反抗を許せなかったことが、忠実が忠通を義絶した根本的な原因であった。

内覧頼長

忠実は書状で鳥羽院に事態を報告し、自分の命に従わない忠通を「不孝」として父子関係を断ち切り、氏長者を左大臣頼長に授けたと述べた。鳥羽院も忠通を不孝・不義であると返答し氏長者の奪取を認めたが、忠通の摂政を罷免することはなかった。忠通は父忠実に不孝であったとはいえ、鳥羽院や朝廷に対し罪を犯したわけではない。摂政を罷免する理由などないのである。

そこで、忠実は次善の策として頼長を内覧に推挙し、鳥羽院もこれを認めた。内覧は、国政上の文書を天皇に先んじて覧ずる地位で、関白とほぼ同等の権限を有する。翌久安七年（仁平元年、一一五一）の正月十日に頼長は内覧を宣下され、以後頼長は朝廷の政務を主導することになった。『愚管抄』（巻第四）は、忠実が鳥羽院を籠絡した結果とするが、鳥羽と忠実とが元来政治的に親しかったことを考えれば驚くことではない。

内覧は、寛平九年（八九七）七月に宇多天皇が譲位する際、大納言藤原時平と権大納言菅原道真の二人を任じたことに始まるとされる。これは、藤原北家の時平の関白就任を阻止し、側近道真に大きな権限を与えるための特別な措置であった。このことが、両者の対立を惹起し、ついに道真の失脚をもたらしたことは周知のとおりである。

その後の内覧は、摂関が急病になった際の代行者、摂関の後継者がまだ大臣に達していない場合に任じられている。かの藤原道長も、兄道兼が急死した際、権大納言だったので内覧に就任した。ところが、大臣昇進後も一条・三条天皇の下で内覧に留まったことから内覧は独立した地位となる。

今回のように摂関と内覧が並置された最初は、長徳元年（九九五）三月であり（関白藤原道隆、内覧藤原伊周）、これに続くのが鳥羽院政期の天承二年（一一三二）正月である。先述のように鳥羽は忠実を政界に復帰させ、内覧に任じて関白忠通と並立させた。鳥羽と忠実との緊密な連携が窺われる。今回の摂政・内覧並置は鳥羽院政期で二度目となる。摂政が在任しているのに、あえて内覧を補任したことは鳥羽院の温情であった。

とはいえ、鳥羽は忠通を摂政に留任させ、彼の顔も立てた。このことは、結果として摂関家の分裂をあおり、弱体化を招くことになったのである。忠通は摂関家において無力な存在となったが、美福門院の斡旋で養女を入内させたように、院近臣たちとの連携を深めてゆく。忠通と院近臣との接近は、頼長と元来彼が忌避してきた院近臣たちとの対立を激化させる。かくして、翌仁平元年、頼長が鳥羽院最大の寵臣、美福門院の従兄である藤原家成邸を襲撃する事件が勃発するのである。

三　頼長の藤原家成邸追捕事件

仁平元年（一一五一）七月十二日、正二位中納言兼左衛門督藤原家成邸の前を通行していた頼長の雑色（従者）が、家成の家人に暴行された。家成は、相手が頼長の雑色と知って、十六日に頼長に謝罪して犯人を差し出した。ところが、頼長は九月八日になって家人を家成邸に乱入させ、邸宅を破壊させてしまったのである。信西（藤原通憲）は『本朝世紀』九月八日条に「衆口嗷々、筆端に記し難し」と記した。

家成は鳥羽院最大の寵臣で、寵姫にして近衛天皇の国母である美福門院の従兄であった。祖父は白河院の乳母子顕季、父家保も白河院の近臣と、代々近臣として院に仕えた。家成も公卿昇進前に加賀・讃岐守の後、播磨守を重任して受領として莫大な富を築き、院に多大の経済的奉仕を行ってきていた。

事件の背景や経緯について詳述しているのが慈円の『愚管抄』（巻第四）である。むろん忠通の息子の記述だから、先述した忠通が摂関譲渡を拒否した経緯と同様、割り引いて読まないといけない面もあるが、ともかく同書をみてみよう。これによると、頼長は鳥羽院の法勝寺御幸に際し、高松中納言と呼ばれた藤原実衡の車を破壊するという事件を起こした。これに怒った父忠実が、「いくら猛々しくても院の寵臣家成には手出しできないだろう」と言ったことを耳にした頼長が、家成攻撃を思い立ったという。

慈円は、「親にこのように思われたのでは気持ちがおさまらないので、またとなく寵愛する随身公春（秦）と共謀して、家成の邸宅の門前に下人を先に立たせて通ったところ、（家成の家人が）下人が高足駄をはいて通行するのは無礼であると邸内に追いこんだので、（この、頼長の下人に対する暴行を口実に、家成の）邸宅を襲撃したのだ」と記している。

実衡襲撃に対する非難を家成襲撃の原因とするが、実衡は永治二年（康治元年、一一四二）二月に死去しており、仁平元年までずいぶん年月が隔たっているので、『愚管抄』の説明には疑問がある。国母美福門院を「諸大夫の女」と日記に記したのをはじめ、頼長は成り上がりの家成の一族の僭上を嫌悪しており、このことが事件の背景にあったことは疑いない。

身分の低い者が高足駄をはいて公卿の門前を通るのは、非常に無礼な行為である。頼長は、わざと下人に高足駄をはかせて家成邸の前を通らせ、家成の家人を挑発し、邸内に引きずり込ませて暴力を誘発した。それが七月十二日の事件である。頼長は、それを口実にして、九月八日に家成邸を攻撃したのである。

『愚管抄』は、この事件をきっかけに、鳥羽院が頼長を「ウトミオボシメシ」た（毛嫌いするようになった）とする。そして、成人を迎えていた近衛天皇が、母の一族を嫌悪する頼長を忌避するのも当然であった。このことは、これからご紹介する仁平二年正月の儀式からも窺(うかが)うことができる。

こうして、摂関家は忠実・頼長派と、忠通派に分裂し、忠通は院近臣との連携を深め、政界に大きな亀裂が走る。信範は、室が基実の乳母だったこともあり、当然忠通に伺候する。忠実・頼長派と忠通派との軋轢(あつれき)は、当然信範の身にも大きな影響を及ぼすことになる。こうした情勢のもと、仁平二年正月から、ふたたび『兵範記』の記述が始まるのである。

第二章　仁平二年の前半 ―― 頼長の大饗・基実の公卿昇進

一　仁平二年正月の出来事

正月の儀式

さて、久しぶりに『兵範記』の本文に戻る。仁平二年（一一五二）は**正月元日**から記事が始まっている。『兵範記』は、ここまで各年の年頭の記事が欠けていたので、摂関家の正月儀式が記されたのは、この年が最初になる。まず冒頭の記述は以下の通り。

天晴る。天子・新院・博陸殿・左相府、四方拝例の如し。

天子は近衛天皇、新院は崇徳院、博陸殿は関白忠通、左相府は左大臣頼長のこと。彼らが例年通り正月最初の儀式、「四方拝」を行っている。四方拝は、元旦寅の刻（午前四時ごろ）に天皇が清涼殿東庭で、属星（北斗七星）、天地四方、山陵を拝礼し、宝祚長久、無病息災などを祈る儀式で、宇多天皇のころには成立していた。院・摂関以下も私邸でこの儀式を行った。

殿下御拝の次第、下官、召しにより注進す。

信範は忠通に四方拝の次第を注進している。こうした諮問に対する注進は、家司としての信範の役割であった。毎年行われる四方拝について、忠通がわざわざ信範に儀式次第を注進させたとは考え難いので、おそらく陰陽道の神の所在などを、陰陽師を通して信範が確認し報告したのであろう。続いて今日の屠蘇(とそ)の献上を意味する「供薬」が行われた。

内裏・中宮・皇后宮、薬を供すること例の如し。典薬頭(てんやくのかみ)重基朝臣以下(いげ)、侍医を引率(いんぞつ)し、これを供(くう)ず。

「屠蘇」も薬品とされ、典薬頭が侍医を率いて献上するのだから何とも仰々しい。

ついで信範は、忠通の嫡男左少将藤原基実の参内に随行する。基実は村上源氏の権中納言源国信(くにざね)の娘を母とし、康治二年（一一四三）の誕生、この時十歳である。先述のように、忠通は彼の生誕によって頼長への摂関譲渡を拒んだのだから、摂関家内紛の原因を作った人物であった。

保元の乱の結果、彼は摂関家嫡流を継承し、保元三年（一一五八）八月に父から関白を譲渡された。しかし、運命はあまりに皮肉であった。永万二年（仁安元年、一一六六）七月、彼は僅か二十四歳で急死してしまうのである。彼を婿に迎えていた平清盛は、その死を利用して摂関家領の大半を事実上奪取することになる。

むろん、これは先の話。基実は久安六年（一一五〇）十二月二十五日に元服し、摂関子息の特権で、直後の三十日に正五位下に叙され、左少将に就任、内・院の昇殿を許された。しかし、翌久安七年正月六日に少将のまま従四位下に叙されたため、摂関家嫡流を象徴する「五位中将」（五位のまま近衛中将に任官すること）の座は逸している。

この日、基実は新調の網代車に乗って近衛天皇のいる里内裏の近衛殿に向かい、ついで姉皇嘉門院にも挨拶し帰宅した。随行を終えると信範も帰宅しているので、彼にとって正月行事の中心は基実への随行であった。このように基実に親しく仕えていた信範は、基実の公卿昇進後の八月十七日に家司に補されている。

勝浦令子氏（「家と家族」）によると、信範の室藤原能忠の娘は基実の乳母であったから、信範は乳母の夫、乳父でもあった。信範は室とともに、基実が亡くなるまで親しく奉仕することになる。

頼長派の動向

さて、信範も含む忠通の関係者にとって気になったのは、頼長の正月拝礼に集まる貴族の顔ぶれである。頼長は氏長者として、二年前に奪取した東三条殿で客を迎えた。頼長に拝礼した人々は、まず公卿の「**左兵衛督公能卿、権中納言季成・忠基、二位中将〈兼［兼長］〉、新宰相中将〈師［師長］〉、殿上人左中将成雅朝臣以下七八人**」、ついで「**諸大夫・家司職事、大夫史師経以下十余人。また外記・史一列、対の南庭に列立す**」とあり、外記・史といった太政官の下級職員まで参入していた。

ついで頼長は室の伯父太政大臣藤原実行、その弟で頼長室の父内大臣実能以下公卿二十一人、平忠盛以下四位・五位の殿上人七十人余りを率いて諸方へ拝礼に向かった。まず鳥羽・美福門院、ついで崇徳院に拝礼が行われた。崇徳と同所で、その后で忠通の娘皇嘉門院の拝礼が行われたが、頼長・実行・実能の大臣三人の姿はなく、信範は「**退出か、尋ぬべし**」と記した。ついで、公卿たちは関白忠通にも拝礼するが、信範は「**公卿以下追ってこれを尋ね知るべし**」と、微妙な書き方で頼長らの不参を匂わせている。頼長派と忠通一族との対立が露呈したことになる。

次いで、左・内両府以下の公卿、内に率参す。まず南庭にて小朝拝あり。

左大臣頼長・内大臣実能以下の公卿らはみな参内し、天皇に対する正月の拝礼である小朝拝に参列した。小朝拝は殿上人以上が拝礼する正月の儀式で、すべての臣下を集めて行われた朝賀に代わり、摂関時代から定着した。

ここで注目されるのは、この小朝拝に天皇が出席しなかったことである。

主上、出御せずと云々。左府、上首たる故か。

このように、主上、すなわち肝心の近衛天皇は小朝拝に出席しなかったが、これを聞いた信範は、頼長が上首だったためかと推測している。

上首とは先頭になる最上位者で、この時は太政大臣実行の不参で頼長が上首であった。天皇は頼長との対面を嫌って出席しなかったと信範は推測したのである。おそらく、家成邸襲撃事件などで、国母の一族との対立を深めた頼長に対し、近衛天皇は嫌悪感をあらわにしており、その噂は貴族たちに浸透していたのだろう。

三日には、近衛天皇が父の鳥羽院に挨拶を行う朝覲行幸があったが、頼長は饗宴に列席せずに退出した。頼長が接触を避けたのが天皇なのか、あるいは関白忠通なのかはわからない。ただ、後述のように十月の方違え行幸では、衆人の前で天皇が頼長を忌避する事件も起こっており、両者の関係悪化は覆い難い事態となる。

師長の婚姻

さて、**正月十日**には藤原師長の婚姻が行われた。先に師長の元服を詳しく取り上げたが、あれから三年、十五歳を迎えた師長は正四位下参議・左中将という公卿の一員であった。お相手は故民部卿藤原顕頼の娘で、顕頼没後は母のもとで暮らしていた。彼女の母は権中納言藤原俊忠の娘忠子で、皇后時代の美福門院得子に仕えた女房であった。忠子は顕頼の正室として長男光頼、次男惟方、三男（四男とも）成頼、そして師長室などを儲けている。以前にも触れた通り、保元の乱後、土佐国に配流された師長を支援したのも彼女であった。

ちなみに彼女の姉妹には、平治の乱の首謀者となる藤原信頼の母、そしてその室もいた。この一族と信頼との近しさがわかる。二条天皇の側近で、天皇親政派の中心藤原惟方は、信頼の母と室の兄弟であった。当初、乳母の甥として後白河に近侍した信頼は、惟方と結んで後白河院を裏切り、信西打倒に動くのである。

故顕頼は鳥羽院の近臣で、祖父は白河院近臣の藤原為房、父は「夜の関白」と称された、白河院の側近中の側近顕隆であった。顕隆が白河院の政務決裁を補佐したのと同様、顕頼も重要政務に際し、鳥羽院の決裁を補佐した事例がある。

久安三年（一一四七）六月、平清盛の一行が祇園社頭で同社の神人と闘乱を惹起したため、祇園社を統括する延暦寺・日吉社（ひえしゃ）が、清盛とその父忠盛の配流を要求するに至った。その月末、鳥羽院は院御所議定（ぎじょう）を開くが、議政官である公卿とは別に前中納言の顕頼を呼んで、最終決定を相談した（『本朝世紀』）。結局、鳥羽院は忠盛・清盛の配流を回避し、今日の罰金刑に当たる贖銅（しょくどう）という処分を課すが、これは顕頼の献策とみられる。

先述のように、院近臣の多くは、藤原顕季・長実・家成のように、長年大国受領（ずりょう）を歴任し、院に対してもっぱら成功などの経済奉仕を行う大国受領系近臣である。これに対し、藤原為房・顕隆・顕頼らは、受領在任期間が短く、おおむね弁官・蔵人頭（くろうどのとう）の任にあって政務を取り次ぎ、公卿昇進後も政務の中枢にかかわり、院政を政治面で支えた。これを実務官僚系近臣と称する。有名な人物では、藤原信頼が前者、信西は後者に属する（以上、拙稿「院の専制と近臣」）。同じ院近臣でも、院との乳母関係などの縁故で台頭した大国受領系統は、摂関家とは政治的な関係がなく、荘園の設置などをめぐって対立する。これに対し、藤原為房流は一門に家司となる者もいて摂関家との関係も良好であった。為房流の中心顕頼が久安四年正月に死去したことは、頼長にとって院や大国受領系院近臣との緩衝帯の消滅を意味し、痛手となったとされる（橋本義彦氏『藤原頼長』）。

師長の婚姻の奉行は顕頼の嫡男光頼が担当し、新婦の母が仕えた美福門院から婿の装束などが贈られている。この婚姻には、頼長と院近臣との関係を改善しようとする、鳥羽院や摂関家にも仕える顕頼一族の意図もあったのかもしれない。

十六日には今日の披露宴に当たる「露顕（ところあらわし）」が行われた。この夜の宴会には、顕頼の子惟方、従兄弟光房、叔父親隆と、室の一族が参入したが、このうち光房・親隆は、すでに述べたように摂関家に仕えていた。また「**政所始あり。日向守有成朝臣・政業・出羽守泰盛、家司に補す**」とあって、主に頼長の家司が師長の家司に補されている。新たな婚姻を機に政所が拡充され、師長が公卿として活動を本格化させたことがわかる。

信範は師長に、元服をはじめ緊密に仕えてきたが、頼長一門との関係が悪化したこともあって、これ以後は疎遠となる。

二　頼長の朱器大饗

朱器大饗の歴史

同じ仁平二年正月二十六日、氏長者藤原頼長は、朱器大饗を摂関家の正殿東三条殿において挙行した。朱器大饗は、藤原氏長者を象徴する重宝である朱器と台盤を用いて行われる大饗（大規模な宴会）のことである。先述のように、朱器とは朱漆を塗った食器、台盤とは、やはり朱漆を塗った食卓のことで、これらは氏長者を象徴する宝物であり、ちょうど皇位の象徴、三種の神器と同じ意味を持つ。

朱器・台盤は、藤原北家の祖房前の孫で、平安初期に活躍した左大臣藤原冬嗣（七七五–八二六）の御物とされる。冬嗣は藤原氏の大学別曹勧学院を創設したことで知られ、また人臣最初の摂政となった良房の父にあたる。ただし、朱器・台盤が実際に用いられたのは、道長の父で、十世紀末の兼家（九二九—九九〇）の時代と推測されている。

すでに述べたように、久安六年（一一五〇）九月二十六日、忠実は、忠通を義絶して氏長者の地位とともに摂関家の正殿東三条殿を奪い、頼長に与えた。この時、東三条殿の御倉町にあった朱器・台盤以下の宝物も、頼長のものとなったのである。したがって、朱器・台盤を用いた大饗は、頼長が氏長者就任を天下に誇示する重大な儀式であった。

それ以前にも朱器を用いた大饗はあったとみられるが、「朱器大饗」と呼ばれる儀式は、頼長の曾祖父、宇治関白頼通の子師実の承保三年（一〇七六）正月に始まっている。師実が叔父教通の死去で関白・氏長者に就任した翌年にあたる。以後も、朱器大饗は摂関家当主が氏長者、摂関に就任した翌年に行われることが多かったが、保安二年（一一二一）三月に氏長者となった忠通が、大治六年（天承元年、一一三一）正月に開催したように、開催の期日は決まっていたわけではない。頼長も氏長者となった久安六年から二年後、関白に準ずる内覧就任の翌年に挙行している。

大饗の習礼

さて、大饗の二日前にあたる**正月二十四日**、習礼（しゅうらい）（予行演習）が行われている。頼長本人のほか、左兵衛督（さひょうえのかみ）藤原公能（きんよし）、権中納言同忠基、頼長の子息兼長、参議藤原教長以下が出席し、整列の仕方、宴会における座を定めるとともに、楽人による演奏の予行演習が行われた。

大饗の習礼、往古、常にこれを行う。近くは則ち、応徳元年、後二条殿内大臣、大饗の習

礼ありと云々。

このように、習礼は「往古」は常に行われたが、近年は応徳元年（一〇八四）、正確には改元前なので永保四年正月、前年に内大臣に就任した藤原師通（もろみち）が行って以来のことであった。師通は師実の子、忠実の父である。ただ、これは任大臣の大饗で、朱器大饗ではないし、当時は父師実が健在なので氏長者になったわけでもない。

ちなみに、この師通は剛直な関白で、堀河天皇の外戚（義理の外伯父）として、白河院を抑えて政治を主導したが、承徳三年（康和元年、一〇九九）六月、三十八歳の若さで急死してしまった。このことが、白河院の権力伸張と摂関家の後退を招いた。また死去の原因が延暦寺・日吉社の強訴を撃退した祟（たた）りとされたことから、延暦寺・日吉社をはじめとする強訴を激化させたのである。

閑話休題、それまで一般的だった習礼が師通以後行われていなかったのは、儀式が確立し予行演習が不要になったためであろう。頼長がそれをあえて行ったのは、強引に就任した氏長者として失敗できないという思いがあったのである。

今日の儀、四位少納言の次第をもって、これを記す。自身見ずと雖も、後代の備忘となすべきのみ。

頼長に仕えていない信範は、「四位少納言」すなわち頼長の家司である藤原成隆（なりたか）から様子を聞き出して、後代の備忘のために日記に書き留めた。摂関家に仕える家司として、記録しないわけにはゆかなかった。後述のように、成隆の室は信範の姉だったので、その縁故で朱器大饗の習礼の様子を聞き出したのである。

この成隆の父は忠実の弟家隆（いえたか）なので、成隆は頼長の従兄弟である。家隆は関白師通の子息でありながら、母の身分が低く公卿にも上れず、摂関家に家司として仕えることになってしまった。摂関家も傍流の立場は厳しかった。また、成隆の母は藤原盛実の娘、つまり頼長母の姉妹だったので、成隆は頼長の父方・母方双方の従兄弟という緊密な血縁関係にあった。おそらく、最も信頼できる家司の一人だったのだろう。

続く二十五日、信範は「故宇治殿」、すなわち藤原頼通の忌日の儀式を打ち合わせるために、東三条殿にいた忠実のもとを訪れる。この段階では、信範は忠実の信頼を失ってはいなかった。彼はこの機会を利用して、東三条殿における大饗の装束（舗設）の有様を詳細に確認している。朱器大饗は、おおむね氏長者の交代を契機に行われるので、氏長者一代の間にほぼ一度しか行われない儀式である。この機会を逃すと、次はいつになるかわかったものではない。信範としては、何としてもその詳細を知りたかったのだろう。

しかも、今回の装束は、嘉承（かしょう）二年（一一〇七）の右大弁平時範、大治六年（一一三一）の「家君」、すなわち信範の父知信の記録に準拠したという。前者は同年正月十九日の忠実、後者は先にも触れた忠通の大饗である。知信はいうまでもないが、時範も桓武平氏高棟王流の家司で、後述するように時範と知信とは緊密な関係を有した。彼らの記録に準拠した大饗に信範が強い関心を持ったのも当然といえよう。

儀式の問題点

さて、いよいよ二十六日の大饗当日である。信範は頼長の家司ではないが、廷臣の一人として列席した。

左大臣家の大饗也〈（中略）**去々年九月廿六日、推して氏長者を受け、去年正月十日、内覧の宣旨を蒙る。かの両事の後、且**（かつがつ）**先例により、今年朱器大饗を行わるる也**〉。

一昨年、久安六年に「推して」（強引に）氏長者の座に就き、翌年正月に内覧を宣下されたことにより、何とか先例によってこの大饗が行われたとしている。信範は、例によって頼長主催の儀式に厳しい目を向けている。

今朝、散位泰兼（やすかね）**朝臣**〈**衣冠**〉、**油単**（ゆたん）**を折り、台盤を立てながら饌**（せん）**を据え、折りてこれをめぐる。**

とあり、家司の高階泰兼が油単を折り、台盤を立てながら、尊者（主賓）以下の台盤に饌を据えている。これに対し信範は、

この条、前例にあらず。善となすべからざるか。散位仲行、相共にこれを折る。且（かつ）**はこれ、入道殿の御定**（ごじょう）**と云々。**

と、前例との相違を批判している。先例との相違点がもう一つはっきりしないが、忠実の指示でなされた饌の据え方が問題だった。なお、「油単」は一重の布、または紙に油をしみこませたもので、湿気を防ぐために台盤などを覆った。朱器台盤の油単は絹で作られていた。

客人が参入し始めると、頼長は家司尾張守藤原親隆（ちかたか）に命じて、「請客使（しょうきゃくし）」を呼んだ。請客使

とは客の大臣を招く使者のことで、右大臣源雅定には前少納言源師国、内大臣藤原実能には左中将成雅が請客使として派遣された。まず師国が出立した後、「一の大納言」（筆頭大納言）民部卿藤原宗輔らが参入している。これについて信範は、

故実にいわく、一の大納言来り坐する後、遣わすべしと云々。今日の次第如何。

と、一の大納言の参入後に請客使を派遣すべきだと批判している。

招かれた大臣のうち、右大臣雅定は「**所労により不参**」、一方の内大臣実能は「**只今**」と返事した。右大臣雅定は、美福門院の父の姉妹を室とし、女院の別当だったので、美福門院と対立する頼長を忌避したとみられる。これに対し、実能は頼長室幸子の父だから二つ返事で参入し、当日の客の最上位にあたる尊者となった。もっとも、この実能も兄の実行同様、甥の後白河天皇の即位もあって、保元の乱では後白河方に立つことになる。

この日の行事家司は藤原親隆（一〇九九―一一六五）であった。彼は頼長の中心的な家司で、摂関家家司、白河院近臣として活躍した為房の七男である。為房流の大半は弁官・蔵人頭などを歴任する実務官僚だが、この親隆は例外的に大国受領を歴任する。この時は尾張守、ついで久寿三年（保元元年、一一五六）には大国受領の最高峰伊予守に就任している。

頼長に近侍したものの、親隆の母は忠通の乳母である法橋隆尊の娘で、さらに親隆は鳥羽院別当も勤仕する院近臣でもあった。このため、頼長の立場が悪化するやいち早く袂を分かち、保元の乱では忠通方となる。乱後の保元三年には従三位に叙されて公卿となり、最終的には正三位参議に昇進している。彼の室の一人は平知信の娘、すなわち信範の姉で、先述の成隆とと

もに摂関家の家司が相互に緊密な姻戚関係にあったことを物語る。

その後、大饗は宴たけなわとなり、鯉、雉などといった当時としては最高の料理が出され、遅刻した右大弁藤原朝隆（親隆の兄）が、頼長より遅刻の「罰酒」を飲まされるというユーモラスな一幕もあった。儀式の内容は盛沢山で、さすがは朱器大饗だけのことはあるという感を受けるが、あまりに煩雑なので以下省略。

その後、宴もお開きとなり、尊者やその随行者、奉仕した官人たちに禄が与えられるが、終了が予定より早かったために混乱が起こる。明かりをつける役目の「立明官人」が招集されたが、日没前に大饗が終わったため、その役目を果たさなかったとして禄を与えられなかった。彼らは仕事を怠ったわけではないと訴えたため、結局禄を与えられている。大饗の進行が早すぎたのである。これについて信範は次のように記した。

正月の大饗、秉燭以前に事おわんぬ。未曾有と云々。天慶七年、貞信公の太政大臣大饗、酉の刻に事おわんぬ。九記に見ゆと云々。

自身で記録を確認していないらしく、伝聞を示す「云々」が付されているが、朱器大饗に限らず、正月の大饗が秉燭（日没）以前に終わったことは「未曾有」とされ、これに近い例として天慶七年（九四四）の貞信公の任太政大臣大饗が酉の刻（午後六時ごろ）に終わったことが「九記」に見えると信範は述べている。「未曾有」とは、いまだかつてなかったことであり、先例順守を当然とする当時は、不祥事とみなされた。せっかくの「習礼」も効果がなかったらしい。ちなみに、貞信公とは第一部第三章で触れた藤原忠平で、「九記」は忠平の次男九条右大臣師輔の日記『九暦』のことである。

頼長渾身の大饗の瑕疵をあれこれ指摘し、記録に残すことができたので、信範は多少溜飲を下げたのかもしれない。

三　「先人」の遠忌

二月に入ると、翌月に予定された鳥羽院の五十歳の賀に関する種々の準備、行事が行われるが、その中で**二月十九日**に、「先人」（亡父）平知信の遠忌が行われている。先ほどの大饗に関連して彼の姉妹と家司たちとの姻戚関係を紹介したので、あわせて当時の信範の家族関係を紹介しておくことにしよう。

信範の父知信（?―一一四四）は、桓武平氏高棟王流の貴族で、六位蔵人、少納言などを経て従四位上出羽守に至っている。その間、藤原忠実の家司、中宮聖子の中宮大進といった摂関家関係の家政機関職員を務めた。若くして父経方を失ったので、一門の平時範の養子となった時期もあった。先述のように、信範のもとに時範の日記があったのはこのためであろう。

知信の死去は康治三年（天養元年、一一四四）二月十九日で、米谷豊之祐氏（『平信範』）は六十九歳と推定している。知信の遠忌の法会が行われたのは、一家の先祖供養を行うために建立された八条堂であった（高橋秀樹氏「院政期貴族の祖先祭祀空間」）。ここに集まったのは、尼上（尼御前）、尾州室、四位少納言室、姫君、左衛門大夫、そして信範の六人で、尾張守親隆は参入しなかったが、僧侶のための「湯帷（ゆかたびら）」を負担している。

このうち、尼上は信範の母藤原惟信（これのぶ）の娘である。惟信は藤原北家魚名（うおな）流の貴族で、彼もやはり摂関家家司を務め、師実・師通・忠実の三代に仕えた。信範の父母は摂関家家司相互の婚姻であったことがわかる。後述するように、彼女は保元の乱前年の久寿二年（一一五五）に重病に陥るが、没年は不明である。

次に尾州室は、先述のように頼長の家司尾張守藤原親隆の室で、これも摂関家家司相互の婚姻である。尾州とは尾張国、尾張守を意味する。彼女は信範の姉であり、知信の一女として彼の遠忌を中心的に支えたと評されている（勝浦令子氏「家と家族」）。

彼女の娘には、鹿ケ谷（ししがたに）事件で清盛に殺害される大納言藤原成親の室、頭弁（とうのべん）から権大納言に昇進する藤原光頼の室がいたとみられる（勝浦氏前掲論文）。親隆が保元の乱で頼長を見限り、乱後も政治的地位を保ち正三位参議に昇進したので、その娘たちも高い身分の貴族と結婚することになったのである。

四位少納言室は先述した少納言藤原成隆の室で、信範より六歳上の同母姉であったが、久寿二年九月二十一日に五十歳で死去している。夫の成隆は、翌年の保元の乱で頼長に連座し配流されてしまった。先にも触れたように頼長と緊密な血縁関係を有したので、親隆のように頼長を見限ることができなかったのである。なお、今回は彼女らの配偶者は来ていない。

続く姫君については諸説ある。信範にはもう一人、藤原説定（ときさだ）室となった姉妹があったが、当時すでに説定と結婚し彼の子を儲けていたので該当しない。信範の兄故時信の娘とみられるが、かの時子はすでに清盛の室で、当時は夫の官職によって「安芸守女房」と呼ばれている（『兵範記』久寿二年五月三十日条）。その異母妹で、のちに後白河院の寵愛を受け高倉天皇の国母となる建春門院滋子は当時十一歳。彼女こそ姫君という呼称に相応しい。

左衛門大夫は時信の長男時忠である。左衛門尉から叙爵して五位に昇進したので、左衛門を経た大夫（五位）を意味する「左衛門大夫」と呼ばれている。信範の男性の兄弟で活動が確認されるのは時信だけだが、彼が亡くなっていたので、その息子が参列したのであろう。しかし、信範の息子や姉妹の子供たちは列席していない。

四　鳥羽院五十御賀と基実の公卿昇進

鳥羽院の五十御賀

仁平二年（一一五二）三月七日、鳥羽殿で鳥羽院の五十御賀が行われた。鳥羽天皇は、康和五年（一一〇三）に堀河天皇の第一皇子として生誕したので、この年、数えの五十歳を迎えた。五十歳以上の長寿を保った天皇は、祖父白河院の七十七歳を除くと、平安中期の冷泉天皇（九五〇–一〇一一、在位九六七–九六九）まで遡る。それだけにめったにない御賀であり、儀式は盛大なものとなった。

前日の三月六日、鳥羽殿で準備が行われた。

早旦、鳥羽に参る。行事権大納言〈公教〉・尾張守親隆朝臣・蔵人弁範家ら、これに候わる。

寝殿以下所々の御装束、今日供奉しおわんぬ。

鳥羽院の判官代でもあった信範も、早朝鳥羽殿に出かけた。儀式の担当者を意味する「行事」は、院庁の公卿別当である権大納言藤原公教、同じく四位別当の尾張守藤原親隆、そして判官代筆頭の蔵人弁範家であった。寝殿以下の装束（舗設）は、この日のうちに準備を終えている。

院に仕え、儀式遂行やその荘園管理といった家政を担当する機関を院庁という。公卿家の政所に相当する。その名称は美福門院らに関連して取り上げたが、ここでその組織について説明しておこう。院庁は公卿が任じられる公卿別当と、四位の貴族が任じられる四位別当、別当を補佐する主に五位の判官代、実務を担当する六位以下の庁官らによって構成されていた。

公卿別当には名誉職的な性格があったので、実際に院庁の中心として活動していたのは四位別当である。政所の家司と共通する性格を持つ。彼らの多くは、受領・弁官といった院近臣で占められていた。四位別当の親隆は藤原忠実・頼長に仕える一方で、鳥羽院の近臣でもあった。

判官代の平範家（一一一四-六一）は、桓武平氏高棟王流の貴族で、信範の曾祖父範国の弟行親の系統である。範家の祖父時範が、信範の父知信を養子にしたことがあったように、この両系統は密接なつながりを持っていた。こののちの八月七日に、信範は範家の次男、三男の元服の儀式に招かれている。範家は、蔵人頭・右大弁など重要な実務官僚を経たのち、従三位に叙され公卿に昇進した。ちなみに、彼の孫が院政期の官職制度を詳細に解説した『官職秘抄』の編者平基親である。

鳥羽殿に様々な豪華な装飾が施され、その中心には出家している鳥羽院のために新造された等身の金色の釈迦如来像一体が安置された。

尊像の荘厳、仏殿の華麗、併しながら筆端に録しがたし。法印賢円、御仏を造り奉る。蔵人弁範家、仏殿の行事たり。彼是の用途、共に備中守光隆朝臣の重任の功の中を用いる也。

先述のように、「併しながら」は現代語と異なり、「すべて」の意味である。「筆端に録しがたし」（とても文章で表せない）という部分に、仏像・仏殿の豪華がよく表されている。仏像を製作したのは京都仏師の法印賢円で、当時の仏師の第一人者であった。ただ、残念ながら、彼や京都仏師が造立した仏像はほとんど残っていない。差配した行事は蔵人弁範家、これらの用途（費用）は、近衛天皇の乳母の子である備中守藤原光隆の「重任の功」、すなわち備中守をもう一期務める重任と引き換えの成功によって賄われた。

一方、鳥羽院・美福門院の御座所となる小寝殿の装束について信範は次のように記した。

伊予守盛章朝臣、去年勅を奉り、これを調進す。毎事、美を尽くし善を尽くす。珍重極まりなし。

伊予守は受領の最高峰とされ、受領の高階盛章はそれに相応しい豪華な装束を奉仕したことになる。なお、院政期の伊予守は任期終了後、同格の播磨守以外の受領に転ずることはなかったが、盛章は先例と異なり保元の乱直前に尾張守に遷っている。このころから受領任命の慣例も崩れていった。

藤原基実
（『天子摂関御影』皇居三の丸尚蔵館収蔵）

夕刻、鳥羽院、美福門院、さらに密々に忠実が参入し、ついで関白忠通を従えて近衛天皇が行幸する。左大臣頼長も参入し、内大臣実能の宿所に寄宿している。頼長自身の宿所がなかったことは、鳥羽殿に居住する鳥羽院や美福門院との疎遠を物語る。また、崇徳院がこの賀に不在だったことも注意されよう。近年の佐伯智広氏の研究（「鳥羽院政期王家と皇位継承」）で、鳥羽院との関係が早くから破綻していたとする見方は否定されているが、やはり微妙な面もあった。

基実の公卿昇進

三月七日、近衛天皇が主宰する形で、鳥羽院の五十賀が盛大に執り行われた。前日に釈迦如来が安置されたように、出家した院の御賀は仏教法会として行われ、雅楽演奏や舞などは行われるが、大饗など一般の宴会とは異なり酒食は振る舞われていない。鳥羽院の長寿を慶賀する近衛天皇の願文が捧げられるが、もちろん十四歳の天皇が自分で書くわけではなく、本当の執筆者は、儒者で漢文学者の式部大輔藤原永範である。この日、仏教界の頂点に立つ法務・大僧正である天台座主行玄、興福寺別当権僧正隆覚、東寺一長者寛遍以下の高僧が鳥羽殿に集い、盛大な法会が行われた。

そして翌**八日**には御賀の後宴が行われ、院への献物が公卿以下から院司に渡された。信範も鳥羽院の判官代として、これを受け取っている。院司の中には鳥羽院の四位別当平忠盛、清盛父子の名前も見える。院別当の先頭に立ったのは、蔵人頭で右大弁の藤原朝隆で、彼は先述のように親隆の同母兄にあたり、のちに権中納言にまで昇進している。

その後、盛大な雅楽演奏などが行われ、最後に関係者に対する勧賞が行われた。この時、最高の正二位に叙されたのは、院近臣で中納言兼大宰権帥の藤原清隆（一〇九一―一一六二）である。彼は、成功で釈迦如来を造営した備中守光隆の父であった。そして信範が仕える基実も、頼長の子師長らとともに従三位に叙された。師長は参議であったので、すでに公卿の一員だったが、基実も従三位左少将となって、ようやく公卿の仲間入りを果たした。乳父の信範も安堵したことだろう。

この基実の叙位は美福門院の御給として行われた。御給とは、天皇や院宮・親王以下の皇族が、一年間に一度だけ任意の人物に官職と位階を与えて、任料・叙料を得た制度である。これを年官・年爵と言う。基実はまだ鳥羽院司になっていなかったため、美福門院を頼ったのである。彼とその父忠通と、美福門院との政治的関係を物語る。

翌**九日**、平忠盛が造進した船で天皇・院や公卿たちは舟遊びを楽しみ、院の五十賀を締めくくった。忠盛の財力、鳥羽院に対する熱心な奉仕を物語る。この船には、天皇・関白忠通・左大臣頼長も乗船しており、文字通り「呉越同舟」であった。舟遊びは、夕方一旦終わり頼長らは帰ったが、天皇・院・忠通、内（内裏）の女房らは再度乗船。宴は「**粗**（あらあら）**濫吹に及ぶ**」とあるから、一種の乱痴気騒ぎになった。勘繰れば、目障りな頼長らがいなくなったので宴が盛り上がったのではないか。

基実の三位の慶

さて、基実が公卿に昇進すると、乳父信範の奉仕はより一層甲斐甲斐（かいがい）しさを増す。まず**三月十六日**、基実は所々に三位の慶（よろこび）（三位となった挨拶）を申し上げるが、信範はこれに随行した。父の関白忠通も自身の牛車を貸し与え、基実を送り出している。ちなみに見送りに訪れた三人の公卿のうち、権大納言宗能（むねよし）は美福門院の父藤原長実の婿、左兵衛督忠雅は一時藤原家成に養育され、さらに婿となっており、美福門院と関係深い人物であった。

ここで注目されるのは、基実の装束である。彼は「**大立沸雲の文の表衣**（うえのきぬ）」を身に着けた。この表衣について、信範は次のように述べた。

これ、殿下の御袍（ほう）**也。件**（くだん）**の文、宇治殿初めて差し御う**（たま）**と云々。その後、当時すでに六代に及ぶか。他家、さらにこの文の袍を用いず。**

表衣は袍とも言い、束帯の上にまとうものである。これは「殿下」、すなわち関白忠通のものので、宇治殿頼通が最初に「差し」たとある。「差」は意味が取りにくいが、身にまとったということと思われる（あるいは「着」の誤記か）。頼通から数えて六代目に当たるのは、師実・

師通・忠実・忠通を経て基実である。

保元の乱後に知足院に幽閉された藤原忠実は談話集『富家語』を残したが、その二四〇番の談話で、「表衣の文の立湧雲は、宇治殿頼通が着用したということで、以後一の人が着用した。しかし、私はこの文（の表衣）を関白に譲ったのちに、はじめて出雲を着した」と述べている。「一の人」は摂関のことで、譲られた関白は忠通である。忠実の談話の時期に合わせて、関白を基実とする解釈（「新日本古典文学大系」の脚注）もあるが、この『兵範記』の記事から忠通とわかる。忠通・基実にしてみれば、忠実も認めた嫡流を象徴する表衣をまとうことで、自分たちこそが嫡流と主張したのである。なお「出雲」という模様は、どのようなものかわかっていない。

まず忠通に慶を申し上げた基実は、里内裏近衛殿の近衛天皇に慶賀を奏した。信範は次のように記している。

右近権中将光忠朝臣をして、御慶賀の由を奏聞せしむ。次いで将、昇殿し、帰り出で、仰せ詞（ことば）の後、御舞踏常の如し。進退・拝礼、その儀、成人の如し。

「将」は少将基実のことで、彼はまだ十歳だったが、成人のごとき立派な立ち居振る舞いだった。この記述にも、頼長の子息に対抗し基実を称賛する信範の意識が反映している。ついで中宮呈子に挨拶した後、一行は鳥羽殿に向かった。

ここで熊野参詣の精進をしていた鳥羽院・美福門院に慶賀を奏した。ちなみに、鳥羽院に取り次いだのは院別当の中務大輔平清盛で、彼は当時三十五歳の壮年、安芸守を兼ねていた。翌年に死去を迎える父忠盛に代わり、平氏一門を代表して様々な場面で活躍するようになる。基実は帰京後、崇徳院・皇嘉門院を訪れているが、やはりというべきか、当然というべきか、忠実や頼長、その養女の皇后多子を訪問することはなかった。最後に忠通邸で北政所宗子に慶賀を申し上げて行事は終了した。

三位少将の先例

三月十六日条の慶賀の記事の最後に、信範は基実と同様に三位で近衛少将となった「三位少将」の先例を挙げている。

基実は久安六年（一一五〇）十二月二十五日に八歳で元服し、二日後に正五位下に叙し左少将に任じられた。一般には従五位下に叙される叙爵（最初の叙位）で正五位下に叙されるのは、先述のように摂関家嫡流の特権である。正五位下は、従五位下よりも二階上になる。

一方、官職では五位のまま近衛中将になるのが、当時の摂関家嫡流の象徴であった。頼通の孫師通以降、忠実・忠通と代々の摂関は五位中将を経ている。基実が生誕するまで摂関家嫡男の位置にあった頼長はもちろん、その嫡男兼長も五位中将となっていた。ところが、基実は少将のまま四位になり、さらに三位に昇進し三位少将となったため、五位中将を逸してしまった。そこで、信範は三位少将の先例を挙げたのである。

最初に挙がっているのが寛和二年（九八六）九月二十日の「御堂」で、『御堂関白記』という日記の名称が示すように道長のことである。道長は壮麗な御堂、すなわち法成寺を建立したことから、「御堂」と称された。もっとも、彼は関白になったことがないので、日記を『御堂関白記』とよぶのは誤りなのだが。

ついで、寛弘三年（一〇〇六）三月四日の「宇治殿」は、もちろん宇治平等院を建立した頼通のことである。道長とともに摂関政治の頂点を極めた頼通が三位少将に任じられており、この地位は大変な吉例であると信範は強調している。

しかし、そのあとの永承五年（一〇五〇）十月の忠家は、道長の孫、権大納言長家の子で、摂関家傍流に過ぎない。こののち、先述のように摂関家嫡流を示す特権的地位は三位少将ではなく、五位のまま近衛中将となる「五位中将」となり、代々の摂関が任じられている（拙稿「五位中将考」）。基実が五位中将を逸し、三位少将となったことが悔しい信範は、摂関家の頂点ともいうべき道長・頼通の先例を挙げて、頼長たちを見返したかったのだろう。

その後、**四月十三日**には、忠通の指示によって右京進国盛が基実の侍所所司に補任され、**十六日**には儀仗兵である随身を統括する随身所も設置されて、基実の家政機関が拡充されていった。信範は基実のために尽力しているが、彼が正式に基実の政所別当となったのは**八月十七日**であった。この日挙行された忠通の所宛の最中に補任を伝えられ、翌日に先輩家司藤原光房が作成した補任辞令の「令旨」を受けている。したがって、この三月の時点では、信範は忠通の政所別当として彼の指示で基実のために活動していたのである。

第三章　仁平二年六月以降――内覧頼長をめぐる混乱

一　検非違使の仁和寺立ち入り

「近日の京師、連夜殺人、或いは白日手刃」

仁平二年（一一五二）六月、頼長は仁和寺との間で不祥事を起こした。こののち、頼長はたびたび騒擾（そうじょう）を惹起（じやつき）するが、これはその嚆矢（こうし）となった事件である。

頼長の朱器大饗（だいきょう）、鳥羽院の五十賀と華やかな儀式が相ついでいたが、実は当時の京は殺人が相次ぐ物騒な状況となっていた。頼長の日記『台記』を抄出した『宇槐記抄』という書物がある。その仁平二年五月十二日条によると、鳥羽院は頼長に書簡を送り、次のように命じた。

近日の京師、連夜殺人、或いは白日手刃。宜しくこれを禁断すべし。

「手刃」は直接切り殺すことを意味する。夜・昼を問わず殺人が頻発しており、京の治安が極めて悪化していたのである。院はこの禁圧を命じることで、内覧として執政の地位に立った頼長の手腕を試そうとしたのだろう。

内覧として張り切る頼長は、早速京中の治安を担当する検非違使（けびいし）別当の藤原公能に、京中殺人の禁断を命じた。公能は内大臣藤原実能の子で、頼長室幸子の弟、頼長の義弟にあたり、当時の両者は密接に連携していた。

頼長は、律の規定通りの死刑を含む厳罰化で対応しようとしたが、鳥羽院に反対されたため、代替措置として予防拘禁など、検非違使による京中の検断が厳しく行われたとみられる。悪疫をはらうとされる今宮神社のヤスライ祭の前身とされる「夜須礼」が仁平四年（一一五四）に出現した背景には、検非違使下部(しもべ)の侵入を排除しようという民衆の意志が込められていたという（河音能平氏「ヤスライハナの成立」）。

仁和寺高僧の追捕

そうした頼長の命令による検非違使の追捕(ついぶ)活動が大きな問題を惹起した。『兵範記』六月七日条である。

仁和寺僧綱(そうごう)法印世豪・法眼寛壹・法橋寛深、検非違使三人に附せらる。勧修寺法務寛信(かんじん)の訴えにより、左府、申し行わると云々。御室(おむろ)ならびに五宮(ごのみや)、殊に鬱(うつ)し歎かしめ給うと云々。仁和寺の中、使庁の使を入れらるる事、未曾有(みぞうう)と云々。

仁和寺の高僧三人が、検非違使に引き渡された。これは、勧修寺法務と呼ばれた寛信（一〇八四―一一五三）の訴えで頼長が行ったことであったが、仁和寺側を激昂(げっこう)させた。「御室」とは、仁和寺を統括する高僧で、白河院皇子の覚法法親王（一〇九一―一一五三）、「五宮」とは、その後継者で鳥羽院の第五皇子の覚性(かくしょう)法親王（一一二九―六九、当時は信法（しんぽう）である。高僧の逮捕もさることながら、仁和寺境内への検非違使立ち入りという前代未聞の事態も彼らを憤慨させた。

事件の発端は、『本朝世紀』の六月十一日条に詳しい。これによると、明海（みょうかい）という僧の弟子が南都で殺人を犯し、仁和寺の辺に隠れていた。そこで頼長は鳥羽院の許可を得て検非違使源資経（すけつね）を派遣したところ、仁和寺僧が下部（使庁の下級役人）が寺内に入った先例はないとして下部に暴行を働いたため、仁和寺僧を捕らえたという。『兵範記』に見える三人は、いずれも高僧なので、おそらく実行犯の師であろう。

事の根源は南都で起こった殺人事件であった。捜査を要請した寛信は東大寺別当であったので、被害者は東大寺僧と推察される。頼長は寛信と親しかったので、あえて検非違使を動かして犯人を追捕したのだろう。寛信は、実務官僚系院近臣の代表で、摂関家とも関係深い藤原為房の子であり、東大寺別当・法務・東寺長者などを歴任した高僧であった。

「未曾有」とあるように、検非違使の仁和寺立ち入りは先例がなかった。寺院は一種の聖域であり、世俗権力が介入できない特別な領域とみなされていた。ところが、頼長は殺人犯の追捕を口実に、検非違使の下部を仁和寺に踏み込ませたのである。しかも、その背景には頼長と寛信との私的な関係があったのだから、いくら鳥羽院の許可を得たとはいえ、厳しい目を向けられるのも当然であった。その後、事件は複雑な動きを見せる。

相次ぐ不祥事

六月九日条によると、仁和寺内の安養谷に僧侶が集まった。仁和寺に敵意を持つ集団らしく、五宮覚性法親王がその中の一、二名を捕らえさせたところ、静経僧都という僧侶の門弟であった。この者たちは検非違使の尋問を受け、静経の門弟四、五人を張本人と名指しした。これに驚いた静経は、頼長を通して門弟四人連署の「祭文」（神仏の名にかけて誓う誓約書）を鳥羽院に進め無関係を誓ったが、仁和寺はそれを認めなかった。

静経は東寺僧で、近衛天皇の御持僧（護持僧）を務める高僧である。同時に正月に行われた頼長の朱器大饗の際、忠実の依頼で無事を祈禱しているし、検非違使別当藤原公能の山荘がある徳大寺の僧侶でもあった。忠実・頼長・公能に近い立場にあったことから、仁和寺に嫌がらせをしたと疑われたのである。

翌**六月十日**には世豪法印が仁和寺からの要請で免除された。ついで**十五日**、頼長は崇徳院の護持僧仁操大僧都を招いて等身不動尊を供養したが、この供養について『兵範記』の裏書に興味深い記述がある。

ある人いわく、件の御仏の供養、仁和寺の事、御室ならびに五宮以下の僧徒の億（憶）念を解謝せしめんがため、相企てらる。しかるに行事政業失錯し、古仏を懸け奉り、供養せられおわんぬ。諸不吉の表相か。世もって鼓騒、尤も不便。行事、召籠・勘責ある也。極めたる失礼也と云々。

さしもの頼長も、仁和寺の御室覚法、五宮覚性以下、僧徒たちの「億（憶）念」（怨念）を払うために、不動尊の供養を行った。ところが、この儀式を担当した行事の藤原政業が誤って古い仏像を用いたため「諸不吉の表相」（さまざまに不吉なしるし）と騒ぎとなり、政業は召籠（軟禁）められる結果になった。政業は、藤原氏内麿流の実務官僚で、中宮聖子にも仕え信範の前任の権少進であった。また父有成（ありなり）も頼長の家司（けいし）を務めている。直接的には政業の失策だが、頼長の責任に相違はない。彼に対する非難が高まる中、さらに恐るべきことが起こる。

相次ぐ頓死

六月二十二日、何と静経僧都が急死した。

徳大寺僧都静経、去る十四日以後病悩す。この両三日陪（倍）増す。今朝、京の壇所において入滅す。即ち徳大寺の房に移しおわんぬ。事の体、危急、既にもって頓滅す。仁和寺の僧、都て（すべて）雄（ゆう）を称（しょう）すと云々。

静経僧都は、**九日条**で門弟が仁和寺に集結したとして問題となった僧侶である。彼は十四日から体調を崩し、法会を務めるべく出向いていた京の壇所で死去したので、遺体は徳大寺にあった彼の房舎に移された。これを聞いた仁和寺の僧は「雄を称」したという。これは「勝ち誇った」という意味であろう。気持ちはわかるが、僧侶の振る舞いとしては如何（いかが）なものか。

むろん頼長が衝撃を受けないわけがない。

左府、恐れ給う気色（けしき）ある由、ある人、来たり談ずるところ也。専一の御持僧たる上、この間、仁和寺の事、大理相共に、偏にかの御口入（ごこうじゅ）に依る。尤も然るべき事か。

（※「理」―刊本の「野」を影印本で訂正）

信範のもとを訪れたある人物が、頼長が恐れていると伝えた。頼長の家司を務める義兄の成隆あたりだろうか。静経は「専一」、すなわち第一の御持僧（護持僧）とされる高僧で、頼長とともに仁和寺の問題に介入していた「大理」（検非違使別当の唐名）公能と関係深い徳大寺の僧であり、彼の急死が頼長に大きな衝撃を与えたのも当然であった。しかも事はこれで終わらず、同じ二十二日またも死者が出た。

また大夫尉（たいふのじょう）光保、寛壹法眼に付する看督長（かどのおさ）、夢想ありて急に死去しおわんぬと云々。

今度は検非違使の源光保（みつやす）から寛壹法眼の監視を命じられた看督長（検非違使庁の下級役人）が急死してしまった。こうなっては頼長も恐怖に駆られて譲歩せざるを得ない。**二十五日**には、寛壹・寛深を監視していた検非違使は召し返され、二人は解放された。

また『本朝世紀』の七月九日条によると、仁和寺悪僧の追捕を担当していた検非違使も帰京し、犯人の追捕も断念された。結局、頼長の強引な仁和寺捜索は、犯人追捕にも失敗し、仁和寺側の怒りを招いただけに終わったのである。

ただ、面子（メンツ）をつぶされた頼長は、検非違使による強圧的な京中支配をその後も継続させた。また、強引な追捕活動を繰り返して他の宗教権門との衝突を惹起することになる。

二　天皇に忌避される頼長

頼長忌避の露呈

仁平二年（一一五二）八月十七日、信範が基実の家司となったことは先にも触れた。その前後、特筆すべき出来事はないが、**十月一日**に行われた近衛天皇の方違え行幸で、天皇と頼長との関係が露呈することになる。

この日、近衛天皇は里内裏の近衛殿から院御所白河泉殿に方違え行幸をすることになった。信範は鳥羽院司の一人として舗設を奉仕していた。舗設が終わり、天皇が行幸したのは、すっかり夜になった戌の刻（午後八時ごろ）である。この時、関白忠通が随行していなかったことが事件を招いた。

主上、下り御う間、左府、御裾の役に参進せらるる間、主上、手自から裾をとり入御す。天下の沙汰、ただこの事にありと云々。左府、後日に上皇に訴え奏せらると云々。

「御裾の役」は、貴人が車を降りる際に衣服の裾が地面につかないように持つ役目で、天皇の御裾の役は関白の仕事であるが、不在のため左大臣頼長が務めようとした。頼長は牛車を降りる近衛天皇のもとに進み裾を取ろうとしたところ、天皇は自ら裾を取って頼長に触らせようとしなかった。天皇が頼長を忌避していることを、人々は目の当たりにしたのである。「天下の沙汰、ただこの事にあり」とは、「天下で問題となっているのは、このことだ」という意味になる。近衛天皇が内覧頼長を露骨に忌避するのは、まさに天下の大問題だったのである。

後日、頼長はこの問題を鳥羽院に訴えたという。院から近衛天皇に態度を改めるよう説得してほしいと泣きついたのだろう。しかし、事の根源は天皇の母美福門院の従兄（いとこ）藤原家成邸を襲撃するなど、美福門院やその一族を毛嫌いした頼長にあるわけで、簡単に解決できるはずがなかった。なお、「後日」とあるように、この部分の記述は信範が後に聞いた情報を書き加えたもので、日記は決してその当日にのみ書かれたわけではない。

二日後の**十月三日**、方違えから近衛天皇が近衛殿に帰還する。

今夕、主上、近衛殿に還幸す。関白殿、院宣により、所労を相扶（たす）け、俄かに供奉（ぐぶ）せしめ給う。

鳥羽院の命令で病気の忠通が呼び寄せられ、天皇に供奉している。「所労を相扶け」は、「病気なのに無理をして」という意味になる。天皇の供奉は頼長では勤まらず、忠通が不可欠となっていたことがわかる。

中宮懐妊の噂と頼長の動揺

十月十八日、この日に予定されていた除目入眼（じもくじゅがん）が延期された。信範は次のように記した。

左府、所労と称し参り給わず。

十七日から秋の除目が開始され、頼長はその主宰者として儀式を進める執筆（しゅひつ）を担当していた。ところが、彼は「所労」（病気）と称し参入せず、さらに**十九日**も欠席したため、除目の最終決定である入眼は延期され、**二十日**になって大納言藤原伊通を執筆として行われた。

信範は「所労と称し」と、いかにも仮病を匂わせる書き方をしている。彼が頼長の所労を疑ったのは、このころ頼長を動揺させたもう一つの問題があったためである。それは中宮懐妊の噂であった。中宮とは忠通の養女呈子にほかならない。

十月十九日、美福門院の沙汰で呈子は懐妊の帯を着した。帯は天皇の乳母（めのと）従二位藤原家子から送られたものであった。

今日、中宮、懐妊の御帯を着せしむ。美福門院より御沙汰あり。主上の御乳母二位、これを調進す。

「着せしむ」は、「着する」の意味である。「せしむ（令）」は、通例「～させる」という使役の助動詞だが、中世では「～する」という意味で用いられることも多かった（永澤済氏「日本中世和化漢文における非使役「令」の機能」）。このような用法の「せしむ」は、『兵範記』にも頻出する。

先述の通り、久安六年（一一五〇）、頼長は養女多子を、忠通もやはり養女呈子を入内させ、両者は激しく競合し、多子は皇后、呈子は中宮となって一帝二后が現出した。しかし、天皇が同居し実際の配偶関係にあったのは中宮呈子であった。懐妊は時間の問題で、皇子が生誕すれば入内競争は忠通の勝利となり、摂関も外戚となった彼の子孫に継承されることになる。

もちろん、頼長は偶然の急病だったのかもしれないが、中宮が懐妊の帯を着する前日であったことを考えると、信範のように関連付ける向きがあるのも当然といえる。頼長は気に食わないことがあれば、除目の執筆という重大な業務を投げ出しかねないと疑われていたのである。こうしたことが朝廷で頼長の立場を悪化させたのはいうまでもない。

なお、中宮の懐妊は誤りで、ついに彼女が出産することはなかった。そして、近衛天皇はこののち病気がちとなり、皇子・皇女を儲けることなく、久寿二年（一一五五）七月に十七歳の若さで亡くなる運命にあった。

第四章　仁平三年の前半――「悪左府」頼長

一　基実との軋轢

朝覲行幸の「喧嘩」

不快な出来事の連続で苛立ちを増したのか、頼長が基実に当たり散らす事件が起こった。年が明けた**仁平三年**（一一五三）**正月二日**、近衛天皇は鳥羽院の院御所白河押小路殿に朝覲行幸を行った。関白忠通、三位中将基実は同車して院御所に参入する予定だったが、急遽取りやめとなってしまった。院や美福門院側から連絡があり「**左府不穏**」、すなわち頼長が反発して紛議となったというのである。主家摂関家の内紛に関することなので、信範は「**委細、これを注さず**」と、あえて記していない。

一方、信西が編纂した『本朝世紀』によると、左大臣頼長、右大臣雅定以下、頼長の子兼長・師長らが天皇に供奉したのに対し、関白、太政大臣実行らは供奉せずに直接院御所に参入した。注目されるのは基実に関する記述である。

今日、左中将基実卿、行幸に供奉せず。参院すべしと云々。しかるに喧嘩の儀ありて参入せず。世上嗷々、子細に能わず。

基実も参院するはずだったのに、「喧嘩の儀」があって参入しなかったとあり、何か大きな揉め事があったらしい。しかし、信西も「子細に能わず」と、詳細な記述を避けたので何があったのか判然としないが、基実は参入さえも拒まれたのである。この時、天皇に同道した兼長・師長がそれぞれ位階を上昇させていることをみると、勧賞による官位昇進問題が関係していたのではないだろうか。

院や美福門院も、頼長の意向を拒むことはできなかった。頼長の背後には忠実も控えているし、当時は太政大臣実行、内大臣実能も頼長派であっただけに、頼長の勢威も侮れないものであった。

基実の正三位昇進

仁平三年は正月早々、朝覲行幸で混乱があり、基実は忠通と同車できないばかりか院御所に行くこともできなかった。忠通・基実父子、彼らに仕える信範には多難を思わせる年の始めとなってしまった。しかし、**七日**の白馬の節会で基実は正三位に叙され、頼長の子師長に肩を並べている。

『公卿補任』は昇進理由を「臨時」とするだけで、詳しい事情はわからない。ただ、後述のように、慶賀を申し上げる際の前駆が多数であったことなど、昇進をことさらに誇示する様子が窺われる。朝覲行幸への参入を拒まれ、昇進が遅れたことを見返したのではないか。

正月十五日、基実は正三位の慶賀を所々に申し上げた。行き先は、まず父であり関白の忠通とその北政所である宗子、ついで近衛天皇、白河殿にいた鳥羽院・美福門院、勘解由小路富小路の御産所にいた中宮呈子、そして新院崇徳と姉の皇嘉門院である。もちろん、前回の公卿昇進の慶と同様、忠実・頼長・高陽院・皇后多子は無視している。行列の前駆は信範も含め七名であったが、このことに関する信範の記述は興味深い。

今日の前駆、前例両三人に過ぎず。しかれども五位以下六人を催さる。下官また推参す。よって七人に及ぶ也。例となすべからざる也。

「両」は二の意味で、先例では二、三名のはずの前駆が、七名に増えたという。忠通が六人も催促した上に、信範まで「推参」（押しかけて参加）した結果であった。まさに異例の事態であり、これを先例としてはならないと信範自身が記している。

何かといえば先例を重視し、先例破りを批判する信範が、自身でそれを破っておいて、しかも「先例とするな」とはおかしな話である。だが、ここには大勢の前駆を集めて行列を盛大なものとし、基実の昇進を誇示したい忠通や、その周辺の人々の意志が働いている。正三位への昇進をめぐる頼長派との激しい軋轢が窺われよう。

二　秦公春の死去

「無二ニアイシ寵シケル」秦公春

正月十九日、頼長を大変な不幸が襲った。『愚管抄』（巻第四）に、頼長が「無二ニアイシ寵シケル」（またとないほどに寵愛した）と記された男色の相手、随身秦公春が死去したのである。頼長が日記『台記』に赤裸々な男色関係を記したことはよく知られているが、公春は中でも最も深い寵愛の対象であった。

『台記』の本文は残っていないが、同書の抄出である『宇槐記抄』に公春の死去に関する記事がある。ところが、「左近衛府生秦公春の逝去、愁嘆の事、数十丁に及ぶ。よって私に今これを略す」とあり、頼長の興味深い感懐は『宇槐記抄』の無粋な編者によって省略されてしまった。全く余計なことをしてくれたと憤りを禁じ得ない。

また『本朝世紀』同日条には、「今日、左近府生秦公春死す。左府、大いにこれを嘆息す。殆ど謗議あり」とあって、その悲嘆の甚だしさは「謗議」、すなわち誹りや非難を招くほどであったという。

公春は代々随身を務める秦氏の出身である。本来随身は貴人の警護担当者だが、次第に儀仗兵としての側面が強くなり、容姿に優れたものが多かった。そうしたことも、頼長が公春を寵愛し男色関係を結んだ一因であろう。同時に、彼は頼長の密命を実行する腹心でもあった。先述した藤原家成邸襲撃も、頼長の命で公春が実行したものである。

さらに、『台記』久安元年（一一四五）十二月十七日条に次のような記事がある。十月に太政官の有能な召使国貞を殺害した犯人が非常赦で釈放されるや、何者かに暗殺された。これについて頼長は、国貞の子供が殺したと世間は噂していると記しながら、その直後の分注部分に、実は自分が左近府生秦公春に命じて殺害させたのだと得意気に記している。このことについて、鎌倉後期に『台記』を読んだ花園天皇（『花園天皇日記』元亨四年（一三二四）二月十三日条）以来、誰もが厳しく頼長を批判しているが、公春はそのような異常ともいえる密命を実行したのである。まさに私的制裁を担当する腹心であった。

その公春は久安三年（一一四七）ごろから、糖尿病とみられる「飲水の病」で体調を崩し、頼長が延命法を修したのも空しく、ついに亡くなったのである。

その公春の死去を『兵範記』は直接記していないが、**二月一日条に「長者殿、公春の死去の事により、近来なお他事なし」**とある。長者殿はむろん頼長で、彼は公春の死去のために、服喪して政務が手につかない状態であった。

兵仗の辞退

この状態は以後も継続し、**四月二十一日条**によると、とうとう頼長は兵仗を辞退してしまった。兵仗とは随身・内舎人といった警護の武力のことで、これらの辞退は政務の第一線から退くことを意味する。あるいは、公春のいない随身なんてもういらない、といった捨て鉢な気持ちになったのかもしれないが事は重大である。
辞退するには、上表文を天皇・院に提出しなければならない。表向きの理由は「所労」であったが、信範は事情を次のように記した。

左府生公晴（春）、去る正月廿日の比に入滅以後、哀傷日々新たにして、未だその愁悶を休めず。一切籠居し、遂に兵仗を辞せらる。凡そ左右に能わざるものか。入道殿の御制止に拘らずと云々。

頼長は、正月に公春が没して後、悲しみのあまり一切籠居していたというのである。確かにこの間、『兵範記』を見ても、頼長は宇治などで行われた摂関家の私的な儀式にしか登場しておらず、頼長の日記『台記』や『宇槐記抄』の記事もない。そうした状態が三カ月も続き、忠実の制止も振り切り、とうとう兵仗を辞退し政界の第一線を退くとまで言い出したのである。

この当時、院と院近臣の関係をはじめ、貴族社会では半ば公然と男色が瀰漫しており、男色自体が非難されるわけではない。しかし、いくら寵愛していたとはいえ、はるかに身分の低い随身の死に衝撃を受け、長期間にわたり大切な政務を投げ出せば、大きな非難を浴びるのは当然である。父忠実も、さすがに頼長の姿勢に呆れ、政治家としての資質を疑ったことであろう。もちろん、鳥羽院以下の信頼が大きく低下したことも論を俟たない。

兵仗辞退には頼長の周辺も反発したらしく、先例でこうした場合に使者として用いられた近衛の官人たちは、催促されても参入しなかった。結局、侍従が用いられたが、先例と異なるだけに、信範は「**穏便ならずと云々**」と批判している。

三　悪左府の濫行

石清水八幡宮の闘乱事件

五月二十八日、頼長は鳥羽院の公卿別当に就任した。公春の死去から立ち直った彼は、内覧でありながら鳥羽院に院庁の別当として奉仕し、院の信頼回復を図ったのであろう。『本朝世紀』同日条によると、執政（内覧・関白）就任後に内覧藤原道長が一条院、関白同師通が白河院の別当に補任されており、頼長はこうした先例に倣ったとされる。

しかし、ちょうどそのころ、頼長は前年六月の仁和寺に続き、今度は石清水八幡宮を相手に大変な事件を惹起してしまう。『兵範記』六月四日条の記述を紹介しよう。

去月晦日ごろ、八幡の宿院、濫行の事あり。刃傷・殺害、その数、巨多と云々。

五月末日ごろ、石清水八幡宮の宿院（神輿の旅所）で刃傷、殺害があり、その被害者は多数に上ったという。本来、神聖であるべき石清水八幡宮の神域で大勢が殺傷される大事件が起こってしまったのである。その原因は以下のようなものであった。

件の根元、山階寺の寺主源勝の従者某丸、主命に従わず服仕に対捍し、桑の御園の中に籠もり住む。源勝、忿怒に堪えず、左府に訴え申す。

山階寺とは興福寺のことで、山科（現京都市山科区）にあった藤原鎌足邸に創建されたと伝えられることから、この名称がある。その興福寺の寺主という役職にある僧源勝の従者「某丸」が、主の源勝の命令に従わず、使役に抵抗して典薬寮の所領である桑の御園に隠れ住んだ。これに怒った源勝は、興福寺を管理する氏長者（うじのちょうじゃ）頼長に、その追捕（ついぶ）を依頼したのである。

なおこの「某丸」とは、「名前不詳の身分の低い人物」という意味だが、七月二十五日に石清水八幡宮に奉幣が行われた際の宣命から姓不詳「道貞」という名前が判明する。頼長は道貞追捕のために厩舎人（うまやのとねり）を派遣するが、それが重大な事態を引き起こす。

左府、搦（から）め給うべき由、厩舎人に召し仰す。源勝の郎従を相副え、直ちに在地に遣わすところ、互いに闘諍をいたし、かの訴え申す某丸、その庭に急ぎ斬首せられおわんぬ。また左府の厩舎人一人、同じく殺害せらる。この外多く刃傷・殺害すと云々。

源勝の依頼を受けた頼長は、厩舎人に源勝の郎従を随行させて現地に派遣したところ闘争となり、某丸（道貞）はその「庭」（場（ば））で斬首され、厩舎人も一人が殺されたほか多数の死傷者が出てしまった。闘乱が宿院など八幡の神域に及んだため、神聖な境内が死や血で穢（けが）されるという恐るべき事態となったのである。

厩舎人は摂関家の厩に仕える下級職員で、本来は馬の購入・飼育を担当するが、同時に失策を犯した家政機関職員を厩に拘禁するなど、警察的な役割も果たしていた（拙稿「摂関家における私的制裁」）。武士ではないが武的な性格を有していたために、反抗する相手と闘い殺害するに至ったのである。石清水八幡宮は伊勢神宮とならぶ王家の宗廟（そうびょう）で、その神域を穢すことは国家的大事件であった。その直後、頼長は同様の事件を上賀茂神社でも惹起してしまった。

上賀茂社での濫行

『兵範記』の六月六日条によると、頼長は刃傷事件で賀茂上御社（上賀茂神社）の神域を汚している。まず、その原因は以下の通りであった。

今朝、賀茂上御社に濫行の事あり。粗(あらあら)刃傷に及び、汚穢(おわい)せしむと云々。その由来、南京の寺僧、故宗覚五師の真弟子兄弟、隆兼(りゅうけん)・玄重(げんじゅう)、前師の処分を相論し、互いに長者殿に訴え申す。

上賀茂神社で起こった刃傷沙汰の原因は、「南京」、すなわち南都興福寺の僧故宗覚の遺領処分をめぐって、彼の真弟子（実子の法弟）で兄弟の隆兼と玄重とが争ったことにあった。両者は、興福寺を統括する氏長者頼長の裁定を求めた。

しこうして舎弟玄重道理の由、早く裁定あり。長者宣を成し賜ふこと、まずおわんぬ。しかるに近日大兄隆兼、縁に付き子細を申し達す。この間、さらに玄重、また非理に処す。玄重を改め、隆兼をもって領知せしむべき由、長者宣を賜わらんがため、前の長者宣を召し返すところ、玄重、懐中に挿み着け、所々に隠遁す。

頼長は一旦弟の玄重の勝訴として、所領を与える長者宣（長者の命令を伝える文書）を下すが、兄隆兼が縁を頼って再度訴えると裁定は一転、玄重は「非理」、すなわち敗訴となってしまった。おそらく隆兼は有力者の口添えを得て、裁定を逆転させたのだろう。一度決まった裁定が逆転すれば、大揉めになるのはいうまでもない。

頼長は隆兼の領知を命ずる長者宣を下すために、玄重の勝訴とした前の長者宣を取り返そうとしたが、これを不満とする玄重は長者宣を持ったまま、あちこちに身を隠した。やがて賀茂社に籠もっていることが判明したので、頼長は三人の使者を派遣する。

よって前監物（さきのけんもつ） 信頼・前図書允（さきのずしよのじよう） 俊成・前武者所（さきのむしやどころ） 助保ら、左府の御使いとして、昨朝より社頭を囲繞（いによう）す。玄重、この形勢を知り、深く曹局に籠もる（中略）。全く中門の外に出でず。信頼ら、廻廊の内に押し入り、直ちに捕え搦む。その間、玄重・俊成、互いに刃傷に及ぶ。廻廊の内、御多羅志河（みたらしがわ）の辺り、流血す。直ちに玄重、面縛せられおわんぬ。

今回派遣されたのは、厩舎人より身分が高い侍であった。別の記事から、三人とも六位の位階と官職を持っていたことがわかる。おそらく追捕の対象が僧侶だったためであろう。彼らが神社を取り囲むと、玄重は神社の奥深くの廻廊に隠れたため、侍らは強引に神社に踏み込み、玄重を捕らえた。この時、刃傷沙汰となって社殿の廻廊の内や御手洗川（みたらしがわ）を血で穢すことになったのである。

社司ら抑留せんと欲する間、左府の宣を称するにより、黙止し妨げなし。

社司らは三人の進入を止めようとしたが、左府の命と言われたので黙認したという。

翌**六月七日**、この乱暴に驚いた忠実は、頼長に命じて実行犯三人を検非違使（けびいし）に下させ、玄重の面縛を解かせた。

事件の結末と背景

六月二十日条によると、八幡の事件の原因を作った寺主源勝は、帯びていた寺内の役職を解かれ、彼が八幡に派遣した郎従も検非違使庁に召喚され尋問を受けた。しかし、頼長の使者はお咎めなしという奇妙な決定となったが、これは忠実が申し入れたためかと信範は推測している。**翌二十一日条**によると、賀茂社司も六月中旬から頼長の濫行について朝廷・院に訴えており、この日も上卿藤原宗能や事件の奉行である頭弁朝隆のもとを訪れている。

最終的には**七月二十五日**になって、朝廷から八幡・賀茂両社に謝罪の奉幣が行われた。頼長自身に処罰はなかったが、大きな権威を持つ両社を穢した頼長の軽率で強引な行動を、朝廷は重大な不祥事と見做したのである。鳥羽院をはじめ朝廷の人々の頼長に対する批判が高まり、信頼を著しく低下させたことはいうまでもない。

では、なぜ頼長はこのような事件を立て続けに起こしたのだろうか。もちろん、慈円が「ハラアシク」と記した、すぐに憤激し制裁や報復を好む性格が関係していたことは疑いない。しかし、ここで注目されるのは事件の背景である。二つの事件は、ともに興福寺が関係していた。

上賀茂の事件はその典型だが、頼長は長者として下した裁定に反抗した興福寺僧を追捕したのである。石清水八幡宮での事件も、興福寺内の紛議に対する強引な取り締まりが原因であった。氏長者を奪い取った頼長は、その権威を示すために氏長者の支配下にある興福寺を厳しく統制し、反抗する者に武力行使をも辞さない姿勢で臨んだのである。

頼長は興福寺関係以外でも大きな闘乱事件を起こしていた。仁平元年（一一五一）七月、源頼憲（多田源氏）に命じて摂津国にあった源為義の旅亭を焼き討ちさせ、「衆口嗷々」という非難を浴びている（『本朝世紀』七月十六日条）。為義は頼長に臣従していたから、これも主従関係にある家人に対する私的制裁であった。こうしてみると、頼長の闘乱事件は、彼が率いる摂関家に属する興福寺や家人に対する統制と深く関係していたのである（拙稿「摂関家における私的制裁」）。

父忠実も、康治元年（一一四二）八月に興福寺の僧侶を私的に陸奥に配流した（『台記』八月三日条）ばかりか、久安三年（一一四七）には何と興福寺の高僧法橋寛誉を処刑するに至った（『台記』十月二十四日条）。権門内部を、公的処罰を逸脱した暴力（自力救済）で統制するのは、忠実の手法を継承した面がある。武士だけでなく、公家の世界にも自力救済が浸透しつつあったといえる。

しかし、父忠実と大きく異なる点があった。それは、頼長が他の権門との衝突を生じたことである。このことが他権門との対立を惹起したばかりか、院や朝廷の不信を招き、ついには彼の孤立、そして失脚をもたらすことになる。

第五章　仁平三年の後半 ── 頼長の法成寺管理

一　非蔵人源頼盛の子の元服

本章では、仁平三年（一一五三）の後半の記事から、興味深い話題を紹介する。頼長が石清水八幡宮・賀茂社で刃傷沙汰を起こした余燼も収まらない**七月十六日**、三位中将基実のもとで非蔵人源頼盛の息子が十一歳で元服している。非蔵人は宮中の蔵人所に属する六位の下級職員で、蔵人ではないが蔵人所に関する雑務を行った。

この頼盛は、本来清和源氏嫡流である源頼光の子孫多田源氏の武将で、父は行国である。行国は前年の仁平二年に、殺人を犯した興福寺僧を頼長の命で多田荘に匿っており（『台記』七月十二日条）、頼長の腹心であった。

これに対し頼盛は忠通に仕え、保元の乱でも忠通方に参戦している。後述する『兵範記』**保元元年七月十一日条**によると、保元の乱の開戦後、前蔵人 頼盛が郎従 数百人を率いて、東三条殿に行幸した後白河天皇を警護したとある。これは、弟頼憲が頼長に伺候し頼盛と対立したためであった。なお、前蔵人とあることから、彼は非蔵人から六位蔵人に就任し、保元の乱前に叙爵して五位になったとみられる。
　さて、元服した子供は手厚い待遇を受けているので、嫡男の多田行綱とみられる。『平家物語』（巻第一、鹿谷、巻第二、西光被斬）によると、彼は後白河院による鹿ケ谷の謀議に際し、平氏打倒の大将軍に推されながら、清盛に密告した卑怯・臆病な人物と描かれている。しかし、一ノ谷合戦で大きな活躍をする（『玉葉』寿永三年二月八日条）など、重要な役割を果たした武将であり、『平家物語』の記述には疑問がある。
　頼盛は六位という低い身分であったが、その息子の元服を信範は詳細に記録している。信範は予め忠通から頼盛の子の元服の準備をするように指示を受け、装束や加冠の儀式に用いる道具を用意し、それらを携えて参入している。ついで頼盛父子が参上する。

頼盛ならびに子童〈十二〉参上す。まず、両方の御前に召し御覧ず。

　頼盛とともに参上した子童は十一歳、康治二年（一一四三）の生まれであった。彼はまず忠通・基実の御前に召された。そののち、職事源高範の補佐を受けて着座し儀式が始まる。基実

満仲┬頼光―頼国┬頼綱〈多田源氏〉┬明国―行国┬頼盛―行綱
　　│　　　　　│　　　　　　　　│　　　　　└頼憲
　　│　　　　　│　　　　　　　　└仲政―頼政
　　│　　　　　└国房〈美濃源氏〉―光国┬光信
　　│　　　　　　　　　　　　　　　　└光保
　　└頼信〈河内源氏〉

多田源氏系図

は母屋の際に坐して見物し、さらに忠通も密かに見守っていた。信範は本鳥（髻）を結う理髪役を務めている。

次いで伊賀守信時朝臣加冠役。次いで冠者前庭に下りて再拝す。次いで御前に召す。また殿下の御方に参進せられおわんぬ。

最も重要な加冠役は、家司の伊賀守源信時が務め、そののち冠者は基実・忠通に拝礼して儀式を終えた。信時は村上源氏の右大臣源顕房の孫で、忠通の室となって基実を産んだ信子、基房を産んだ俊子姉妹の兄にあたる。基実の外伯父という血筋も良い大物家司であった。六位の非蔵人という下級官人の息子の元服に際し、忠通・基実は子童を謁見した上に、わざわざ儀式の様子を見守っている。しかも信範が理髪役、伊賀守源信時が加冠役を務めたように、有力な家司が重要な役割を果たしたのである。このように厚遇されたのはなぜだろうか。

元々多田源氏は摂関家と密接な関係があった。頼盛の曾祖父で頼光の孫にあたる頼綱は多田荘を摂関家に寄進するとともに家司に就任し、頼綱の子明国も忠実の職事を務めていた。多田源氏は代々多田荘を管理するとともに、家政機関職員を務めた（拙稿「摂津源氏一門」）。そして明国の子行国は、先述のように頼長の密命を受ける腹心となっており、その子で頼盛の弟頼憲も、やはり頼長の側近となっていた。頼憲はすでに五位に叙していたので、頼盛は長男ながら頼憲の下位に置かれていたのである。

『本朝世紀』閏十二月一日条に、頼憲が舎兄と合戦をしたという記事があるが、この舎兄こそ頼盛であろう。頼長と結んで多田荘を奪った弟に対抗するため、頼盛は忠通に接近したのである。忠通が彼の子息の元服を厚遇したのは、頼長派の弟頼憲と対立する頼盛を支援したためであった。兄弟の対立は摂関家同様、保元の乱で決着することになる。

なお、ともに忠通に仕えた頼盛と信範とは親交があった。嘉応元年（一一六九）十二月、蔵人頭だった信範は、政争の巻き添えで配流されるという悲運に遭遇した。配流を前に、信範は六条坊城にあった「多田入道」の旧宅に移ったが（『兵範記』十二月二十八日条）、この多田入道こそ頼盛と考えられる。

二　忠実・頼長と播磨守顕親

天皇・院の体調不良

七月晦日、信範は次のように記した。

中宮の御産、今月また経過しおわんぬ。去る四月に御支度ありと雖も、五・六・七幷しながら三箇月、空しく日月を送る。

中宮呈子の懐妊は昨年十月に話題となり、この年の四月から出産の支度がなされたが、五月・六月・七月の三カ月にわたって、一向にその兆しはなかった。忠実・頼長は安堵し、忠通は大きく落胆したであろう。

八月二十八日条には、この月も中宮のお産が「**無音**」（実現しなかった）で、懐妊は十五カ月に及んだとある。また同日には、近衛天皇の体調回復が記されているが、以後天皇は次第に体調を悪化させ、二年後の久寿二年（一一五五）七月に亡くなることになる。**九月十四日**、頼長の息子兼長が参議に就任、師長が従二位に叙されたので、翌**十五日**に頼長は参内し天皇に慶賀を奏すが、御前に召されなかった。天皇と頼長との冷淡な関係もさることながら、体調の悪さも影響したのだろう。

同じ**十五日条**に鳥羽院が「**不予**」（体調不良）となったとあり、「**別して**（特別に）**不食**」とあるので、極端な食欲不振だった。これも、三年後に迫った死去の前触れとみられる。**九月二十九日条**によると不食は二カ月に及び、「**すこぶる大事**」となり、盛んに祈禱が行われている。院・天皇の体調が悪化し、忠通は入内競争で実質的に勝利したものの、養女の中宮呈子は出産に至らず、政治情勢は不安定となっていった。

金剛心院上棟と播磨守源顕親

十月十八日、鳥羽東新御堂と呼ばれた金剛心院の棟上げが行われた。鳥羽の地に造営された鳥羽院の新たな御願寺で、信範を含む院司も鳥羽殿に参集した。堂舎は、知行国主忠実の命を受けた播磨守源顕親が釈迦堂以下を、知行国主藤原家成の命を受けた彼の子備後守藤原家明が阿弥陀堂以下を建立した。

忠実が摂関家の家長であったのに対し、家成は院近臣の中心である。この金剛心院は、当時の二大勢力である摂関家と院近臣末茂流とによって造営されたことになり、まさに鳥羽院政期の政情を反映したといえよう。

この儀式に際し、担当の国司であった播磨守顕親が遅刻するという失態を演じた。

> **次いで大納言、国司を召すところ、遅参すと云々。**（中略）**この間、国司顕親朝臣参入す。幄（あく）の後ろを徘徊し着座せず。子細を知らざる也。尤も失也。院司に相交わり、その座に加わり着し、奉行すべき事也。**

彼は「遅参」、すなわち儀式の定刻になっても参上しておらず、遅刻した上に、さらに今日でいう「テント」にあたる幄の後ろを、うろたえて右往左往して着座しようとしなかった。儀礼を重んじる貴族社会では醜態の極みで、信範は最も「失」であると手厳しい。本来は院司とともに着座し奉行すべきだったのである。

なお、平安時代の日記（古記録）に見える和製漢語「遅参」は、現代のような「遅れて参上した」の意味ではなく、「刻限になっても参上しなかった」の意味で解するのが妥当とされる（後藤英次氏「平安時代古記録における「遅参」とその関連語の解釈をめぐって」）。ここでも顕親がまだ参っていないので、「遅参」の後に「参入」と記されるのである。

この顕親は村上源氏で、右大臣顕房の孫、権大納言雅俊（まさとし）の子にあたる。忠実に家司として仕え、知行国主忠実のもとで院近臣が独占してきた播磨守に就任したのである。先にも触れたが、播磨守は伊予守とともに『官職秘抄』に四位上﨟（じょうろう）の任国とされ、三位以上が補任（ぶにん）されない受領（ずりょう）の最高峰であった。したがって、これまでは平忠盛をはじめ、院近臣の有力者が相ついで任じられてきた。

ところが、忠盛の後任となった顕親は、院政期に入って初めての院近臣以外の播磨守であった。先述のように、有力者が特定の国の受領任命権を握り、その国の公領の収入を独占する知行国制が導入された結果にほかならない。播磨が忠実の知行国となったため、彼が家司顕親を播磨守に補任したのである。顕親は、それまで院の御前で繰り広げられる華々しい儀式に縁がなかっただけに、戸惑うのもわからないではないが。

先述のように、伊予守高階盛章が任期終了後に尾張守に転じたこととあわせ、『官職秘抄』に記された受領の制度も変化しつつあったことがわかる。ちなみに、忠実は播磨の前は大宰府を知行しており、日宋貿易などで巨利を得ていたとみられる。大宰府に代わる知行国ということから播磨の富裕さが窺われるが、その一因は大規模建築を容易にした多数の瓦生産にあった。一方、播磨と並ぶ受領の最高峰とされた伊予は、公領が多かったことで受領が富裕化したとされる（以上、拙稿「院政期における大国受領」）。

三　頼長の法成寺管理と吉仲荘

頼長の法成寺管理

鳥羽で金剛心院の上棟式が行われたのと同じ**十月十八日**、法成寺で西塔の棟上げが行われた。法成寺は周知のとおり藤原道長が建立した大寺院で、当時は藤原氏の氏寺の一つとして氏長者の管理下にあった。創建以後、再三火災に遭いながらも、そのたびに再建されてきた。今回は忠実の知行国佐渡守高階為清の成功で造営されている。

この日の儀式は、頼長の外戚の家司藤原盛憲が行事を担当した。信範は鳥羽にいたため臨席していないが、次のように記した。

今日の事、ある人の伝え語るをもってこれを記す。追って定説を尋ね知るべき也。

摂関家にとっての重要な出来事だけに、記録は残しておきたかったのだろう。

その日、法成寺に関する重要な出来事があった。

今日、入道殿の家司親隆朝臣、御使いとして左府に参り申さしめていわく、法成寺以下、氏の御寺等、皆御沙汰たるべし。ただし、平等院、しばらく知行せしめ給うべからず。また浄妙寺、先例を尋ね問い、追って渡し申さるべし者。

（※「追」―刊本の「塔」を影印本で訂正）

これによると、忠実は家司藤原親隆を使者として、頼長に対し法成寺以下の氏寺を沙汰（管理）すること、ただし宇治平等院はまだしばらく沙汰させないこと、浄妙寺は先例を調べ、追って頼長に譲渡することを伝えている。忠実は氏長者を頼長に与えたものの、法成寺以下の管理権は長者となって三年を経てようやく譲渡したのである。異常な氏長者補任の経緯、頼長の軽率な行動への懸念などから譲渡に慎重になったとみられる。

平等院を知行させなかったのは、忠実が宇治に居住していたためであろう。また浄妙寺は、木幡（現宇治市、藤原氏歴代の墓所）の藤原道長の墓所に建立された寺院で、やはり宇治の別荘に近いことや、道長の墓所は家長忠実が管理すべきと考えたのではないか。

頼長は二十六日に法成寺に赴き、諸堂に参拝した。この頼長による法成寺管理が、信範に重大な災難をもたらすことになる。

吉仲荘知行の停止

十月も末の二十八日、信範に無念な知らせが届いた。

法成寺の御領紀伊国吉仲庄、左府の仰せにより、知行を停止せられおわんぬ。

信範は法成寺領紀伊国吉仲荘（現和歌山県紀の川市）の知行を、頼長の命で停止されたのである。続いて次のように記した。

親隆朝臣の申し請うにより、為親に預け給うと云々。件の庄、先人執行すること四十余年、下官相伝することすでに十余年。今停止せられおわんぬ。

（※「云々」―刊本の「々々」を影印本で訂正）

親隆は再三登場した信範の義兄尾張守親隆で、忠実・頼長の家司。為親はその長男である。親隆は頼長に申請して、頼長が信範から取り上げた吉仲荘の支配権を息子の為親に与えたという。ちなみに、為親の母は信範の姉ではなく、藤原為隆の娘であった。

親隆も義弟信範の所領奪取を躊躇したかもしれないが、頼長の命令では従わざるを得ない。頼長にしてみれば、自身が管理する法成寺の荘園から忠通派の家司を排除し、信頼できる家司の一族に委ねたかったのであろう。

「先人」は信範の亡父知信を意味する。この吉仲荘は、信範の父知信が四十年余り、それを受け継いだ信範も十年余り知行してきたのである。吉仲荘は父の時代から半世紀に及ぶ深い由緒を持つだけに、信範の無念や推して知るべし。

最後に信範は「**兼日、上下の風聞を案ずと雖も、これを如何せん**」と記した。彼は関係がよくない頼長から吉仲荘を奪われるのではないかという、上下（身分の高い人、低い人）からの風聞（噂）を聞き案じていたが、どうしようもなかった。

もちろん、武士のようにその荘園を自身で開発したわけではなく、摂関家から管理職の預所を与えられて収入源としていただけなので、簡単に没収された面もある。とはいえ、経済的な損失はもちろん、貢納を確保するために在地の勢力と接触し様々な努力を重ねてきただけに、信範の被った打撃は小さいものではなかった。

預所は荘園を管理する役職の一つで、公卿が任じられる領家の下にあたる。下司以下の現地の武士を統制するために、源氏・平氏などの有力な武士や、悪僧が任じられることもあった。しかし、多くは貴族が収入源として任じられた職で、摂関家では家司らを預所に任じ、荘園からの収入を与え儀式などに奉仕させていた。これも所領を媒介とした主従関係の一種といえる。

信範は大きな衝撃を受けたが、これはまだ災難の始まりに過ぎなかった。翌年にかけて、彼はさらにいくつかの荘園や役職を没収される運命にあった。

第六章　仁平四（久寿元）年の前半 —— 春日祭上卿兼長と文章生信義

一　春日祭上卿兼長

信範の前駆奉仕

頼長の圧力、忠通・基実と頼長との対立といった不安定な状況の中、仁平四年（一一五四）を迎える。この年は十月に改元され久寿元年となる。

正月には朝覲行幸もなく、忠通・頼長両派間の軋轢も表出しなかった。二月一日、摂関家にとって重大な儀式が挙行された。頼長の嫡男権中納言藤原兼長が春日祭の上卿として、春日社に参詣したのである。春日祭は二月の上申（最初の申）の日に行われることになっており、この年は二月一日がその日に当たった。そこで、前日の正月三十日に上卿が出立したのである。

正月三十日条に信範は次のように記した。

今日、左府の家嫡中納言中将殿、春日祭の上卿として、南都に発向せしむ。

摂関家では、息男が重要な儀式の上卿を務めることができる権中納言に就任した際、その年の春日祭の上卿として、大勢の前駆らの供人を引き連れて春日社に参詣することが習わしとなっていた。兼長は頼長の「家嫡」として、この上卿を勤仕したのである。先述のように、かつて信範も元服に奉仕した師長の方が生誕は僅かに早かったが、母の身分の関係から兼長が官位も先行し嫡男の扱いを受けていた。

忠実・頼長派と関係が悪化する中、なぜ荘園を奪われた信範が参加したのか。その経緯は次のようなものであった。

下官、一院の殿上人分の催しにより、先日、請文を献ず。辰の刻、布衣を着す。（中略）馬を随身し東三条に参る。

信範は、鳥羽院の殿上人に対する割り当て分として催促を受け、「請文」を出したのである。請文というのは承諾書のことで、その提出は参加の受諾を意味する。摂関家家司としてではなく、鳥羽院の殿上人として招集されたことが彼の立場を示唆する。「布衣」（狩衣）を着した彼は乗馬を「随身し」（伴って）、東三条殿に参入した。頼長の息子に奉仕するために、忠通が奪い取られた東三条殿に参入しなければならなかった信範の心中は穏やかではなかっただろう。

前駆の顔ぶれ――内と諸院の殿上人

頼長、内大臣実能以下の公卿、そして忠実が見物する中、上卿の露払いを務める前駆が参入した。前駆は四位以下で、公卿は含まれない。最初に名前が挙がるのは内（内裏）の殿上人で、美作守藤原家長、左馬頭同隆季以下二十七人、ついで諸院の殿上人は三十九人であった。諸院とは、鳥羽院、崇徳院、そして高陽院で、位階の順に行進した。先頭が丹後守藤原俊盛、信範は七番目である。鳥羽院の殿上人が崇徳院や高陽院の殿上人たちより優先されていたわけではなく、彼らは入り混じって位階の順に並んでいた。

諸院の殿上人の中には信範以外にも平氏一門の名が散見する。まず、高陽院の殿上人に伊勢平氏忠盛の弟で、清盛の叔父忠正の名がある。彼は保元の乱で崇徳院方となって敗死し、保元の乱が骨肉の争いであった例として必ず取り上げられる。もっとも、保元の乱を除いて武士としての活動は見えず、『兵範記』には頼長の大饗で給仕を務めた記事が残っている（仁平二年正月二十六日条）。このほか、鳥羽院の殿上人として信範の甥で清盛の義弟時忠、そして清盛の長子重盛が名を連ねている。

諸大夫と六位——源為義・頼賢父子

続いて内裏・諸院の昇殿を許されていない者、すなわち地下の者が続く。その最初は地下公達である。公達は公卿家の子弟の意味で、内・諸院の殿上人ではないが、公卿家の者ということになる。

その次に続くのが諸大夫、すなわち四位・五位の者たち二十人である。この人々について信範は次のように記した。

両院の北面、前斎院免ずる人々、家司・職事に相交わり、位階に任せ、これを渡さる。

基本的に摂関家の家司・職事の人々で、中に鳥羽・崇徳院の北面、それに前斎院統子内親王（のちの上西門院）が「免」じた人が加わっていた。「免」じたという意味がわかりにくいが、人名には前斎院が催したと記されているので、「参加を免じられた」（許された）という意味であろう。ともかく、摂関家に仕える家司・職事を中心とする四位・五位の者二十名が続いているが、ここで注目されるのは左衛門大夫為義である。

彼には「北面」などと特記されていないので、摂関家の家司または職事であった。再三触れたように、河内源氏の武将で八幡太郎義家の孫、あるいは実子ともされ、その後継者となったが、失策を繰り返して白河院・鳥羽院から忌避されてしまった。同年の平忠盛が受領として華々しく活躍したのに対し、為義は長年検非違使に留められ、ようやく五位に叙されたに過ぎない。

しかし、忠実に重用されて興福寺の統制などに活躍したほか、頼長にも臣従している。息子の義賢は頼長と男色関係を結ぶという、まさに親密な腹心であった。八男の為朝は、後述するように摂関家の支援のもとで九州に下向している。為義の一族は、忠実・頼長の軍事的支柱であり、この日の役割を見ても為義の立場は明白である。

先述のように、仁平元年七月、頼長は源頼憲に命じて為義の摂津の旅亭を焼き討ちさせている。原因は不明確だが、「衆口嗷々」と信西が記したように激しい非難を浴びており、摂関家に不可欠の存在に対する頼長の理不尽な私的制裁とみなされたことを示す（『本朝世紀』七月十六日条）。

最後に六位の者八名が挙がっているが、その中の左衛門尉頼賢は為義の息子である。坂東に下った長男義朝が院近臣らと手を結んで摂関家や為義との関係を断ち切り、為義の京における後継者だった次男義賢も失脚したことから、為義の嫡男として忠実・頼長に仕えていた。その彼も保元の乱で処刑される運命にあった。

以上のような前駆の並び方をみると、当時の貴族社会における身分序列がわかる。単に位階の順ではなく、公卿以下の者は、まず内（内裏）の殿上人、ついで諸院の殿上人、地下でも公卿の子供たち、ついで四位・五位の諸大夫たち、そして六位以下の官人という順番になっていたのである。殿上人と地下が区別され、殿上人でも内の殿上人が諸院の殿上人の上位にあったことがわかり、内昇殿（ないしょうでん）の重要性が明白といえる。

一行は、頼長以下が牛車を並べて見物する中、京を出立し、申（さる）の刻（午後四時ごろ）に宇治に到着し、船で平等院の前に渡った。船を用いたのは宇治橋が危険だったためだろうが、雑人（ぞうにん）は橋を渡っている。ついで石清水八幡宮を拝し、夜も更けた亥（い）の刻（午後十時ごろ）、一行は奈良に到着した。信範は、義兄尾張守親隆と同宿であった。

下官、尾張守の宿所に向かい、頭弁（とうのべん）・皇后宮大進、四人同宿す。一向かの沙汰たり。

信範は、親隆の兄の頭弁朝隆（ともたか）、親隆の子皇后宮大進為親と同宿したのである。縁者の誼（よしみ）で親隆の世話にならざるを得なかったのだが、吉仲荘の一件で不快な関係にあっただけに、何とも気まずい一夜であったろう。

奉幣と帰京

翌**二月一日**は春日祭の当日である。未（ひつじ）の刻（午後二時ごろ）、人々は上卿兼長の宿所に集まり一献があった。上卿の宿所は佐保殿の一角にある宿院である。ところが、重要な役割を果たす近衛府使の右少将源定房が「遅参」、すなわち定刻に参上せず、開始が夕方まで遅れてしまった。

近衛府使右少将定房朝臣、遅参す。尋ね催さると雖も見えず。晩景に及ぶにより、相待たれず、勧盃三献おわんぬ〈異姓の者により、宿院の儀を見ず〉。

近衛府使がいないまま、宿院において勧盃三献が行われた。これは藤原氏の者だけが参入を許されており、「異姓」の平氏である平信範は見ることができなかった。氏の意識が依然強固であり、春日祭が藤原氏の祭礼であることを物語る。

なお、前章でも述べたように、「遅参」は平安時代の日記（古記録）では「刻限になっても参上しなかった」の意味で解釈するべきであり、現代のような「遅れて参上した」の意味にとると、誤解を犯してしまう。ここでも近衛府使の定房が、たとえ遅れてでも参上していたならば、信範が「晩景に及ぶにより、相待たれず、勧盃三献おわんぬ」（夕方になったので、（定房を）待たれずに勧盃三献が行われた）と記すはずはないのである。ありふれた言葉ほど先入観で解釈しがちであるので、他の用例も踏まえて、文脈を正確に理解しなければならない。

ついで春日社で祭礼が行われた。信範は神祇官が御祓物を供えたところまで見て、祭の途中で退出してしまった。藤原氏の祭であったこと、何より頼長の息子が上卿を務めていたことから、あまり熱心に儀式に参加するつもりはなかったらしい。

二月二日、夜来の大雨の中、一行は帰京する。途中、宇治で忠実が、鳥羽では鳥羽院と美福門院が見物している。その後、東三条殿に帰って解散となったが、信範は最後まで随行せず六条から帰宅した。

帰路で注目されるのは、途中、木津川の綺河原において笠懸が行われたことである。

綺河原において笠懸の事あり。為義朝臣の郎等三十騎、まず御馬の前を渡る。その中、一人を召して笠懸を射らる。前武者所家久と云々。

「綺」は綺田・加幡とも書き、現在は京都府木津川市山城町に属する。笠懸は、流鏑馬、犬追物とともに騎射三物の一つとされ、武士の武芸の訓練として著名である。木にかけられた笠を射る武芸で、流鏑馬よりも実戦的とされるが、春日祭の帰路に行われたように、本来は神事という性格を有していた。

この時は、源為義が郎等三十騎を率いて一行の前を渡り、その中の一人である前武者所家久が笠懸を射ている。この二年後、保元の乱で滅亡する為義にとって、最後の晴れ姿であった。春日祭の上卿には主に源氏の武士が随行し、綺河原で笠懸を行うことが藤原頼通の時代から慣例となっていた。

二　文章生信義

信義・信政の元服

二月十一日、信範の二人の息子、十三歳の祇王、十二歳の徳王が元服している。元服は基実のもとで行われ、理髪役は、源頼盛の子の元服で加冠役を務めた、家司で基実母の兄弟にあたる源信時が、そして加冠役は信範の主君である基実自身が務めた。兄弟の母は信範の正室藤原能忠の娘とみられる。能忠娘は基実の乳母であるから、祇王・徳王は基実の乳母子にあたり、基実が自ら加冠を行ったのはこのためである。

二人の兄に、保延五年（一一三九）生まれの信国がいた。彼は以前に触れたように美福門院に仕え、女院の蔵人となっている。久安六年（一一五〇）に五位に叙され、保元の乱後は基実の家司として活動するが、家嫡の座を弟に譲っているので、勝浦令子氏（「家と家族」）は異母の可能性がなくもないとする。

さて、この日元服した祇王・徳王兄弟は、三月二十五日条の記事から、前者が信義、後者が信政と名乗ったことがわかる。兄の信義は主君忠通の推挙で文章生となり、実務官僚の道を歩み始める。当時、制度としてはすっかり形骸化していたが、『兵範記』には、信義が入学し文章生となるまでの経緯が詳しく記されている。

まず**三月十七日**、信範は主君の忠通から信義を「登省」させるように慫慂された。登省は、文官を統括する式部省の試験を受けて、文章生となることを意味する。文章生は中国の漢詩文などを学んで、漢詩や当時の公文書に用いられる漢文を作成する技能を磨く学生である。試験に向けた具体的な動きは二十二日から始まる。

入学と寮試・省試

三月二十二日条には以下のような記述がある。

> **下官の申し請うにより、中宮少進邦綱、殿下の仰せ□（「を被り」カ）、文章博士長光朝臣のもとに御教書を遣わしていわく、学生平信義、登省せしむべき由、永範朝臣に仰せられおわんぬ。件の男の入学、寮・省試等の間の事、且先例に任せ、殊に沙汰せしむべし者。博士、請文を進めおわんぬ。**

この日、信範の申請により、忠通から家司で文章博士の藤原長光に御教書が下された。その内容は、大学寮の紀伝道を統括する式部大輔藤原永範に、信義が登省する旨を連絡したので、長光に信義の「沙汰」（世話）をするように、というものであった。本来、沙汰をするのは博士の中でも上臈の者だが、同じ忠通の家司という誼もあって長光に依頼している。

三月二十五日、入学のために名簿が提出された。名簿では十三歳の信義を先例に倣って「十九歳」としている。このような書き換えが行われた理由について、桃裕行氏（『上代学制の研究』）は、本来十歳から十年大学で学ぶことになっていたのに、在学期間が極端に短縮されたため、これを糊塗しようとしたのではないかと推測している。

信義が入学するのは**四月十八日**で、同日に「寮試」が行われた。寮試は大学での学習を前提として受験するものなので、入学と寮試が同日ということは本来あり得ない。しかも試験は大学寮の建物が倒壊した跡地に幄を立てて行われる有様で、全く形式的なものであった。治暦二年（一〇六六）、康和三年（一一〇一）も同様だったという。

さて、試験が開始された。

頭、仰せていわく、読ましめよ。信義、博士の目するに随い、書を抜きこれを読む〈高祖本紀・簫相国世家・張儀伝。おのおの端々、兼日能く能くこれを謹みて誦す〉。おのおの三、四行読む間、頭笏を叩き、その響きに随い、これを読み止む。三巻読みおわんぬ。

「頭」とあるのは試験官の大学頭大江維順で、彼から「読ませよ」との指示があった。そして試博士・文章生藤原兼光からの目の合図により、信義は課題となった漢籍である『史記』の三巻分から、それぞれ三、四行を読み上げた。そうすると大学頭が笏をたたいたので、これに従って読み止めた。この結果は次のようなものであった。

試し給うオホイムツノクラキカムツシナ平信義、文義共に得たりと申す。

信義は「文義」（読み方と解釈）ともに優れているとして試験に合格した。カタカナの部分は正六位上の和訓である。それはともかく、桃氏前掲書も指摘するように、読んだだけなのに、「文」（読み方）とともに、「義」（解釈）もできたというのはおかしなことで、試験の形骸化が明白である。

かくして、無事に擬文章生となった信義は、十日後の二十八日に皇嘉門院の判官代に補任された。皇嘉門院は忠通の娘で崇徳天皇の中宮だった聖子で、父信範も若き日に中宮権少進として彼女に仕えていた。信義も父と同様、聖子に仕えて実務官僚としての経歴を歩み始めたのである。

さらに**六月二十日**、信義は文章生となる省試を受けた。その場で与えられた題に基づき、漢詩を作るという試験であったが、桃氏は信義の詩は予め作成したものを持参した可能性が高いと述べており、これも形ばかりの試験ということになる。

このように、試験も大学も形骸化していたが、だからといって彼らに学識がなかったわけではなく、高度な漢文作成能力を身に付けていた。では、彼らはどこで学んだのかというと、学者・実務官僚が世襲となっていたので、紀伝道はいわば家学として父祖に学んでおり、大学で学ぶ必要はなかったのである。それでも、形式的とはいえ文章生となることは、彼らの経歴上では欠かせなかった。

信範子息たちのその後

この信義は、進士、すなわち文章生として皇后統子内親王にも奉仕しているが、保元三年（一一五八）二月以降、その名前が『兵範記』から消えてしまう。夭折の可能性もあるが、勝浦令子氏（「家と家族」）は信範の家嫡信基が仁安元年（一一六六）九月以降に『兵範記』に登場することに注目したのであろうか、信義が信基と改名したとする。妥当な見解であり、おそらく「基」は基実の偏諱を受けたのであろう。

先述のように信基は兄の信国を凌いで家嫡となり、建春門院や基実の子である基通にも仕え、寿永二年（一一八三）七月には正四位下内蔵頭に至った。しかし、同月の平氏都落ちに同道したため、壇ノ浦合戦で一門の時忠らとともに生け捕りとなった。京に連行された信基は、文治五年（一一八九）五月まで備後への配流を余儀なくされた。帰京後の動静、そして没年は不明である。この少年には、まさに波乱の人生が待ち構えていた。

また、同時に元服した徳王（信政）について、勝浦氏は後の信季（のぶすえ）とされる。彼は当初は基実、その没後は建春門院、ついで忠通の三男九条兼実に仕え、この間、父信範と同じく少納言に就任した。しかし、治承三年（一一七九）七月一日に父に先立って没することになる（『玉葉』七月二日条）。まだ三十七歳であった。なお、彼の子親輔（ちかすけ）が兄信基の養子となり、信範家の嫡流となる。

彼らより年長であった信国は、やはり基実の家司を務めるが、その没後は基房に仕えるとともに、皇嘉門院、二条天皇の中宮育子らにも仕えた。治承三年に弟信季が亡くなると、その後任の少納言となっており、弟より官位は下位に抑えられていた。彼も気の毒なことに翌治承四年四月二十二日、父より先に世を去る運命にあった。享年は四十二、まさに急死だったという（『山槐記』四月二十四日条）。信範は二人の子息に先立たれる不幸を経験することになる。

このほかにも、信範には藤原成実（なりざね）の女を母とし、久安二年（一一四六）に生まれた信清（のぶきよ）、仁平二年（一一五二）四月に能忠の女を母として生誕した信広（のぶひろ）をはじめとする数人の男子があったが、保元の乱以前の活動はほとんど見られないので、詳細な事績については、勝浦氏の研究に委ねることにしたい。

三　相次ぐ没収

坂越・大江島荘の没収

信義の試験が行われていた最中の**五月十九日**、またしても信範を災厄が襲う。

播磨坂越・大江島御庄、宰相中将教長に改定せらるる由、伝説を聞く。近来の作法、□（過カ）怠なしと雖も、これを如何せん。

信範は播磨国坂越・大江島荘の預所を、頼長と親しい宰相（参議）中将藤原教長に奪われてしまったのである（「伝説」は風聞の意）。年貢滞納などの怠慢もないのに、どうしたことかと嘆くばかりであった。預所の没収は、前年十月二十八日の法成寺領吉仲荘に続いて二度目である。なお、両荘は摂関家領で、坂越荘は現在の兵庫県赤穂市、大江島荘は同姫路市付近に所在した。

今回の経緯は『台記』五月十八日条にも記されている。この日、頼長のもとを訪れた教長は、貧窮を理由に頼長に荘園を求めた。頼長からこのことを聞いた忠実は、坂越荘と美濃国の河辺荘（現岐阜県川辺町）を教長に与えたという。大江島荘は不明だが、坂越荘は忠実によって没収されたのである。前年の仁平三年二月、信範は忠実から儀式の諮問を受けていた（『兵範記』二月二十七日条）のに、もはや忠実にすっかり見限られたことになる。かつて深く信頼された忠実から、忠通派として理不尽な仕打ちを受けた信範の憤りと無念は、如何ばかりであったろう。

藤原教長は、藤原頼通の子師実の孫で忠実の又従兄弟にあたり、歌人・能書家として知られた。保元の乱では崇徳院・頼長方に加わり、白河北殿において二人の密談に同席している。乱後は常陸に配流されたが、帰京後の安元三年（一一七七）、延暦寺強訴とそれに続く左京の大火といった京の大混乱の最中に、崇徳の怨霊の祟りを喧伝したとされる。

高陽院納殿・御倉町別当の停止

信範の災厄は、これで終わりではなかった。六月十二日に次の災難が降りかかった。

高陽院の納殿ならびに御蔵町〈細工所也〉の別当、これを停止せらる。播磨守顕親朝臣、奉行すべき由と云々。

信範は高陽院の納殿・御蔵（倉）町の別当を解任されたのである。後任は忠実の信任篤い播磨守源顕親であった。納殿は、諸国からの貢物を管理する機関、また細工所は、御倉（倉庫）に収められた物資を細工する作業所と考えられる。女院の判官代であった信範は、こうした家政機関の別当を兼任していたのである。この解任について信範は次のように憤懣を記した。

下官、勤節十六年、奉行十四年、勤功を致すと雖も、未だ過怠に及ばず。今、悪世に逢い、すでに出仕の計を失う。一人の御事を思うにより、さらに二心なき愁嘆、ただ天運に任せ、経廻すべきものか。この事、偏に入道殿の御定と云々。

これによると、信範は高陽院に仕えて十六年、その二年後からこの役職を勤仕してきたとある。女院宣下が保延五年（一一三九）なので、仕え始めたのはそれ以前からであった。「一人」は、ここでは高陽院を指す。女院に「二心」（離反）なく、運を天に任せて「経廻」する（生きて月日を送る）しかないとしながら、入道殿忠実の決定で解任されたことを嘆いている。かつてあれほど信頼された忠実との関係は、完全に破綻してしまった。信範には失策はなく、頼長の氏長者（うじのちょうじゃ）就任という「悪世」がその原因だった。

翌六月十三日、信範は高陽院に参入した。

高陽院に参る。内外に付し、男女の形勢を窺う（うかが）に、誹謗（ひぼう）の人なし。御前より善悪の仰せなし。これを如何（いかん）せん。

高陽院に出仕した信範が様子を窺ったところ、周囲に彼を誹謗する貴族も女房もいなかったが、肝心の高陽院からは「善悪の仰せ」がなかった。信範は「これを如何せん」（これはどうしたことか）と戸惑いを隠しきれない。庇護（ひご）の言葉がなかったことで、忠実ばかりか高陽院までもが彼を見限ったと思ったのであろう。誠実に忠義を尽くしてきただけに、信範の無念が思いやられる。

これだけ荘園や家政機関職員の地位を奪われれば、信範は相当困窮したはずである。忠通が、信範の息子信義を早急に文章生に及第させ、皇嘉門院の判官代に任じたのは、信範救済のためではないかとする米谷豊之祐氏（『平信範』）の推測は妥当といえよう。

第七章　仁平四（久寿元）年の後半――忠実・頼長派の明暗

一　藤原兼長の右大将就任

大将人事と慶賀

本章では仁平四年（一一五四）の後半に起こった出来事を紹介する。前年、相次ぐ不祥事で自ら立場を悪化させていた頼長ではあったが、彼の息子たちは順調に昇進していた。**仁平四年八月十八日**には、家嫡（けちゃく）とされた権中納言兼長が十七歳の若さで右近衛大将を兼任したのである。

今回の大将人事は、出家した右大臣兼左大将源雅定（一〇九四―一一六二）の空席補充として行われた。『兵範記』**五月二十八日条**によると、雅定は六十一の高齢とはいえ、特段の病もないのに鳥羽院の制止を振り切り、法然の師として知られる比叡山黒谷（ひえいざんくろだに）の叡空（えいくう）上人を招き、京の中院邸で出家を遂げている。

雅定は村上源氏嫡流で、父は源氏初の太政大臣（だいじょうだいじん）雅実（まさざね）、また建久七年（一一九六）政変で九条兼実を失脚させる通親（みちちか）は孫にあたる。雅定は右大臣に昇進して村上源氏の大臣家としての家格を保持したが、このことと彼が藤原顕季の女婿となり、室を通した顕季の孫家成や美福門院との連携とは無関係ではあるまい（拙稿「平安末期の村上源氏」）。翌二十九日、家成が死去するが、彼の重病も雅定の出家と関係するのかもしれない。

八月十八日に除目（じもく）が行われ、雅定の辞任で空いた左大将には元右大将の藤原実能が、そして右大将に元右中将の兼長が就任した。実能は頼長室幸子の父だから、左右の大将を頼長派が占めたことになる。また、十一月には兼長の兄である師長が権中納言に昇進しており、まだ散三位の基実を後目（しりめ）に頼長の子供たちは高い地位を占めていった。

除目を終えると、兼長は天皇に慶賀を奏し、東三条に帰って民部卿藤原宗輔以下を招いて大饗（だいきょう）を行った。ついで兼長は忠実、頼長、頼長の北政所（きたのまんどころ）幸子に慶賀を申し上げている。信範は、もちろん列席していなかったが、「**ある前駆の諸大夫の伝え語るをもって、大概これを記す**」とあるので、おそらく、義兄の成隆あたりから情報を得たのだろう。

摂関家家嫡と近衛大将

兼長が兼任した右近衛大将は右近衛府の長官で、建久元年（一一九〇）に上洛した源頼朝が就任したことで知られる。近衛府は天皇の親衛隊である近衛を統括する組織で、その長官は武官の最高峰であったが、近衛は儀仗兵（ぎじょうへい）となり武力としては形骸化していた。このため、大将以下は一種の身分標識であったが、大将には大きな権威があり、大将の経験者はほぼ大臣に昇進している。これまで再三取り上げた『官職秘抄』は、左右近衛大将を次のように説明している。

大将

大臣・大納言、その人を撰びこれに任ず。ただし、摂政・関白の家嫡、中納言・参議と雖も、これに任ず。多くは左。

ここで注目されるのは、通常近衛大将は大臣・大納言から選ばれるが、摂関家の嫡男は中納言や参議であっても兼任できたという点である。兼長は権中納言でありながら右大将を兼任したのだから、摂関家の家嫡と見做(みな)されたことになる。

ちなみに大納言以前の近衛大将任官には、兼長の祖父忠実が十七歳の寛治八年（嘉保元年、一〇九四）三月に権中納言で、その父師通が十六歳の承保四年（承暦元年、一〇七七）四月に正(しょう)三位(さんみ)参議で、それぞれ左大将に就任した先例がある。摂関時代以降で大納言以前に近衛大将となったのは、『官職秘抄』の指摘の通り摂関家の家嫡に限られており、兼長が権中納言で近衛大将を兼任したことに、摂関家嫡流を意味する面があったのは疑いない。ただ、家嫡の多くは格上の左大将で、右大将就任という点で微妙な面もある。

ちなみに、師実・忠通は空席の関係で、大将兼任は大臣昇進後のことであった。また、兼長の父で本来摂関家嫡男だった頼長は、長承四年（一一三五）二月に兼長を凌(しの)ぐ十六歳で右大将となるが、その時点で彼は権大納言に就任していた。

二　延暦寺の頼長呪詛

山僧の蜂起

兼長の右大将就任で祝賀気分に浸っていた頼長に、驚くべき知らせが届いた。何と延暦寺の大衆（だいしゅ）が蜂起し、頼長を呪詛（じゅそ）したというのである。まず、『兵範記』の九月三日条を見てみよう。

近日、山の大衆騒動す。加賀国林大夫光家（はやしたいふみついえ）、去月の御堂供養の日、赦免せらるる事と云々。日吉社頭に蜂起し、左府を呪咀（しゅそ）し申さしむと云々。兼ねてまた僧綱（そうごう）らを請じ上げ、予め公家に訴え申さしむべしと云々。

加賀の林光家が先月八月九日の御堂供養、すなわち鳥羽で行われた金剛心院供養の日に恩赦されたことに、「山」すなわち延暦寺の悪僧が憤激し、日吉社の社頭（社殿の前）で蜂起した頼長を呪詛するとともに、延暦寺の管理職である僧綱を通して、朝廷に訴える動きを示したといというのである（なお、「呪咀」は古くは「しゅそ」と読んだ。表記も後代から「呪詛」となる）。ついで信範は次のように記した。

件（くだん）の光家の事、山僧、徒年の罪に定め申し禁ぜしむる間、今度の赦令、左府、執奏し申し免ぜらるる由来と云々。

「徒年」とは、徒刑に服する年数を意味する。徒刑とは今日の懲役刑で、獄に拘禁して労役などに服させる刑罰である。山僧が徒年の年限を定めたというのは、徒刑に服役させる年数が山僧の要求通りになっていたことを意味する。ところが、頼長の要請で赦免されたことに延暦寺僧が怒り、恩赦を主導した頼長を呪詛の標的としたのである。

さらに九月七日条には次のように記されている。

叡山の僧綱相実法印以下十一口、ならびに已講・三綱ら、衆徒の使いとして京極寺に集会し、鳥羽殿に率参し、光家赦免の事を執奏する也。

京極寺は東京極三条にあった延暦寺の末寺である。ここに集合した僧綱が衆徒の使者として鳥羽殿にみな参入し、光家赦免のことについて院に奏上した。むろん、恩赦取り消しを要求したのである。三日条に見えた僧綱による訴えが実行されたことになる。

院は次のように裁定を下した。

山僧の申すところ、なお非理の由、左府これを申さると雖も、重ねての訴訟、専ら黙止しがたし。請うによりてまた光家を召し禁ぜらるべき旨、僧綱らに仰せ含めらる。

光家の恩赦取り消しの要求は「非理」、すなわち理屈に合わないと頼長は抗議したが、鳥羽院は重ねての訴訟は無視できないとして、再び光家を禁獄するということを、僧綱たちに伝えた。ここで注目されるのは、その後の院の行動である。

また職事をもって関白殿に申さる。即ち別当に宣下せられおわんぬ。左府に内覧すべからざる由、殊に職事に仰せらると云々。僧綱、裁を蒙り悦びを抱きて退出すと云々。

院は、恩赦取り消しを命ずる際に、関白に内覧させ検非違使別当に宣下した。この時、命令を取り次いだ職事（担当の蔵人）に、頼長に内覧させてはならないと命じているのである。院は、反対が予想される頼長を避けて、忠通を利用して宣下したのであった。院が巧みに二人を使い分け、頼長の権力が制約されていることがわかる。これを聞いた僧綱は喜んで帰って行った。

右の記事に続いて、信範は延暦寺における頼長に対する呪詛について記している。

去る二日、山上において百壇大威徳供を始行す。座主以下僧綱、仏供・明油等を調え上ぐ。偏に裁許を起請するにあらず。多くこれ左府を調伏し申すと云々。

延暦寺では、座主以下の僧綱たちが百壇の大威徳供を始めた。この供養は邪悪を打ち破る大威徳明王を供養するものであったが、これは光家赦免取り消しの裁許を求めるものではなく、なんと頼長を調伏、すなわち呪詛するものだったのである。延暦寺の激しい抗議の結果、鳥羽院の命で光家は再度禁獄されてしまった。

事件の背景

林光家と延暦寺との衝突はどのようなものであったのか。このことを具体的に記した史料はないが、光家の拠点の所在地から推測は可能である。彼は加賀の豪族で、鎮守府将軍藤原利仁流の武士であった。室町時代に守護となる富樫氏、加賀・越前で勢力を有した斎藤氏なども利仁の子孫を称している。

その拠点は白山の麓であり、延暦寺領となった白山宮の荘園加賀馬場（現石川県白山市）の所在地と重複する。したがって、白山宮の所領を拡大しようとする延暦寺・日吉社の勢力と、現地の豪族光家が激しく衝突したものと考えられる。

二十年余りのちの安元三年（一一七七）、白山宮と院近臣西光の息子加賀守藤原師高とが加賀馬場をめぐって衝突し、延暦寺の大規模な強訴が勃発している。この強訴が、やがて鹿ケ谷事件を引き起こすことになる。加賀馬場は、白山宮、延暦寺が勢力拡大を図り、常に周辺の武士や国衙と衝突する場所であった。

光家は「林大夫」とあるように、大夫、すなわち五位に昇っており、単なる地方武士ではなく京で活動していたとみられる。在京していたがために、京の獄に禁じられたのである。また、頼長の強い庇護、頼長に対する延暦寺の憎悪などから、光家は頼長の家人とみられる（浅香年木氏『治承・寿永の内乱論序説』）。頼長は、自身が統率する摂関家に属する家人を保護したために、延暦寺と衝突したのである。頼長が摂関家関係者を統制、保護しようとして他の宗教権門と衝突したという点で、これまで彼が惹起した紛争と共通する面がある。

頼長は日記『台記』九月九日条に、光家の恩赦取り消し、再禁獄を「非理の甚だしきこと未曾有」と憤懣を記したが、鳥羽院の決定には従うしかなかった。頼長と延暦寺の対立は、翌年になっても継続する。

一方、林光家は、『尊卑分脈』（第二篇三一一頁）に「宣旨を蒙り、誅せられおわんぬ」とある。この文言は合戦で討たれたことを示唆するが、出獄後に加賀で殺害されたのか、保元の乱に加わって敗死したのか、判然としない。いずれにせよ、彼も主君頼長同様に滅亡の運命をたどったのである。

三　白河御塔供養・藤原光房の死去・為朝濫行

白河御塔供養

十月二十一日、亡き叡子内親王（鳥羽院の皇女）を供養する白河福勝院の御塔の供養が行われた。叡子の生母は美福門院であるが、生誕まもなく高陽院の養女となり、保延三年（一一三七）四月に准三宮を宣下された。しかし、久安四年（一一四八）十二月にわずか十四歳で亡くなっている。今回の供養は養母の高陽院が主催する形をとったが、実質的には鳥羽院主導で行われた。

信範は高陽院院司としてこの儀式に臨んだ。しかし、忠実・頼長の圧迫に苦しんでいた信範は、当然忠実・頼長派の家司たちの行動に厳しい視線を投げかけることになる。とくに、儀式の舗設の杜撰さは到底許しがたいもので、その批判は辛辣で多岐にわたった。

まず、舗設について。先例では供花料を据える机は、塔の中の仏壇に添えるべきなのに、戸外にあった。また法会における唄師の座も、塔の中央正面に敷くべきものが戸外にあったとして、ともに「**例にあらず**」と非難している。御仏開眼供養の布施を四位の院司源顕親・同師国が渡したが、公卿院司一人が被物を取るべきとして、「**例となすべからず**」と記した。

そのほか個々の批判もあるが、最後に記された全体に関する批判を取り上げておこう。まず「**本所の布施の法、甘心せられず**」と布施の在り方を批判し、さらに次のように記した。

本御堂の御仏、仏供を備えず、灯明を供えず、専ら失也。
大堂供なし。三綱已下、布施・供養なし。同じく失也。

信範は得意の「失」を連発し、散々にこき下ろしている。忠実・頼長派家司たちのいい加減さに、信範は憤懣を抑えきれない。もっとも、これは敵意に満ちた見方であったから、担当者にはそれなりの言い分もあったのかもしれないが。

藤原光房の「過労死」

十月二十八日、仁平四年が久寿元年と改元された。信範の先輩家司でもあった権右中弁藤原光房は、太政官における改元の吉書を奏し、ついで関白忠通のもとで太政官方・政所方の吉書を奏している。そんな活躍を見せた光房が、十一月十日に急逝したのである。十日条に信範は以下のように記した。

権右中弁光房朝臣、巡役により、日ごろ催しを蒙る。年来の所労、この間陪（倍）増す。改元の吉書、奉幣の行事等、相構えて勤仕する間、いよいよ増気あり。よって祭の行事固辞すと雖も、再三の院宣により、ついに下向せんと欲するところ、今朝獲麟（麟）、巳の刻に死去しおわんぬ。生年四十六。

「祭の行事」とは、弁官が担当する春日祭の奉行のことで、この日、順番に当たっていた光房が派遣されることになっていた。しかし、年来の病気が悪化したところに、先述の改元の吉書、その他の奉幣の行事などを「相構え」（神経をすり減らして）務めたので、いよいよ病気は増悪していた。

そこで光房は辞退したが、鳥羽院は許さず再三院宣を下したので、無理をして下向しようとしたところ、今朝病状が急激に悪化し、巳の刻（午前十時）ごろに死去したという。「獲麟」とは物事の終わり、ここでは危篤状態に陥ることを意味する。

彼は実務官僚系近臣の中心藤原為房の孫、父は参議為隆、叔父は「夜の関白」と呼ばれた白河院の腹心顕隆である。六位蔵人を皮切りに、左近衛将監・摂津・伊賀守、中宮少進・大進、勘解由次官、春宮大進、五位蔵人、右少弁を歴任した。崇徳天皇の中宮聖子の大進を務め、少進信範の上司だったことは先述した。五位蔵人・弁官となる実務官僚は、受領経験が僅かであることもわかる。

当時の兼帯、正四位下権右中弁、中宮亮、内・院の殿上人、関白殿の執事、同北政所の年預等也。生死無常の習、朝暮不定の堺、知りていよいよ存知すべきか。

古語の「当時」は、現代語の「現在」を意味する。この時に光房は太政官の実務を担当する権右中弁であり、中宮呈子の亮、内裏と鳥羽院の殿上人、そして忠通の政所の中心である執事家司、北政所宗子の年預家司を務めていた。弁官として太政官実務を、そして中宮呈子、関白忠通、その北政所宗子の家政を取り仕切っていたのである。今でもそうだが、有能な人物に仕事が集中する典型といえる。

信範の活動が物語るように、煩雑な儀式や、家政の運営が連続することを考えれば、その仕事量は膨大なもので、光房はまさに過労死である。彼は「年来の所労」とあるように、持病を抱えていたが、『台記』十一月十日条によると飲水病、今日の糖尿病であった。十月十日の維摩会行事は免除されたものの、今回の春日祭使は院の意向で辞退できず、ついに亡くなってしまった。光房とともに忠通や聖子以下の摂関家一族の家政を支え奮闘してきた信範は、三歳年長の光房の急死に「生死無常」を痛感したのである。

ちなみに、光房の子経房が鎌倉時代初期に親幕府派公卿として活躍し、その子孫吉田家が実務官僚として大きく繁栄したことは、光房にとってはせめてもの慰めといえよう。

源為朝の濫行

最後に、武士に関する事件を紹介しておこう。先述のように十月二十八日に改元があり、久寿となった**十一月二十六日条**の裏書に、鎮西八郎として知られる源為朝に関する記事がある。彼は忠実・頼長に仕える河内源氏の武将為義の八男である。

頭弁、院宣により大夫尉為義停任の事を宣下す。男為知、鎮西において濫行を事となす。その間制止を加えず、召し進めざる犯也。

頭弁は蔵人頭兼右中弁の藤原光頼で、彼は鳥羽院の院宣によって、源為義の左衛門大尉の停任を宣下した。これは、その息子為知が九州で濫行したにもかかわらず、制止しない上に、京に呼び寄せなかったためである。「為知」は為朝の誤記だが、これは刊本の誤植ではなく、浄書本でも信範は最後まで「為知」と記している。

『兵範記』には鎮西下向や濫行の詳細は見えないが、『保元物語』（上、新院為義ヲ召サルル事）

によると、為朝は鎮西に下向、豊後国「ヲトナシガ原」に居住して、十三歳から周辺に勢力を拡大し、ついには九州一帯を制圧し「鎮西ノ総追捕使」を称したという。為朝は保延五年（一一三九）の生誕とされるので、十三歳というと仁平元年（一一五一）になる。この当時、豊後守は紀宗広で、その前任も源季兼と、摂関家家司が続いており、さらに忠実が久安五年まで大宰府も知行していた。

当時、父為義は忠実の家人となっていたから、為朝の豊後国下向に摂関家の支援が関与した可能性が高い。また、『保元物語』（上、新院御所各門々固メノ事付ケタリ軍評定ノ事）に、摂関家領島津荘を支配する薩摩国の阿多権守平忠景（原文「アワ（タ）ノ平四郎忠景」）が為朝を婿に迎えたとするのも、為朝の下向と摂関家との関係を示唆するといえよう（野口実氏『列島を翔ける平安武士』）。

しかし、先述のように忠実は大宰府から播磨知行に移り、豊後守宗広は保元の乱後も活動していることから、忠通派となったと考えられる。こうした状況の変化から、為朝の活動に弾圧が加えられたのであろう。父為義の検非違使・左衛門大尉まで解任されたのは忠実・頼長派に対する抑圧である。

しかし為朝はこれで屈服することはなかった。彼は久寿二年（一一五五）四月に豊後国で暴れまわり、大宰府管内全域で為朝の追討が命じられるに至った（『百練抄』四月三日条）。河内源氏も、為義や為朝らのように忠実・頼長に従う者と、為義の長男義朝のように院近臣と連携する者とに大きく分裂する。その結果、保元の乱における父子相克がもたらされるのである。

第三部　保元の乱前夜

——久寿二年〜久寿三（保元元）年

『兵範記』保元元年7月5・6日条（陽明文庫蔵）

第一章　久寿二年前半――孤立する頼長

一　正月の出来事

忠通家の火災と皇嘉門院昇殿

頼長や彼の周囲で紛議が相次ぐ中、年が明けて久寿二年（一一五五）を迎える。保元の乱は、もう翌年に迫っていた。この年の正月儀礼を忠通は勘解由小路烏丸殿で、頼長は氏長者として東三条殿で行っていた。例年のことではあるが、東三条を明け渡していることに忠通も内心は穏やかではなかったであろう。

粛々と正月の儀礼が続いていた三日、忠通邸の西方で火災が発生した。同じ勘解由小路で、忠通邸のある烏丸から僅か二筋しか離れていない町尻の東辺が火元であった。

北方火あり。営々殿下に馳せ参る。勘解由小路の南、町尻の東辺に出来す。火焔熾盛、四方焼亡す。殿下御所の南・西・北三面、焼けおわんぬ。

平安京では、再三内裏が焼失したのをはじめ、火災が頻発していたが、『兵範記』に摂関家邸宅に関する火災が記録されたのは初めてである。自宅にいて火災に気づいた信範は、忠通邸に向かった。「営々」とは、あちこち動き回る、あるいはこつこつと仕事を続けるといった意味に用いられるが、ここでは信範が必死になって忠通のもとに馳せ参じたことを表している。火元は、忠通邸の近隣で、その火炎は「熾盛」とあるから極めて強く、忠通邸にも燃え移り、南・西・北の三面が焼けてしまった。しかし、幸いなことに邸宅そのものの焼失は免れた。

人勢をもって禦がるる間、希有にその難を遁れおわんぬ。女房皆車に乗り、公卿以下済々参会す。巳の刻、余炎滅しおわんぬ。上下分散す。

（※「難」「滅」―刊本の「滅」「滅」をそれぞれ影印本で訂正）

「人勢」とあるように、大勢が消火活動に従事したおかげで、辛くも邸宅の焼失を防ぐことができた。この火災で女房たちは牛車に避難し、逆に見舞いの公卿たちが駆けつけ騒然とした様子が窺われる。巳の刻（午前十時ごろ）、出火した辰の刻（午前八時ごろ）から二時間ほどで鎮火し、集まった人々も分散している。この日は、皇嘉門院と忠通の拝礼が予定されていたが、火災のおかげで南面の装束や殿中の舗設は「**散々、なきがごとし**」という有様になり、大急ぎで修復が行われた。忠通にとっては、正月早々とんだ災難となってしまった。

この間、信範は皇嘉門院の昇殿を許されたので、急いで女院の御所に赴き盃酌が行われた。急なことで然るべき勧盃の人がなく、有官の侍が担当している。信範は、かつて中宮少進として仕えた皇嘉門院聖子に、再び近侍することになった。息男信義も女院に判官代として仕えていただけに、感慨も深かったであろう。

信範は忠通・北政所宗子、基実に慶賀を申し上げたのち、皇嘉門院に参入した。公卿たちとともに拝礼し、慶賀を申し上げ、皇嘉門院蔵人の藤原範貞が殿上の簡に名前を付した。次いで彼女の夫崇徳院にも慶賀を奏した。翌年に待ち構えていた貶謫という残酷な運命を、信範も予測だにしなかったことだろう。そして、取り次いだのは院の蔵人平長盛。彼は忠正の子息で、保元の乱で刑死する運命にあった。

頼長の正月大饗

正月二十一日、頼長は東三条殿で正月の大饗を行った。これについて信範は、以下のように記している。

左府、東三条亭において大饗を行わる。これ由緒なしと雖も、往昔の大臣家、正月の大饗、毎年これを行う。さらにその例に准え、今張行せらると云々。

大饗は、すでにご紹介した朱器大饗に代表される大規模な宴会を意味する。今回は朱器を用いたものではないが、大饗には莫大な費用がかかり、そう簡単に行うことはできない。信範が「由緒なし」としたように、大饗を行う然るべき理由もないのに、往年の大臣家では毎年正月に大饗を行っていたとして、頼長は「張行」、すなわち強引に行ったというのである。この言葉に批判が込められているのはいうまでもない。

この時期の『台記』の記述が欠けているので、この大饗に関する頼長の意図はわからないが、大饗を行うことで彼の権威を見せつけると同時に、摂関時代に大臣家の大饗が毎年正月に行われた先例を復興しようとしたのであろう。頼長は内覧となって以降、朝廷・摂関家において「旧儀復興」、すなわち往年の儀式の復活を目指していたので、大饗開催もその一環とみられる。

大饗の中で、尊者に盃を勧める儀式において、少納言藤原実経の作法が、寛弘五年（一〇〇八）に道長が行った大饗における藤原資平の作法に通じるとして、信範は次のように記した。

尤も可也。古（故）実というべきものか。

「尤も可」は称賛の言葉である。何かと批判することが多い頼長の儀式について、信範が讃辞を記すのは珍しい。頼長も先例をよく調べたのであろう。

今日、下官、高陽院の御方に祗候する間、密々に休所の簾中において、次第の作法等を伺い見る。粗後鑑のため記録するところ也。

これによると、信範は大饗を見物するために来訪した高陽院の方に伺候し、のちの参考のために記録したとしている。それに続いて書き記したのは、やはり厳しい批判であった。

菓子・魚貝・禄の掛以下、ならびに史生・使部、尊者の陪従・随身・牛飼の饗等、色法に任せ、所の大小にしたがい、御庄園、および法成寺・平等院領等、併しながらこれを宛て課さる。この条、さらに先例なし。今、新儀を巧み行わるるところ也。

（※「貝」―刊本の「具」を影印本で訂正）

菓子以下の品々、史生・使部、尊者の陪従以下の下級職員の饗は、摂関家領、法成寺・平等院の荘園に全部負担させたが（「併しながら」は「全部」の意）、これは先例になく「新儀」によって行われたとした。先例にない新儀は不適切で非難の対象となる。頼長は権威のために強引に大饗を行い、その負担を荘園に転嫁したことになる。

このほかにも、信範は鷹や犬を引き出物としたことも、「**いまだ曾て聞かず**」と批判している。こうした強引な大饗の挙行にも、何とか権威を示そうとする頼長の焦慮が反映していたのであろう。それが、次のような事件を招いたのではないだろうか。

二　頼長一行と平信兼との闘乱

事件の勃発

二月一日、頼長は伊勢平氏の武将左衛門尉平信兼（のぶかね）一行と闘乱事件を惹起（じゃっき）する。第二部第四章で見てきたように頼長はいくつもの闘乱を惹起したが、これまでと異なり今回は彼自身が事件に巻き込まれてしまった。まずは、事件に関する信範の記述を見てみよう。

今夕、左府ならびに右将軍、車を連ね退出せしめ給う間、西堤の辺りにおいて、左衛門尉平信兼、両殿に逢い奉る。信兼、下車し樹下（じゅげ）に蹲居（そんきょ）するところ、舎人（とねり）・居飼（いかい）ら、車ならびに信兼を打つ。信兼、身に及び恥を存じ、従類相伴（しょうばん）し、急ぎ濫行を致す。

鴨川の西の堤付近で、左府頼長・右将軍（右大将）兼長一行と出会った武士の平信兼は、車を降り樹木の下で蹲踞し、二人の通過を待っていた。ところが、頼長一行の舎人・居飼といった下級の従者たちが信兼の車ばかりか、信兼の身を打ち据えた。暴行が自身の身に及んだことを恥と感じた信兼は、「従類」（郎従）たちとともに反撃に出たのである。

信兼も軍事貴族の一員で、当時は六位であったが代々受領に昇進してきた高い家柄に属する。身体への危害は耐え難い上に、手を出したのが左大臣の従者とはいえ、彼よりも身分の低い舎人や居飼であったから、我慢も限界に達したのである。

御随身府生武弘の移馬ならびに従者一人、矢に中り斃れ死におわんぬ。同じく重文の袖、これを射抜かる。大将殿の番長兼清の右の指、これを射切らる。牛童、同じく射られ、死におわんぬ。このほか刃傷せらるる者、なお両三あり。

信兼は有力な武士であるから、その家人たちも当然武芸に優れていた。彼らが反撃すれば、随身や舎人が太刀打ちできるはずもなく、たちまち頼長側の人馬が殺傷されてしまった。もっとも殺害されたのは身分の低い従者や牛童、それに移馬で、随身本人は殺害されず指や袖を射られただけであった。おそらく信兼はもっぱら威嚇のために射かけたのであろう。これに恐れをなした頼長一行は、車を連ねて大慌てで東三条殿に逃げ帰り、鳥羽院に事態を申し上げた。一方、信兼の帰宅後、その父盛兼も院に馳せ参り事情を申し上げている。

信範の感想と事件の背景

この事件に接した信範は、二月一日条の最後に次のような感想を記した。

末代の狼藉、事に触れて多しと雖も、公卿以上、未曾有の事也。何ぞ況や執政の人をや。積悪の致すところ、天の然らしむるか。希代の勝事也。恐るべし懼るべし、恐るべし懼る

べし。

（※「勝」—刊本の「珍」を影印本で訂正）

末代、すなわち末の世に狼藉は多いとはいえ、公卿以上がそんな事件に巻き込まれるのは未曾有で、まして内覧という執政の者にそんな例があろうはずがない、と信範は呆（あき）れている。頼長が悪事を積み重ねてきた結果、天が頼長をこのような目に遭わせたのだと、まさに筆誅（ひっちゅう）を加えた。

たびたび理不尽な抑圧を受けてきた信範が頼長を罵倒するのも当然だが、今回の事件については、信範ならずとも頼長に厳しい批判を加えないわけにはゆかない。橋本義彦氏（『藤原頼長』）が指摘するように、信兼は道の脇に蹲踞し頼長一行に敬意を表していたにもかかわらず、頼長の下級の従者が暴行を加えたのだから、非はもっぱら頼長側にあった。このような事件で世間を騒がせば、鳥羽院の信頼が失われるのはいうまでもない。

では、なぜ頼長は反撃を誘発するほど信兼を暴行したのだろうか。もちろん、信兼の側に記録に残らない非礼があった可能性もあるし、酷薄な頼長の性格も影響したのであろう。実は頼長には信兼を疎む理由があった。信兼の父盛兼は信範と親交があり（『兵範記』仁平三年四月二十九日条・十一月十九日条）、さらに関白忠通の家司（けいし）が代々受領を務めた和泉守（いずみのかみ）となっていた（拙稿「和泉守藤原邦綱考」）。したがって、盛兼は忠通に近い武士であり、その子信兼も同様の立場にあったとみられる。このため、頼長は日ごろから忠通に近侍する信兼を嫌悪しており、そのことが闘乱の一因と思われる。

その後、**二月八日**に父盛兼は一族の名簿を捧げて頼長のもとを訪れ、謝罪して臣従する姿勢を示した。頼長もこれを許容するが、信兼の名簿ばかりは返却した。そして**二月二十一日**、信兼に対する罪名勘申が命じられ、四月十四日に解官となって一件は落着した。

後述するように、信兼は翌保元元年五月には許され、保元の乱ではもちろん後白河・忠通方に参戦している。この一族は伊勢平氏の傍流で、盛兼の父兼季は平正盛の従兄弟にあたるが、正盛・忠盛・清盛から独立した軍事貴族として活動していた。ちなみに、治承四年（一一八〇）八月、源頼朝が伊豆で挙兵した際に最初に討たれた同国の目代平（山木）兼隆は、信兼の子であった。

三　春日祭上卿師長

忠実の急病

二月六日、権中納言中将藤原師長が春日祭上卿として南都に下向した。前年の兼長に続き、頼長の子息が二年連続して大役を務めたのである。師長は前年の十一月に権中納言に昇進していた。元服と同様、祖父で養父の忠実が差配している。

前年に続く子息の春日祭上卿勤仕は、氏長者頼長の権威を見せつける機会になるはずであった。しかし、滞りなく遂行した兼長とは裏腹に、今回の師長は最初から不測の事態に見舞われ、その後も混乱や瑕疵が相次ぐことになる。

まず二月四日、今回の上卿の儀式を沙汰する忠実が、急病に見舞われてしまった。彼は、宇治から船で上洛しようとしたが、船中で体調を崩し、宇治に帰る騒ぎとなったのである。

宇治殿、御京上あり。小巨倉において御船を召し、下らしめ給う間、船中において心神不快、急に引き入らしめ給う。（中略）深更、左府、馳せ参らしめ給う。その時蘇生、手輿に移りたまい、小松殿に還御すと云々。

小巨倉は現在の宇治市小倉付近で、摂関家領荘園に属し、巨椋池に面した港湾施設もあった。ここから京に向かって宇治川を下ろうとした忠実は、船中で意識を失ってしまい、すぐに回復しなかった。深夜に頼長が駆けつけ、ようやく「蘇生」し、手輿に乗って宇治の小松殿に帰っている。

忠実はこの時七十八歳、当時としては大変な高齢であった。師長の上卿勤仕をあれこれ指図する繁忙に加えて、頼長の不祥事が重なったために、心労で体調を崩したのであろう。一時的に意識を失ったとみられるから貧血であろうか。

翌五日には、これを知った公卿以下が、京から車を連ねて忠実のもとに馳せ参じたとあるから、彼の影響力は健在であった。

ただし、今朝以後、御気色別事なし。しかれども、明日の春日祭の上卿進発猶予の由、議定ありと雖も、禅定御承引なし。左府・大将軍・中納言中将、申の刻京上し、東三条に帰る。御出立の事ありと云々。

忠実は朝から回復していたが、心配した周囲は師長の出立を一日延期することに決定した。

しかし、「禅定」（忠実）はこれを承知せず、師長は予定通り進発することになった。そこで、左府頼長と兼長、そして師長は京の東三条殿に上り、翌日に備えた。大将軍は近衛の大将を意味し、右大将兼長のこと、中納言中将は師長である。

師長の進発

忠実の急病で出鼻を挫(くじ)かれた師長だったが、予定通り二月六日、彼は春日祭上卿として、忠実の差配のもと、東三条殿を出立する。

天晴る。中納言中将、春日祭の上卿により、入道殿の御沙汰として南都に発向せらる。東三条より出で立たしめ給う。

信範も昨年に続いて前駆を務めるため、東三条殿に参入した。

次いで行列を渡さる。（中略）**次いで前駆の殿上人以下(いげ)、去年の如し。下官、閑所(かんじょ)に退去し南庭を渡らず。**

前駆たちは去年のように頼長らの前の南庭を行進したが、信範はこれに加わらず、「閑所」（人気のない場所）に退去していた。注目されるのは次の記事である。

右馬助盛業(もりなり)、中門において行事す。前例、然るべき家司、中門廊（中略）**において南庭の次第を奉行す。今度その仁なし。執事親隆朝臣、参仕せず。奇しむべし、これを尋ぬべし。**

前駆が集まる南庭の儀式の行事は、然るべき家司が勤仕するのだが、この日は家司より格下の職事(しきじ)に過ぎない源盛業が担当していた。本来担当すべき執事家司藤原親隆が来なかったのである。忠実・頼長への反発があったのかどうかは不明確だが、信範は「奇しむべし」と、思わせぶりな書き方をしている。

行列は乗尻・居飼を先頭に前駆が続く。前駆は六位、諸大夫、鳥羽・崇徳両院の北面、地下公達、院・内殿上人ら、都合百人にのぼった。興味深いことに「武士十五人」が参加したと記されている。前年の源為義は諸大夫の一員と記されていたが、武士が別記されているのは注目してよい。ただ、その具体的な人名が記されておらず、別記された理由は判然としない。また帰路の綺河原で行われたはずの笠懸の記述もなく、残念ながら担当者も不明である。

一行は昨年の兼長と同様、鳥羽作道を通って鳥羽殿に向かい、ついで宇治に向かった。鳥羽殿の桟敷では鳥羽・美福門院が見物している。

行列、北殿北大路より東行し、東殿の北を経て川原に出ず。深草の土取りに至り、宇治路に向かわれおわんぬ。下官、鳥羽の東辺において留まりおわんぬ。他の人多くもってかくの如きか。

昨年は全行程を随行し奈良に赴いた信範であったが、今回は鳥羽の東辺から引き返し帰京している。信範ばかりではなく、他の人たちも多くがこのような状態であったという。前駆の人々に前年のような熱意がなかったのは疑いない。

熱意の欠如、行事の混乱

信範は前駆の人々について、次のように記している。

内・両院・両女院の殿上人百余人、布衣去年の如し。ただし尋常を存ずと雖も、別して過差を尽くさざるか。本所等の催し、おのおの苛（呵）責に及ぶ。下官、両度院宣を蒙り、なまじいに京ばかりに参勤しおわんぬ。

（※「苛」―刊本の「共」を影印本で訂正）

両院は鳥羽院・崇徳院、両女院は高陽院・美福門院であろう。忠通の娘皇嘉門院の殿上人は参加しなかったと考えられる。百人余りの殿上人の装束は「尋常」で、とくに「過差」（身分違いの贅沢）を尽くすことはなかった。彼らは、この行事を晴れの場として張り切って装いを凝らそうとはしなかったのである。

しかも、彼らが属する「本所」（殿上人として仕える主君）の催促は「苛責」（呵責）に及んだというから、嫌がる者を強引に参加させた様子が窺える。信範も鳥羽院から二回の催促を受けて、しぶしぶ京の付近だけ随行したというのである。さらに次のような記述もある。

成雅・行通・俊通朝臣らのほか、近衛司、然るべき公達、供奉せず。人々もしくは所存あるか。不審也。

頼長と親しい源成雅らを除く近衛の官人、あるいは家柄の良い公達たちが供奉しようとしなかったのである。信範は「所存あるか」として、単なる偶然ではなく、彼らに思惑があったことを示唆している。もちろん、二年連続の奈良下向が大きな負担であったのはいうまでもない。しかし、あろうことか執行家司をはじめ、多くの貴族たちが参入しなかった背景には、やはり忠実・頼長に対する反発、さらには彼らの求心力の低下が関係していたのは疑いない。

翌二月七日には奈良で祭礼があったが、夜からの大雨が終日降り続く散々な天候となった。佐保殿のあった宿院の儀式も「**その儀、泥**(でい)**の如し**」とあるから、正体を失ったように極めて怠慢な状態で、「**およそ祭の庭の次第、毎事違乱と云々**」とあって、大混乱に陥ったのである。参加者の士気が低下していた上に、藤原親隆のような練達の家司がいなくては致し方ない。

一行は**二月八日**に帰京し、宇治では回復した忠実が、また鳥羽では一昨日と同じく鳥羽院が見物していた。鴨川の河原付近で二、三十人ばかりが出迎えたが、信範は行こうともしなかった。

四　頼長北政所幸子の死去

相命の修法と延暦寺の「満山呪咀」

五月二十四日、頼長の正室であった北政所藤原幸子（一一一二―五五）が重病に陥った。

左府の北方(きたのかた)**の病の事、昨今日危急、すでに怖畏に及ぶと云々。**

後述のように彼女は同月九日から容体が悪化していたが、この日、重篤な状態となったという。何とも悪い時には悪いことが重なるものである。

同日、法成寺観音堂で六観音法が開始され、**五月二十八日**には幸子自身が、法成寺薬師堂で七仏薬師法を始めている。

今夕、左府の北方の祈、法成寺薬師堂において、七仏薬師法を始行せらる。法印大僧都相(そう)

命、これを勤修す。伴僧十二口。

法印大僧都相命（一〇八四―一一五八）は、延暦寺僧で、権大納言藤原宗俊の子という高い家柄の出身であった。彼は十二口（「口」は人数を数えるのに用いる接尾語）の伴僧とともに法会を行うが、この伴僧について信範は次のように記している。

本の支度廿口、門徒・弟子を嘱請するところ、満山の呪咀により抑留せらる。よって十六口に減らさるるところ、山僧下らず。なおもって不足す。よって十二口、これを用いる。その中、僧綱、もしくは然るべき人なし。阿闍梨覚勝、護摩壇を勤行す。

（※「勝」―刊本の「然」を影印本で訂正）

当初、伴僧は二十名の予定で、延暦寺の門徒や相命の弟子を招請したところ、延暦寺は何と「満山の呪咀」という状態だったので僧侶たちは抑留された。このために、十六名に減らされたが、山僧、すなわち延暦寺僧が下山しなかったためにさらに不足し、十二名になってしまった。しかも、その十二名に僧綱や名の通った僧はいないという有様であった。

「満山の呪咀」の対象はむろん頼長である。この原因は、第二部第七章で述べた前年の林光家の赦免にあったと考えられる。赦免は取り消しになり彼は再度投獄されたが、延暦寺と頼長の関係は依然として険悪であった。さらに、相命法印も災難に見舞われることになる。

相命法印、大衆がために山上を掃わると云々。御堂の司により山門の欝念を顧みず、この法を勤行すと云々。

延暦寺僧だった相命は、頼長の要請に応じて修法を行ったために、延暦寺大衆によって山上から追放されてしまったのである。彼は、もともと「御堂」、すなわち藤原氏長者頼長が管理する法成寺に属していたので、延暦寺の頼長に対する反感を顧慮せず、この法を勤仕したのであった。なお、「掃う」とは、「退ける」という意味になる。さらに信範は祈禱を開始した日次も批判する。

今日、羅刹日、この大法を始行せらるるは如何。故に例となすべからざる也。

羅刹日とは、陰陽道で万事に凶事を招くとされる大変な悪日であった。そんなことも顧慮できないほど、頼長は追い詰められていたのである。

幸子の死去

六月一日、祈禱の甲斐もなく幸子は亡くなってしまった。信範は次のように記した。

今夕、左府の北政所卒去す。生年四十四。日ごろ病悩、去月九日以後、危急。十三日、高陽院の御所を出で、公親朝臣の宅に渡り給う。この間陪（倍）増し、入滅を遂げしむる也。厳親内府・左府・右大将・新中将ら、籠もり給いおわんぬと云々。

享年は四十四。五月九日から病気が重篤となっていた。彼女は占いによって、頼長と同居していた高陽院の御所から実弟の藤原公親朝臣（一一三一-五九）の邸宅に移り、ここで没したのであった。公親は当時左少将、頼長の養子という親密な関係にあった。幸子の死去により、父の内大臣藤原実能、左大臣頼長、右大将兼長、新中将隆長が服喪することになった。頼長との間には子供はなかったが、家嫡の兼長と、三男で兼長の同母弟隆長の二人は養子となっていたのである。
幸子が死去したその日、幸子が相命を招いて始めた法成寺薬師堂の七仏薬師法、そして彼女が危急になった時に開始された同寺観音堂の六観音法（ろっかんのん）の壇は、作法に則って破壇された。インドでは修法が終ると所用の土壇を破壊するが、日本は木壇であるため、僧侶の観念の上で破壇するのである。法験がなかったことについて、信範は「**既に末法というべきか**」と慨嘆している。

六月八日、幸子の葬儀が行われた。遺体は、現在の京都市左京区にあたる、神楽岡（吉田山）東方の菩提樹院（ぼだいじゅ）の四至内にある父実能の堂領の北山に葬られた。菩提樹院は、長元九年（一〇三六）に、後一条天皇の菩提を弔うため母の上東門院（藤原彰子）が建立した寺院である。

葬儀は「**諸事、式法に任せ、さらに省略なし**」という丁重なものであった。頼長は他の公卿たちと歩行で葬列に従っている。頼長にしてみれば礼を尽くしたつもりだが、信範は、次のように批判した。

内覧の人、かくの如きの事、歩行の例、未だ曾て聞かずと云々。

内覧が葬列に徒歩で随行するのは先例がなく、軽々しいというのである。そこまで言われては、愛妻を想う頼長が気の毒になるが、頼長が丁重に妻を送ったのは何も長年連れ添った正室を失った悲しみだけが原因ではない。彼女の父内大臣実能や、その兄太政大臣（だいじょうだいじん）実行といった閑院流との関係が断絶することを恐れた面もあったのである。しかし、それも空しい結果となった。

翌七月、近衛天皇が亡くなった際、その皇位継承に関する議定（ぎじょう）において、頼長は服喪中を理由に参加を拒まれてしまった。そして、実能や実行は、彼らの外甥（がいせい）にあたる後白河天皇の即位により外戚の地位を獲得するや、たちまちに頼長との政治的連携を放棄したのである。

第二章　近衛天皇の死去

一　信範身内の不幸

藤原頼長の室幸子が重体に陥ったのとほぼ同時期に、信範の母藤原惟信の娘も重病に陥っている。このことが見えるのは、**五月二十八日条**である。

辰の刻ばかり、尼上、不例の気色あり。頃之して直られおわんぬ。事の体奇異。夜に入り八条堂に渡し申しおわんぬ。尾州ならびに権亮の女房、渡り居らる。下官、同じく宿し留まる。

（※「刻許（ばかり）」―刊本の「剋、件」を影印本で訂正）

辰の刻（午前八時ごろ）、尼上が体調を崩した。その後しばらくして持ち直すが、「事の体奇異」とあって、容体はただ事ではなかった。そこで最悪の事態に備えて八条堂（信範の父知信が建立した一間四面の堂舎）に移し、「尾州」すなわち尾張守藤原親隆室と、「権亮」すなわち皇后宮権亮藤原成隆室（ともに信範の姉）とともに、信範も看病にあたった。

二日後の**五月三十日**、さらに尼上の容体が悪化すると、頭弁藤原光頼室、安芸守平清盛室の時子も看病に加わった。光頼室は親隆の娘、時子は信範の兄時信の娘で、ともに尼上の孫にあたる。周知のとおり時子は宗盛・建礼門院（徳子）の母となり、清盛亡き後は平氏の家長として一門を率い、元暦二年（一一八五）の壇ノ浦合戦で安徳天皇とともに入水自殺するという劇的な運命をたどる。

その後、**六月六日**に「**尼御前、昨今日、別事なき也**」とあって、やや容体が安定した様子が窺われるのを最後に、尼上に関する記事は消えてしまう。悪いなりに安定し、持ち直したのであろう。勝浦令子氏（「家と家族」）によると、仁安二年（一一六七）、同三年の七月二十九日に遠忌が行われているので、この日が命日であり、久寿二年（一一五五）から仁安二年までの間の、おそらく『兵範記』が欠落した年の七月二十九日に亡くなったとみられる。

ついで**七月九日条**によると、今度は母を看病していた姉の藤原成隆室が体調を崩してしまった。信範は次のように記した。

皇后宮権亮の女房、去る朔日ごろ以後不例。看病のため、八条に向かう。

彼女は七月一日ごろから体調を崩していた。**十九日**に「**病悩火急**」となり、**二十二日**には出家している。母に加え、ともに看病に当たっていた姉までも重病に陥ったのである。

しかも、並行して忠通の北政所宗子の容体も悪化していた。後述するように、宗子は九月十五日に死去する。このため、**七月十七日**には皇嘉門院が母宗子の見舞いに九条殿に赴いたため、信範は供奉しなければならなかった。信範の心労も察するに余りある。

成隆室は出家後に一旦は持ち直したが、八十日にも及ぶ闘病の末、ついに**九月二十一日**の晩に亡くなった。先ほど述べたように、母は持ち直したと考えられるので、逆縁の不孝となってしまった。享年は五十、信範より六歳上の同母姉であった。信範は「**悲嘆の至り、言いて余りあり**」と深い悲しみを記している。

母は辛くも持ち直したとはいえ、姉が重病の床に伏し、主君忠通の正室もまた重篤な容体に陥った。信範の周辺で親しい人々が相ついで病魔に侵されていたのである。その最中、今度は重大な政治的意味を持つ不幸が朝廷を襲った。七月二十三日、近衛天皇が亡くなったのである。

二　近衛天皇の死去

天皇の死去

『兵範記』には、すでに二年前の仁平三年から、近衛天皇の病気に関する記事が散見している（**八月二十一日条**）。『兵範記』に天皇の容体の重篤化を伝える記事が初めて登場したのは**七月八日**であった。

主上、日ごろ毎事不予。去る朔日ごろ以後、御不食殊に甚だし。旁（かたがた）**御祈を行わると云々。**

これによると、天皇は七月一日ごろから食事ができなくなり、祈禱（きとう）が行われたという。このの ち、**十六日**、**十八日**に「**御薬**（おんやく）」が増悪したという記事が見える。「御薬」とは、貴人の病気の隠語である（斎木一馬氏「記録語の例解」）。

そして**二十三日**、天皇は亡くなった。信範は天皇の経歴を記している。

午の刻、天皇、近衛殿に崩ず。春秋十七歳。在位十五年。太上法皇第一宮、母は美福門院。保延五年五月十八日降誕。同六月、親王の宣旨を蒙る。すなわち皇嘉門院の猶子たり。同八月九日、皇太子に立つ。永治元年十二月七日、践祚・受禅。関白殿下、摂政の任にあたり、養祖の儀を兼ぬ。忝くも輔佐の臣として、晨昏の礼を受けしめ給う。

近衛天皇は、保延五年（一一三九）五月、鳥羽院と院近臣家出身の美福門院との間に生を受けた（「第一宮」とあるのは、天皇が鳥羽院の何番目の子か、信範が記憶していなかったためである）。摂関家やその傍流である閑院流、大臣家の村上源氏などと異なる、受領層・諸大夫層出身の女性を母とする最初の天皇であった。このため、美福門院の従兄藤原家成らの院近臣に支援されていた。

同時に、天皇は忠通の娘皇嘉門院の養子となっていたので、忠通は摂政であり、「養祖」すなわち天皇の義理の外祖父でもあった。天皇の外祖父で摂政という立場は極めてまれなだけに、大きな権威を有した。かつての藤原良房、兼家、道長が強い政治主導権を発揮したことは周知のとおりである。義理の関係とはいえ、忠通は近衛天皇の外祖父となったことが、忠通の立場を強化した面はあった。同時に、皇嘉門院の夫崇徳院にとっても近衛は養子であったから、鳥羽院が亡くなれば崇徳院政が実現した可能性が高かった（佐伯智広氏「鳥羽院政期王家と皇位継承」）。その意味で、近衛天皇の死去が政界に及ぼした影響は甚大であった。

近衛天皇の病状について、信範は次のように記している。

聖主、去々年の夏以後、御目恙ある間、もって不予。就中、去月以来、御膳例に乖く。日

を経て陪（倍）増す。

近衛天皇は、一昨年、すなわち仁平三年（一一五三）の夏以降、目を患って体調が悪化し、とくに先月から食欲不振となり、日を追うごとに容体が悪化したという。むろん、様々な祈禱が行われたが効果はなかった。寵后（ちょうこう）との間に生まれ、最も慈しんでいた皇子の死去が、すでに病気に侵されつつあった鳥羽院に大きな衝撃を与えたことはいうまでもない。しかも、当時は短命な天皇が多かったとはいえ、二十歳未満で亡くなった先例はなかった。そのことも院に深甚な心痛を与えたものと思われる。

先例の調査

一方、信範は忠通の命令で近衛殿にある忠通の直廬（じきろ）（執務室）に駆け付けた。そこで彼は忠通から次のような指示を受けている。

下官、殿下の仰せにより、御直廬に馳せ参る。仰せていわく、長元九年四月、後一条院、治暦四年四月、後冷泉院、嘉承二年七月、堀川（河）院、この三箇度、崩後の雑事次第の事等（とう）、内々に尋ね仰せらる。

（※「治暦四年四月」「箇」「雑事次第（の）事」—刊本の「治暦四年」「ケ」「雑事次第」を、それぞれ影印本で訂正）

忠通は、長元九年（一〇三六）の後一条、治暦四年（一〇六八）の後冷泉、嘉承二年（一一〇七）の堀河という三人の天皇が亡くなった後の雑事について、信範に尋ねている。この三天皇は譲位せずに亡くなっているが、当時は没後に「追号」を贈られる際に院を称したので、「院」と記されている。ここでいう「雑事」とは葬儀、埋葬などの先例と考えられる。そこで信範は、次のように記した。

予州・李部・右大丞記さるる事等、大略執啓す。

彼は公家平氏歴代の日記を調査し、その記述内容を忠通に報告した。「予州」は伊予を意味し、信範の曾祖父で伊予守を務めた平範国を意味する。その日記『範国記』に、長元九年における後一条天皇死去の記事があり、この部分は現存している。

これに対し、他の二つの日記は残念ながら現存していない。「李部」は民部省の役人の唐名（中国風の呼び方）で、民部大輔平経方のことを指す。彼は範国の子、信範の祖父にあたる。彼の日記に治暦四年のことが記されていたとみられる。「右大丞」は再三登場した時範のことで、日記『時範記』に嘉承二年のことが記されていた。

ついで信範は次のように記している。

また源右相府・都督亜相、ならびに御暦等下し給う。かの年々の巻、次第の事を勘出す。

これは、忠通が所蔵していた日記を信範に貸与し、三人の天皇死去に関する記述を調査させたことを意味する。

このうち、「源右相府」は村上源氏の源師房（一〇〇八―七七）で、彼は一時藤原頼通の養子となり、道長の娘（頼通の妹）婿にもなるなど、摂関家と緊密な関係にあった。このために日記が摂関家に伝えられたのであろう。日記は『土右記』と称されるが、現存するのはごく一部分に過ぎない。「都督亜相」は、大宰権帥で大納言であった宇多源氏の公卿源経信（一〇一六-九七）である。彼の日記『帥記』には、治暦四年の記事が含まれている。そして最後の「御暦」は、嘉承二年のことを記した忠実の『殿暦』と考えられる。

このように、信範は主君忠通の命を受けて、先祖の日記はもちろん、摂関家が所蔵する種々の日記から必要な記事を抽出し、儀式の在り方を調べている。こうした諸日記の調査も、「日記の家」に属する家司の仕事であった（松薗斉氏「家記の構造」、佐古愛己氏「『兵範記』（平信範）」）。

頼長の退出

近衛殿で亡くなった近衛天皇の遺骸は、乳母子の備中守藤原光隆（一一二七-一二〇一）らにより北向きに安置された。光隆は大国受領系院近臣のひとり清隆の子で、母藤原家子が天皇の乳母であった。光隆は、『平家物語』（巻第八、猫間）において、木曾義仲と対面して辟易させられる逸話を残した「猫間中納言」として知られる。

夕刻、大納言藤原伊通（一〇九三-一一六五）、権大納言同宗能（一〇八五-一一七〇）以下の公卿たちが参入し、天皇死去後の諸事を議定することになる。ここで注目されるのが、参内した頼長に対する処遇である。


前左大臣・中納言大将、参内し直廬に候わしめ給う。北政所の服を着せらるるにより、相憚らるるか。殿上憚りあるべき由、頭弁光頼朝臣申さしむと云々。すべて参内の条、

誇難あるか。随いてまた両人、密々に退出せられおわんぬ。

前左大臣頼長と嫡男中納言大将兼長は参内し、執務室である直廬に控えていた。これは、六月一日に亡くなった北政所藤原幸子の喪に服していたため、殿上間（てんじょうのま）への立ち入りは憚りがあると頭弁藤原光頼が伝えたためである。そればかりか、参内自体を控えるべきであるとする非難があり、頼長・兼長は退出を余儀なくされた。

かくして、頼長は皇位継承という大問題に関与できなくなったのである。こののち、九月十五日に関白忠通の室宗子が亡くなるが、後述するように彼女が出家していたことなどを理由に、忠通は服喪を回避し政務に参加している。忠通は服喪自体を回避したのに対し、頼長はすでに服喪していたので如何（いかん）ともしがたかったのである。室の死去を頼長排除の口実に使ったわけではない。

なお、「前左大臣」とあるのは、関白就任を促進するために、頼長があえて左大臣を辞任していたことを意味する（橋本義彦氏『藤原頼長』）。また師長が参内できたのは、祖父忠実の養子だったので頼長室幸子と無関係とされたためであった。

頼長らが退出したあと、頭弁光頼を通して鳥羽院の指示が伝えられた。

この間、蔵人頭（くろうどのとう）左中弁光頼朝臣、法皇の御使いとして参上す。新帝の事、且（かつがつ）沙汰あるべし。高松殿、新帝の宮たるべき由、殿下に申されおわんぬ。（中略）また旧主の凶事、大納言伊通卿奉行すべき由、同じく殿下に申されおわんぬ。

鳥羽院は蔵人頭藤原光頼を使者として、高松殿を新帝の里内裏とすること、近衛天皇の凶事

（葬送）は大納言藤原伊通が奉行すること等々を、近衛殿にいる関白忠通に伝えている（なお、ここでの「且」は、「取り急いで」の意味である）。殿上を追い出された頼長と、鳥羽院の命を受けて天皇没後の諸事を取り仕切る忠通の立場は対照的であった。

三　王者議定と後継天皇

王者議定

一方、鳥羽殿では鳥羽院を中心に、後継天皇を決める「王者議定」が行われた。天皇を「王者」とも称したわけで、必ずしも「皇」の字に拘（こだわ）っていたわけではない。信範は以下のように記した。

また鳥羽院において、入道右府・権大納言公教卿ら、御前に召し、王者議定あり。御消息両三度、殿下に往反する間、鶏鳴天曙、剣璽（けんじ）渡し奉る。

鳥羽殿にいた院の御前に、入道右大臣源雅定、権大納言藤原公教が召され、王者議定が行われた。「御消息」、すなわち書状を通して、忠通との間にも二、三回のやり取りが行われているので、頼長と異なり忠通は皇位継承問題に関与していた。

御前にいた二人のうち、雅定は第二部第七章で述べたように、前年の五月に病もないにもかかわらず出家して周囲を驚かせた人物である。しかし、この場に参加したことで、政治に対する関心を失っていなかったことがわかる。彼は藤原顕季の女婿、すなわち美福門院のおば（伯叔母）の夫であったので、女院の意向を受けて発言したものとみられる。

一方の公教（一一〇三–六〇）は太政大臣実行の息子である。従妹が頼長の室幸子であったが、彼女の死去によって頼長との政治的関係は失われていた。そればかりか、母が藤原顕季の娘であったから美福門院の従兄で、彼女の近親という点で雅定と共通していた。さらに、信西の嫡男俊憲を婿としていたので、その発言は信西の意向も反映したとみられる。

議論は長引き、後継天皇が決まったのは翌朝であった。議定が紛糾する間、天皇は不在だったことになる。『百練抄』に「王位空しきこと一日」とあるのはこの事態を指す。そして皇位についたのは想定外の雅仁親王、のちの後白河院だったのである。

早旦、前蔵人頭光頼朝臣、法皇の御使いとして、第四親王雅仁をもって登用せしむべき由、殿下に申さる。すなわち同朝臣、新帝の雑事、院宣により申し行う。殿下、且つは先例に任せ、且つは当時の便にしたがい、これを評定せらる。

翌二十四日、前蔵人頭藤原光頼が鳥羽院の使者として、忠通に第四親王雅仁、すなわち後白河天皇の登用を伝えた。光頼は近衛天皇の蔵人頭だったので、本来なら天皇の死去でその役職を終えているが、院の命で新帝の雑事を行っている。また、近衛天皇に任じられた関白も天皇の死去とともに失効するが、先例と便宜の両面から、忠通が新帝の雑事を定めることになったのである。信範は、こうした政務の枢機に直接関与できないので、おそらくは忠通から与えられた情報によって記述したのであろう。

なお、忠通はその日のうちに、関白補任の宣命を下された。一方、内覧も同様に失効するが、頼長は内覧に再任されず窮地に陥ることになる。

想定外の新帝

雅仁の践祚は想定外であった。病弱な近衛の後継者候補として、美福門院は崇徳の皇子重仁と、雅仁の王子で母を早く失った守仁を養子に迎えていた。二人のいずれかが皇位を継承すると思われたが、皇位継承者となったのは守仁の父雅仁だったのである。

最有力視されたのは、崇徳の嫡子で王家嫡流の重仁であった。しかし、彼が即位して崇徳が院政を行うことで、立場が悪化することを恐れた美福門院、そして崇徳が中宮聖子を差し置いて他の女性との間に儲けた皇子を忌避した関白忠通、この二人の意向が重仁排除の要因とみられる。

このほか、実母が法印信縁という僧侶の娘であったことも、重仁の立場に悪影響を与えた。四十年余り後の建久九年（一一九八）、九条兼実を失脚させ朝廷の実権を握った源通親（一一四九-一二〇二）は、後鳥羽天皇から養女在子が産んだ皇子（土御門天皇）への譲位を実現したが、在子の実父

後白河院
（『天子摂関御影』皇居三の丸尚蔵館収蔵）
出典：ColBase（https://colbase.nich.go.jp/）

能円が僧侶であることが問題となっている（『愚管抄』巻第六）。おそらく重仁も同様の反対があったとみられる。

さらに、『古事談』（巻第二―五四）の有名な説話によると、崇徳は鳥羽の祖父白河院の落胤であり、鳥羽は「叔父子」として崇徳を忌避したという。しかし、先述のように重仁の乳父・乳母として、第一の近臣平忠盛・池禅尼夫妻を起用したように、元来鳥羽院には崇徳の皇統を否定するような意識はなかった。おそらく、崇徳院を「叔父子」とする忌まわしい噂は、今回の皇位継承問題に際し、崇徳の追い落としを図る美福門院、その意を受けた忠通・信西らによって鳥羽院に伝えられたのであろう。

とくに忠通は、待賢門院が男性遍歴を有したことを知っていた可能性が高く、この噂を広める上で重要な役割を果たしたとみられる（美川圭氏「崇徳院生誕問題の歴史的背景」）。すでに体調を崩していた上に、愛しい皇子の死去で動転していた鳥羽院は、その言葉を信じたのである。

一方、守仁ではなく、その父が践祚した理由は、『山槐記』永暦元年（一一六〇）十二月四日条に、時の太政大臣藤原伊通の言葉として記されている。これによると、鳥羽院が二条天皇を即位させたのは、美福門院が幼少から養育しており、女院のことを思われたためである。しかし、現存の父が即位せずに子が即位した例はないので、現在の院（後白河）が践祚し、相次いで当今（二条）が即位したと述べている。

美福門院の養子守仁即位を前提に、その父後白河が中継ぎとして、やむを得ず即位したことがわかる。しかし、雅仁の乳父が信西であったことを考えると、雅仁の践祚には、彼を操って政治を動かそうという信西の意向も関係していたとみられる。

この王者議定について、『愚管抄』（巻第四）には鳥羽院と美福門院との皇女暲子内親王（八条院）も皇位継承候補であったこと、雅仁の素行に問題があり鳥羽院が践祚に難色を示したことなどが記されている。さらに忠通が皇位を最終的に決定したかのような記述もあるが、彼は以前に守仁の即位を鳥羽院に進言したこともあり、さらに雅仁の擁立は信西の意向に沿った人選であることから、忠通が人事の主導権を握ったのかどうかは疑わしい。

近衛天皇の葬送

七月二十七日、近衛天皇の葬儀に関する入棺以下の諸事が定められた。造棺・入棺といった行事の中心は、先に触れた天皇の乳母子の藤原光隆らであった。この日のうちに、天皇の遺体は棺（ひつぎ）に納められて近衛殿に安置され、**八月一日**に洛北（らくほく）の船岡山の西に葬られている。信範は近衛天皇の葬送について、詳細な記録を残しているが、これも「日記の家」に属する彼の仕事であった。

さて、一日条で注目されるのは近衛殿の警護に関する記事である。

和泉守盛兼、随兵数千を率いて、院内の陣頭等（とう）を守護せしむ。けだしこれ、法皇の仰せに依って也。

北面の武士平盛兼が「随兵数千」を率いて近衛殿を守護していた。この数字は大げさだが、不穏な情勢を反映していたことはいうまでもない。「けだし」は、「きっと」「おそらく」という意味で、信範は盛兼の守護を鳥羽院の命と推測しているが、重仁が即位を逸したことで院政の可能性が潰えた崇徳院周辺の不満分子の蜂起を恐れたのであろう。

　重仁の乳母池禅尼と夫平忠盛は親王の養育係であり、彼らと崇徳院とは政治的にも密接な関係にあった。もしも仁平三年（一一五三）に忠盛が死去していなければ、平氏一門はこぞって重仁を擁護し、重大な事態が惹起されたことであろう。いや、さらに言うなら、重仁が皇位を逸すること自体、なかったのではないか。

　忠盛が死去しても、正室だった池禅尼は家長に准ずる地位にあり、一門に影響を及ぼした。そして忠盛と池禅尼との子で、重仁の乳母子頼盛らの動きは、とくに警戒を要したことであろう。乳母子と天皇との緊密な関係は、本章で述べてきた近衛天皇と光隆との関係からも明らかである。この後、保元の乱に向かう不穏な情勢の中で、平氏一門の動向は鳥羽院・後白河天皇方から警戒されることになる。

第三章　頼長の失脚

一　呪詛された近衛天皇

呪詛の噂

久寿二年（一一五五）七月、近衛天皇の夭折、それに続く思いもよらない雅仁親王の践祚と、事態は急激に展開していった。こうした中、北政所幸子の喪に服していた頼長は自ら動くこともできず、ひたすら拱手傍観を余儀なくされていた。

頼長にとって政治的にとくに重要な意味を有したのは、関白忠通に対抗する内覧の地位にほかならない。しかし、内覧は関白と同様、任命した天皇の退位によって消滅するため、近衛天皇の死去とともに頼長は内覧の地位を喪失したのである。

代替わり後も内覧となるには、新帝後白河の宣旨によって改めて任命されなければならない。先述のように、忠通はすでに王者議定の直後に関白に補任されていた。頼長も内覧への補任を待ち望むが、その知らせが彼に届くことはなかった。それは、頼長が鳥羽院から忌避されていたためであり、その理由は驚くべきことに、頼長が近衛天皇を呪詛して死に追いやったとする噂にあった。

この詳細は『兵範記』には見えず、頼長自身の日記『台記』の八月二十七日条に記されている。これによると、頼長は家司藤原親隆から、鳥羽院が頼長を憎んでいる原因について以下の情報を得た。

事の発端は、近衛天皇の霊が憑依した巫女の言葉にあった。天皇が眼病となって死去したのは、何者かが愛宕山の「天公」（天狗）像の目に釘を打ち込んだためと語ったのである。調べると確かに目に釘が打ち込まれており、愛宕山の住僧は五、六年前からだと答えたという。美福門院と忠通は、この忌まわしい呪詛を忠実・頼長の仕業と主張し、それを鳥羽院は信じてしまった。日ごろから近衛天皇が頼長を忌避していたことも、院がこの噂を信じた一因である。頼長はこのことを腹心の成隆からも聞いていたから、噂はかなり流布していたとみられる。

愛宕山は京の西北、山城・丹波両国の国境にあり、標高は九二四メートル、山上に火伏・火除けの神として知られる愛宕神社が鎮座する。同社は元来神仏習合で、当時は僧侶が多数居住していた。また天狗の住処とされたことから、天狗像も祀られていたのである。

近衛天皇の霊を巫女に口寄せさせるとは、いくら当時でも余りに芝居がかった話であり、これを根拠に忠実・頼長が呪詛を行ったと断定することには無理がある。第一、天狗像の目に釘を刺すという重大事が五・六年も放置されるとは考え難く、呪詛は虚構の可能性が高い。

おそらく、『古事談』（巻第二―五四）に見える「崇徳院は白河院の御胤子」とする禍々しい噂と同様、美福門院・忠通らの策謀で、流された噂であろう。大事な後継者の死去に動揺し、病気で衰弱して冷静な判断力を失っていた鳥羽院は、この噂を信じて忠実・頼長を失脚に追い込んだのである。

腹心義賢の滅亡

同じ二十七日、頼長はもう一つの衝撃的な報に接した。腹心であった河内源氏の武将源義賢が、その兄下野守義朝の子のために、武蔵国で殺されたというのである。『百練抄』によると、合戦の勃発は八月十六日で、武蔵国比企郡の大蔵館において、同地に下向して有力豪族の秩父重隆の保護を受けていた義賢が、義朝の子で鎌倉を拠点とする義平によって、重隆もろともに攻め滅ぼされるに至った。ちなみに、この時に辛くも信濃国木曽に逃れた義賢の幼児が、のちの木曾義仲である。

仁平三年（一一五三）三月、為義の長男義朝は、検非違使に据え置かれたままの父為義を後目に、下野守に昇進して受領の仲間入りを果たしていた。これは義朝が、父の為義や彼が仕える摂関家に離反し、鳥羽院に接近して院近臣となった結果にほかならない。義朝が上洛して受領となった後、義朝と相模の豪族三浦義明の娘との子義平が、相模国鎌倉における父の拠点を継承したのである。

一方、為義は依然として摂関家に仕えており、次男義賢は東国へ下向した義朝に代わる河内源氏の嫡男だった時期もある。頼長は義賢と男色関係を結び、さらに能登の荘園の預所に任じるなど、両者は極めて緊密な関係にあった。延慶本『平家物語』（第三本―七・木曾義仲成長スル事）によると、義賢は仁平三年に上野に下り、さらに武蔵に進出したとあるので、父や摂関家に離反した義朝に対抗すべく関東に下ったとみられる。したがって、この合戦は院近臣と摂関家との代理戦争であり、保元の乱の前哨戦とする見方もある（上横手雅敬氏「院政期の源氏」）。様々な意味で、義賢を失った頼長の衝撃は大きかったことであろう。

またこの時の武蔵守は、平治の乱の首謀者藤原信頼であった。彼は即位したばかりの後白河天皇の乳母の甥で、天皇の側近として頭角を現しつつあった。一方、義朝正室の父熱田宮司藤原季範の一族は、待賢門院やその皇子である後白河の側近であった。したがって、後白河の即位を機に両者が手を結び、摂関家に近侍し義朝と敵対関係にあった義賢を攻撃した可能性が高い。信頼と義朝との連携は、平治の乱で両者が滅亡するまで継続する。

こののち、義賢の仇を討つべく彼と父子の約諾をしていた弟頼賢が東国に下向し、信濃国で院領荘園を侵略したため、院宣を受けた義朝が追討に向かうという事件も勃発している（『台記』十月十三日条）。このように、河内源氏一門の内紛は政界の分裂と結合し、極めて深刻なものとなっていた。こうしたことから、慈円は「トシゴロコノ父ノ中ヨカラズ。子細ドモコトナガシ」（年来、義朝と父の仲は悪く、詳しく説明すると長くなる）と記したのである（『愚管抄』巻第四）。

二　忠通室の死去と守仁の立太子

忠通北政所宗子の死去

九月十五日、今度は忠通を不幸が襲う。長年連れ添った北政所藤原宗子が亡くなったのである。宗子は嘉保二年（一〇九五）の生まれで、享年は六十一。父は権大納言藤原宗通で、保安三年（一一二二）、忠通との間に皇嘉門院聖子を儲けていた。

この時、忠通は邸宅を出て車に乗り込んだが、これは鳥羽院の指示によるものであった。

立太子といい、御即位・大嘗会といい、朝家の大事旁重畳、さらに穢れしめ給うべからざる由、兼日、院宣再三に仰せあり。よって籠もりたまわずと云々。

鳥羽院は、忠通に対し、重要な儀礼が相ついでいるので、室の死の穢れに触れて籠居しないように命じている。そこで、忠通は邸宅を出て車に乗り込むことで、死の穢れを回避したのである。忠通が重大政務に参加できるように、方策が講じられたことになる。

二十日、次のような判断が明法博士から下された。

殿下、近衛院の御服を除きたまうのち、北政所の御服を召すべからざる由、法家博士兼成・業倫申すところ也。故北政所の出家以後、夫妻のお親しみあるべからずと云々。

明法博士の坂上兼成・中原業倫たちは、忠通の北政所は出家していたので、もはや夫婦の関係ではなく、したがって彼女の死去で服喪する必要はないという判断を下した。室の死去を理由に里内裏を追われた頼長と、あまりに対照的な対応と言えよう。以後、忠通は数々の儀式で中心的な役割を果たすことになる。

二条天皇
（『天子摂関御影』皇居三の丸尚蔵館収蔵）
出典：ColBase（https://colbase.nich.go.jp/）

東宮守仁親王

九月二十三日、鳥羽・美福門院臨席のもと、鳥羽殿で立太子の儀式が行われ、後白河天皇の皇子守仁親王（一一四三–六五）が皇太子となった。これまでも便宜的に守仁と記してきたが、正式の命名はこの時である。

もともと彼の即位を前提に後白河は即位したのだから、後白河は中継ぎの天皇であり、守仁こそが正統な帝王となる皇子であった。守仁は保元の乱後の保元三年（一一五八）十二月に即位する。二条天皇である。彼は雅仁親王の第一皇子として生誕した。母は大納言藤原経実（一〇六八–一一三一）の娘懿子（一一一六–四三）だが、皇子生誕とともに亡くなっている。このため、美福門院は母を喪った守仁を養子として養育してきたのである。

この日、関白忠通や内大臣実能以下が参内し立太子の儀式が行われた。宣命により正式に立太子すると、東宮に仕える職員の除目が行われた。東宮の養育係である東宮傅は内大臣藤原実能、東宮に仕える東宮坊の長官である大夫には権大納言藤原宗能が就任している。権大夫には経実の子で東宮の母方の叔父にあたる野心家の経宗（一一一九–八九）が、また大進には守仁の乳母子である藤原惟方（一一二五-?）が就任する。彼は、鳥羽院の腹心顕頼の子で、『愚管抄』（巻第五）に「コトニ鳥羽院モツケマイラセラレタリケル」とあるように、鳥羽がとくに守仁の側近として付き添わせた有能な官人であった。経宗と惟方は、平治の乱で暗躍し、乱後に二条親政派の中心として後白河院政停止を画策する。

この中で注目されるのは東宮傅の人事である。傅は大臣が任じられ、東宮に大きな影響力を有する重職であった。頼長も忠実を通してこの地位を懇望したが、皇太子の養母美福門院を忌避する頼長の就任を鳥羽院が許すはずもなかった。この地位は、亡くなった頼長の室幸子の父藤原実能のものとなった。実能は、これまで頼長と政治的に連携してきたが、ここでは頼長が懇望した地位を奪取し、頼長との連携を断ち切ったのである。

実能にしてみれば幸子の死去で頼長との姻戚関係は失われ、逆に妹待賢門院の皇子後白河が即位した結果、王家との姻戚関係が復活したのである。そこで実能やその一族は、頼長を見捨てて後白河や彼を支える院近臣と結んだ。かくして、頼長は決定的な孤立状態に陥ってしまった。

即位と大嘗会

十月二十六日、大内裏の大極殿で、後白河天皇の即位が行われた。関白忠通、内弁（諸事を取りしきる公卿）を務めた太政大臣実行、内大臣以下が参入するが、服喪していた頼長・右大将兼長は姿を見せなかった。

この日、実能の子公能は、娘忻子を女御として後白河に入内させ、後白河との関係を強化する。彼女は保元元年十月に中宮となり、同四年二月に皇后に転じた。もっとも、彼女は早い時期から後白河と同居しておらず、皇子・皇女を儲けることはなかった。

その後、**十月二十九日**に天皇の大嘗会御禊（ごけい）、そして**十一月二十三日**、大嘗会が行われ、即位に関する重要儀式が粛々と進められていった。その中心は関白忠通である。信範は、これらの儀式に関する記録を詳細に記した。彼自身が重要な役割を果たしたわけではないが、摂関家においてこうした儀式の先例を調べる際に基礎資料とされたのである。

ここで注目されるのは、大嘗会に関連する五節の舞姫を、播磨守源顕親が献上したことである（『兵範記』十一月二十一日条）。播磨は忠実の知行国であったから、忠実は大嘗会に関する重要な行事の一端を担っていたことになる。忠実の起用は、忠実・頼長を排除していた鳥羽院の頑（かたく）なな姿勢が和らいだことを意味する。また『台記』十月七日条によると、頼長は鳥羽院の忠実に対する書状から、院の姿勢が和解しつつあると記している。さらに同書の九日条では、摂関家主催の興福寺維摩会（ゆいまえ）を行事する弁官が不在であったため、忠実が鳥羽院に人選を依頼し、藤原顕遠（あきとお）が選ばれている。まさに和解の動きが具体化したのである。

この背景には、忠実とともに、鳥羽院に大きな影響力をもった高陽院（かやのいん）の働きかけもあったとみられる。しかし、天は忠実・頼長を見放した。高陽院も黄泉路（よみじ）に旅立ってしまったのである。

三　高陽院の死去と葬儀

高陽院の死去

十二月十六日、酉の刻（午後六時ごろ）、高陽院が土御門殿で亡くなった。信範は次のように記した。

今日酉の刻、高陽院崩御す〈時に土御門殿におわします〉。去春以後、御膳例に乖く。常にもって不予。（中略）近日陪（倍）増し、内外の祈療、日をおって繁多。併しながら験力を忘れ、遂に崩じ給いおわんぬ。春秋六十一。入道殿、蝕穢せしめ給いおわんぬ。

これによると、女院は去る春ごろから体調を崩し、祈禱・治療の甲斐もなく亡くなったという。一年近い闘病であった。享年六十一。高陽院は嘉保二年（一〇九五）に、忠実と正室源師子との最初の子供として生まれた。関白忠通の同母姉にあたる。初名は勲子、のちに泰子と改名した。

白河院から鳥羽天皇への入内を誘われたものの、忠実が一旦断ったことから白河在世中は入内できなかった。それればかりか、保安元年（一一二〇）に忠実が白河に無断で入内を画策したことから、彼は関白罷免に追い込まれたのである。

白河院死去後、長承二年（一一三三）六月になって鳥羽院の後宮に入り、翌年四月には院の夫人でありながら皇后となったが、これは前代未聞の出来事であった。保延五年（一一三九）

七月に院号を宣下され高陽院を称し、保延七年（永治元年、一一四一）五月に出家している。鳥羽院との間に子供はなかったが、院と忠実との間を取り持つ重要な役割を果たしていた。彼女の死去が、鳥羽院との関係再構築を図っていた忠実にとって、重大な打撃となったことはいうまでもない。しかも、忠実は「触穢」したために、籠居を余儀なくされたのである。

翌**十七日**、信範は高陽院（土御門殿）を訪問した。

早旦、高陽院に参る。四面閉門し、東南の掖門（えきもん）に佇立（ちょりつ）す。時に春宮亮（とうぐうのすけ）、参会せらる。仲行、亮に謁す。入道殿の仰せ、両三度往反す。播磨守、下官に談ず。今夕、白川殿に移し奉るべし。その儀、存日の御幸の如し。護摩堂に殯（はぶ）り奉るべしと云々。

信範は門外で義兄の春宮亮藤原親隆に会い、職事（しきじ）高階仲行が親隆に忠実の指示を取り次ぐ様子に接した。ついで播磨守源顕親から葬儀のあらましを聞いている。白河殿は後述するように、白河に存した福勝院のことを指す。「殯（葬）る」は棺（ひつぎ）を埋葬することで（訓は観智院本『類聚名義抄』法下・六十六ウによる）、今回は護摩堂の板敷下に埋められた（『台記』十二月十七日条も参照）。

この後、信範は基実のもとに向かい、高陽院（土御門殿）を弔問することはなかった。触穢を避けたとみられる。信範は二十八歳の保延五年（一一三九）八月以降に高陽院判官代（ほうがんだい）に就任し、以来甲斐甲斐しく女院に奉仕したことは、これまでもご紹介した通りである。仁平四年（一一五四）六月に高陽院の納殿・御倉町（みくらまち）別当を解任され、以後は疎遠となっていたが、長年仕えた女院が死去し、その葬送に関与できないことに無念の思いを抱いたことであろう。

葬儀と混乱

葬送は十七日夕刻に行われた。

今夕、高陽院御葬送。その儀、省略し作法に及ばず。併(しか)しながら新儀を用いらる。入道殿の御定(ごじょう)と云々。

播磨守顕親、奉行すと云々。

葬送は忠実の命令により略式で行われ、しかも先例に従わない「新儀」が用いられている。その奉行は、忠実の信頼厚い播磨守藤原顕親であった。葬送に出席しなかった信範は、その様子を誰かに尋ねて『兵範記』に記しているが、尋ねた相手は明記していない。

さて、当日の朝、陰陽頭賀茂憲栄(かものりよし)が忠実の命で諸事を行う吉時(きちじ)を申し上げた。しかし、地鎮ならびに「**次第の事等**」は行われず、吉時の勘文(かんもん)もなく、別の陰陽師も呼ばれていなかった。これらが略式の表れである。

夜になって、高陽院の乳母子(めのとご)である蔵人(くろうど)源通定(みちさだ)・頼定(よりさだ)兄弟らによって御棺が運び入れられ、女房が入棺を行った。遺体は鴨川を渡り、吉田山の南にあった女院の御願寺福勝院（白川御堂）の護摩堂の下に埋葬された。福勝院は、四年前の仁平元年（一一五一）六月に落慶法要が行われており、現在の京都大学総合人間学部がある吉田二本松町に所在したと推定されている。

この埋葬の儀は混乱の連続となった。

今日の御仏事、すでに毎日の分也。初日の式法にあらず。これ卒爾(そつじ)により、その支度なき

ゆえか。初日と毎日と、その式法各別すべき事也。

信範は、福勝院の初日の法会の在り方が、毎日の法会と混同されていたことを批判している。さらに大きな問題が引き起こされていた。

白川御堂、今熊野（いまくまの）領すでに四至の内也。随いてまた、その新宮を祝い居え奉られおわんぬ。その中に殯（はぶ）り奉らる。すこぶる怖畏あるか。

白川御堂、すなわち福勝院は、今熊野社の神域に造営されたので、今熊野の新宮が祀られていた。「祝う」は「祀る」と同じ意味である。いうまでもなく、神は死の穢れを忌避する。福勝院の護摩堂に遺体を埋葬したことは、神罰を受けかねない行為であった。

加之（しかのみならず）、かの護摩堂、かねてこの支度なし。当時、議ありて俄かに壇の底を掘る。不調也、不法也。旁（かたがた）便宜なきか。就中（なかんずく）、上皇御所の近隣、上下往反の路頭也。

「加之」は、「そればかりではなく」という意味になる。予（あらかじ）め埋葬の準備をしていたのではなく、「当時」、すなわちこの時に急に話があって護摩堂の壇の底を掘ったので、これはあまりに不調法であり、女院に失礼であると信範は憤慨している。さらに、この工事の場が崇徳院御所の近隣で、かつ上下の人々が通行していたことも問題を大きくしたというのである。

存日・没後、宇治に渡御せず。親疎誹謗す。すでに謝するところなきか。

さらに、女院の臨終前、もしくは没後に宇治に赴くことがなかったとして、周辺の人々が批判している。おそらく平等院の阿弥陀如来（あみだにょらい）に極楽往生を祈るべきだったのに、それを怠ったと批判したのであろう。「謝するところなき」とは、「謝罪のしようがない」「取り返しがつかない」という意味になる。かつて親しく仕えた女院の葬儀の混乱に信範の憤りは収まらなかった。

　偏にこれ、入道殿御迷惑の至りか。尤も有若亡（うじゃくぼう）。実にもって然るべし。

「有若亡」は、「ありてなきがごとし」という意味で、葬送の儀礼はあってないようなもの、大混乱だったことを意味する。そしてこの責任は、忠実の「迷惑」、錯乱にあった。混乱のひどさには、頼長さえも日記『台記』で批判を加えたほどであった。

　これまでも儀式で先例を破り、信範ら家司の反発を買った忠実は、ここでも「新儀」を行うが、高陽院の死去に動転し周囲の批判を招いてしまった。

　さらに忌まわしい出来事が起こった。

　女房内侍（ないし）、今夜俄かに病悩す。若王子（にゃくおうじ）の託宣ありと云々。けだしこれ、男女案ずるところ、且（かつ）は祟（たた）りの趣を表すか。

　高陽院の女房内侍が、今熊野の末社若王子の託宣を口走り、急病に陥ったのである。人々は、きっとこれは今熊野社の祟りであろうと噂した。やがて彼女は二十九日に亡くなり、人々を恐怖に陥れた。高陽院の死去と葬儀の混乱は、忠実・頼長の運命を暗示するかのようであった。

第四章　久寿三（保元元）年前半 —— 鳥羽院御万歳の沙汰

一　藤原基実の権中納言拝賀

基実の権中納言就任

さて、いよいよ保元の乱が起こる久寿三年（保元元年、一一五六）に入る。なお、保元への改元は、後述のように四月二十七日で、これは後白河天皇即位に伴う改元である。前年の久寿二年には、近衛天皇の死去と想定外の後白河天皇の即位、崇徳院の皇統からの排除、藤原忠実・頼長の失脚、高陽院の死去と大事件が相次いだ。年が明けた久寿三年正月は、打って変わって平穏な毎日となり、『兵範記』には日常の小規模な儀式、あるいは一族・血縁の人々の婚姻や死去に関する記事が書き綴（つづ）られている。

そうした中、信範周辺で起こった比較的大きな出来事は、**正月二十八日**の除目で、彼が仕える藤原基実が、正三位（しょうさんみ）左近衛中将から、権中納言兼左衛門督（さえもんのかみ）に昇進したことであった。権中納言は重要な政務に参加する資格を有する議政官で、基実もいわば一人前の公卿（くぎょう）に昇進したといえる。時に基実十四歳、今なら中学生だが。

以下、二十八日条の記事を紹介しよう。

三位中将殿、中納言兼左衛門督に任ぜしめ給いおわんぬ。寛弘六年の前宇治殿の例也。

「しめ給う」というのは二重敬語で、信範が主君の基実に最大限の敬意を示した表現である。新任早々の権中納言が、左衛門府の長官である左衛門督を兼ねるのは珍しいが、これは「前宇治殿」の先例に倣ったものであった。

「前宇治殿」は、かの宇治関白頼通のことで、第二部第二章で触れた三位少将と同様、今回も摂関政治全盛期を代表する頼通の先例が持ち出されている。頼通は宇治に平等院を建立したことから「宇治殿」と称されたが、「前」とあるのは、この当時、宇治に居住して「宇治殿」と呼ばれていた忠実と区別するためである。

頼通は寛弘六年（一〇〇九）三月四日、権中納言昇進と同日に左衛門督を兼任している（『公卿補任』）。当時、父の道長は内覧・左大臣で、娘で頼通の姉彰子は一条天皇の中宮となり皇子を儲けており、栄華が約束されていた。頼通はその後継者として権中納言・左衛門督に就任したのである。忠通と基実は、摂関政治全盛期を築いた先祖の先例に倣ったことになる。

ちなみに、左衛門府を含む六衛府（左右の近衛府・衛門府・兵衛府）は、本来は軍事担当機関であったが、当時はすっかり形骸化し、衛府の長官は名誉職となっていた。しかし権威は高く、その最高峰左右の近衛大将は、先述のように大臣が兼任することもあり、左大将は摂関に昇進する者が多く兼任していた。以下、格式は左・右衛門督、左・右兵衛督の順で、衛門督・兵衛督はおおむね中納言が兼任していた。基実は、格下の兵衛督を超越（官位の低い人が高い人を追い越して昇進すること）して、いきなり左衛門督になったわけで、摂関家の一員としての権威を示したといえる。とはいえ、喜んでばかりはいられない事情があった。

頼長流との競合

これまで再三触れたように、摂関家嫡流をめぐって兄忠通と弟頼長は激しく対立していたから、その子供たちも官位をめぐって競合する。頼長の子の方が年長なので基実より先に昇進しており、久寿三年当時、頼長の嫡男とされた兼長は十九歳で正二位権中納言右大将、異母兄弟で同年の師長は従二位権中納言左中将である。基実は正三位なので位階は劣ったが官職では権中納言となり、議政官の仲間入りを果たし、彼らに追いつくことができた。

しかし、頼長の息子たちに比べると、昇進形態での不利は否めない。当時の摂関家嫡流は、おおむね中納言・権中納言で近衛中将を兼ねていた。兼長・師長がともに中納言中将を経験したのに対し、基実はこの地位を逸したのである。そこで、往年の頼通の先例を持ち出して、権中納言兼左衛門督に就任したものとみられる。

以前に近衛少将に補任された時も、往年の道長・頼通の先例に倣って三位少将に就任したが、この当時の摂関家嫡流は五位のまま中将になる「五位中将」が一般的で、頼長の家嫡兼長はこの地位を経験していた（拙稿「五位中将考」）。年齢差も関係するが、頼長の息子たちが歴任した摂関家嫡流を象徴する地位から基実は排除されており、官位昇進面での劣勢は否めなかった。

基実の拝賀

基実の権中納言昇進が決まると、忠通が九条殿から駆けつけたほか、新按察使中納言藤原重通以下、多くの公卿・殿上人が参集した。以下**正月二十八日条**の続きである。

晩頭、殿下の仰せを奉り、陰陽頭憲栄朝臣を蔵人所に召し、御拝賀の日次を尋ね問う。

信範は殿下忠通の命を受け、陰陽頭賀茂憲栄を蔵人所に招いて拝賀の日次を尋ねた。儀式の日次を定めるのも家司の仕事であった。摂関家の蔵人所は元の侍所のことで、暦などがあることから日次の勘申に用いられている。憲栄は来月の二、五、八日を吉日として提案した。この中から五日が選ばれ、同日に拝賀が行われることになる。拝賀は、天皇以下の皇族、摂関のもとを訪れて、昇進の挨拶をする行事である。

翌**二十九日**、信範は、前駆の人選など、拝賀の準備を執り行った。

殿下に参る。中納言殿の御拝賀の沙汰あり。前駆以下の雑事、御定により毎事奉行す。

信範は殿下忠通のもとに参入し、拝賀の準備を担当することを命じられている。信範が拝賀に関する中心的な家司であり、行列の威儀を整える前駆を集めることが最も重要な仕事であった。「御定」は、忠通の仰せ、指示を意味する。乳父として親しく仕える基実の晴の日に、信範は嬉々として奉仕している。

さて、拝賀が行われる**二月五日条**。基実は申の刻（午後四時ごろ）に、忠通の邸宅勘解由小路烏丸殿を出立する。出立に先立ち家司藤原資長を介して父の関白忠通に挨拶をしている。父への拝礼を済ませた基実は鳥羽に向かった。前駆は二十一人で、信範は天喜・寛治・天永などの例に倣ったとしている。それぞれ天喜四年（一〇五六）の師実、寛治六年（一〇九二）の忠実、そして天永二年（一一一一）の忠通の、権中納言就任の先例を意味する。

　まさに、摂関家代々の当主たちの先例を踏襲したことになり、基実が摂関家の嫡流であることを強く意識していることを示す。もっとも、前駆が二十一人になった理由について、信範は次のように記している。

　件（くだん）の員数（いんずう）、未だ由緒を知らず。自然（じねん）流例たる也。

　さすがの信範も根拠を知らず、ただ先例に従っただけだと述べている。先祖の日記にも記録がなかったのであろう。

　一行は、京を出て鳥羽作路（とばのつくりみち）を通って鳥羽殿に向かった。まず、鳥羽北殿（とばのきたどの）で鳥羽院に拝賀している。取り次いだのは、院の別当宇多源氏の源資賢（すけかた）（一一一三―八八）であった。彼は今様の名手で、のちに後白河院の側近となり、『梁塵秘抄（りょうじんひしょう）』の編纂（へんさん）にも関与する。基実は院に直接会うことはなかった。おそらく院の体調不良が原因であろう。

　基実は同所で美福門院、その姫宮に拝賀する。取り次いだ院司（別当）藤原季行（すえゆき）の言葉を聞いて基実は「拝舞（はいぶ／はいむ）」をしている。「拝舞」は、手を左右に動かす、喜びの表現であった。ついで皇太子守仁親王に拝賀する。取り次いだのは東宮大進藤原惟方で、先にも触れたが、彼は平治の乱で大きな役割を果たすことになる。

　その後帰京した一行は、後白河天皇、新院崇徳院、そして基実の姉皇嘉門院（崇徳院の中宮）に挨拶して忠通の邸宅に帰っている。忠実・頼長は服喪中でもあるが、例によって訪問すすることはなかった。

信範は、政所の下級職員である下家司を呼び、随行した者に禄を与えるように命じた。こうして行事を終えた信範が退出したのは、子の刻（午前零時ごろ）であった。

改元勘文

以下は基実とは無関係であるが、保元改元に関する『兵範記』の記事を紹介しておこう。**四月二十七日**の夕刻、改元定が行われた。現代と異なり、当時の改元は代替わり以外に災害や天変地異などによって頻繁に行われたが、今回は前年の後白河天皇即位、すなわち代替わりにともなう改元である。保元という有名な元号が決められた様子がわかる興味深い史料なので、取り上げることにしたい。

元号の候補を選んだのは、式部大輔藤原永範と文章博士藤原長光という当時を代表する漢文学者である。彼らは、元号の候補とその典拠を記した「改元勘文」を提出し、これに基づいて公卿が会議して元号を決定した。

まず二人の漢文学者を紹介しておこう。永範（一一〇六－八〇）は、藤原南家貞嗣流の出身である。摂関家が属する藤原北家と異なり南家は学者が多く、かの信西も南家貞嗣流の出身であった。しかし、信西と対照的に政治的野心がなかった永範は、終生漢文学者として活躍した。彼は東宮時代の高倉天皇の学問の師である東宮学士、さらに後白河・二条・高倉三天皇の漢文学の師匠である侍読を務めたほか、再三改元勘文を作成し、仁安三年（一一六八）には従三位に叙し公卿に昇進している。

もう一人の長光（一一〇一-八七以降）は、藤原宇合（うまかい）の子孫である藤原式家（しきけ）に属し、やはり代々の学者の家の出身、何度か改元勘文を作成している。関白忠通の家司も務めていて、信範とは度々顔を合わせていた。摂関をはじめ、有力な貴族たちも様々な目的で文書を作成する必要があったので、中国の故事・名文を知り、それを引用した巧みな漢文を作成できる学者を家司に組織していたのである。

永範の選んだ元号候補は「天明」「承宝」「保元」、長光が選んだのは「天明」「久承」「承禄」であった。遥かに下った江戸時代に用いられる「天明」（一七八一-八九）を二人とも候補にしているのは興味深い。

諸卿一同、久承・保元、宜しき由を定め申す。しかるに久承においては、久寿の久の字、これを憚らる。よって久寿三年をもって、宜しく保元元年となすべし者（てえり）。

最終候補となった「久承」と「保元」のうち、久承は久寿と「久」の字が共通するということで退けられ、保元に決定している。代替わりで人心を一新するために、異なる文字を選んだのであろう。

この会議に出席した公卿は、内大臣藤原実能、左大将同公教、春宮権大夫（だいぶ）同経宗、参議右兵衛督源雅通（まさみち）、左近中将藤原伊実（これざね）、参議同光頼（みつより）の六名であった。人選の基準は不明確だが、いずれも有職（ゆうそく）の公卿といえよう。

勘文によると、「保元」の典拠は「顔氏」とあり、中国南北朝時代の学者・政治家だった顔（がん）

之推（五三一—五九一）が著した『顔氏家訓』文章篇第九の文言を用いたことを示している。こうして、久寿三年は保元元年と改元された。

この翌月から、鳥羽院の容体悪化を伝える記事が『兵範記』に頻出するようになる。鳥羽院の死去は七月二日、そして十一日に保元の乱が勃発するのである。

二　鳥羽院の重病

世情の不穏

さて保元に改元されたころから、世情は次第に不穏になってゆく。まず**五月四日**、改元直前の**四月二十五日**に行われた後白河天皇の賀茂行幸に関連して、数人の貴族が勅勘を受けた。この賀茂行幸は、公卿の随行者は左大将藤原公教以下四人のみ、しかも大臣不在という寂しいもので、忠通・基実父子も物忌によって欠席している。そこで、諸司・諸衛の四人が不参によって勅勘を被った。

去月二十五日の賀茂行幸に供奉せざる諸司・諸衛の輩、勅勘ありと云々。

勅勘を受けた者は四人で、左近中将源成雅は殿上を除籍され、殿上人の地位を奪われた。ついで右中将藤原光忠、左中将行通は謹慎に当たる召籠に処され、四位少納言藤原成隆は、鈴奏などの重要な役割を果たさなかったとして停任となった。解官まではいかないが、少納言の職務を停止されたのである。こうしてみると、とくに厳しい処罰を受けたのは、成雅と成隆であった。

この二人は、すでに再三触れてきたように、忠実・頼長の腹心にほかならない。あえて後白河天皇の行幸に参入しなかったこと、それに対する厳罰は、頼長側近と後白河天皇方との軋轢を窺わせる。

五月十三日には、王家の氏寺とされる法勝寺で千僧御読経が行われている。法勝寺は、白河天皇が在位中に建立した御願寺で、その行事は王家家長が主催することになっていた。ところが、当然姿を見せるはずの鳥羽院の御幸がなく、院の体調不良が窺われる。さらに、不穏な動きを伝える記述もあった。

今日御幸なしと雖も、検非違使ら皆参る。門々に祗候し、雑人の濫行を制止す。けだしこれ院宣と云々。

院の御幸はなかったが、法勝寺の門を検非違使が警護し、雑人の濫行を制止した。べつに儀式の供物を泥棒しようとする者が多かったわけではない。これは「院宣」（院の命令）と噂されたように、院がわざわざ命じた点に事態の深刻さが窺われる。政治的な対立の激化に伴う、政情不穏を反映したものであろう。

『百練抄』の五月二十二日条によると、「内大臣の徳大寺堂、勇士乱入し放火す。灰燼たり」という事件が起こっている。内大臣は藤原実能で、前年に亡くなった藤原頼長室の父にあたる。徳大寺は実能が現在の竜安寺付近に建立した寺院である。乱入した「勇士」は武士を意味しており単なる盗賊ではない。

事件の真相は不明確であるが、前章で述べたように、実能は頼長室の没後、頼長から離反し外甥（がいせい）の後白河天皇に接近、頼長が望んだ東宮守仁親王の養育係である東宮傅（とうぐうのふ）に就任している。このため両者は鋭く対立していた。事件の前日、実能は頼長が主催した頼長室の法事に出席したが、ここでの対面で反目が高じたのではないか。断定はできないが、頼長が徳大寺襲撃に関係した可能性は高い。

五月十九日には臨時除目が行われ、前年二月に頼長一行との闘乱で解官されていた平信兼が左衛門権少尉に還任した。

去年二月一日、左府の乗合により解官。無沙汰（ぶさた）の間、赦にあい、今日還任するところ也。

信兼は後白河方の武士として保元の乱に参戦するが、この時期に還任されたことと、不穏な情勢とは無関係ではないだろう。その政情不安をもたらした最大の原因こそが、専制君主鳥羽院の病状悪化にほかならない。

「御万歳の沙汰」

院の深刻な病状が『兵範記』に初めて記されたのが**五月二十一日条**である。

一院、御灸治。月来の御不食、近日不快。去るころ基康、一両度御胸のあたりに灸し奉る。今日、重ねて御腹両所、御灸治すと云々。

鳥羽院は、最近食事がとれず、胸・腹部に灸をすえて治療が行われた。「一両度」は「一、二度」を意味する。最後の「云々」は「〜だそうだ」という意味で、伝聞を意味する。院の病状を信範程度の身分の貴族が直接確認するのは難しいが、その容体の悪化が伝わっただけでも、余程のことと言えよう。

二十七日条には次のように記されている。

法皇の御不予、殊に増し御う。一切御不食と云々。

この「御う」は「給う」と同じ意味で用いられていた（黒川本『色葉字類抄』巻中・八オ）。院の容体は悪化し、もはや食事がとれなくなったのである。当時の医療では、もう院を救うことは困難と考えられた。

三十日条では、病状はさらに悪化した。

法皇の御悩、なお大事におわします。殊に御祈を行われず、偏に御万歳の沙汰ありと云々。

「御万歳」とは、高貴な人物の死去を意味する言葉で、もはや院の病気回復を祈る祈禱は行われず、院の死去を前提とした措置が取られたことを意味する。「御万歳の沙汰」が行われたのは翌六月一日であった。

鳥羽殿に参る。御悩、同様におわします。日を経て御不食陪（倍）増し、御腹・手足等腫れしめ給うと云々。

息災の御祈、一切始めず。左大将、一向御万歳の沙汰を奉行すと云々。

この日、信範は鳥羽殿に赴き、鳥羽院の容体を尋ねている。彼は鳥羽の院司でもあったので、院を心配し様々な奉仕をするために鳥羽に向かった。「御悩」は「ご病気」のことで、鳥羽院の容体は悪い状態が変わらず、次第に「不食」（食欲不振）が悪化していった。「日を経て」とは、「日を追うごとに」という意味である。「息災」、すなわち健康回復のための祈禱は一切行わず、左大将藤原公教が「御万歳の沙汰」を奉行したという伝聞を信範は記した。

公教は先述のように太政大臣藤原実行の子で、後白河天皇の従兄であった。また公教の母は白河院の近臣藤原顕季の娘で、美福門院は従妹にあたる。さらに、後白河天皇の後見信西の嫡男俊憲を婿に迎えており、院近臣との関係も緊密であった。公教は、近衛天皇が亡くなった時、後継の天皇を決める王者議定に村上源氏の前右大臣源雅定とともに出席しており、鳥羽院の信頼も厚かった。

「御万歳の沙汰」とは、鳥羽院の死去を前提とした沙汰ということなので、通常は葬儀の準備などが想定される。しかし、院の死去は重大な政情の動揺を惹起するとみられたので、それは決して葬送の準備だけではなかった。

三　鳥羽院・後白河天皇方の動向

『愚管抄』に見える危機への対応

先にも述べたように皇位・摂関を決定できたのは、治天の君鳥羽院だけであった。理不尽ともいえる後白河の即位と崇徳排除とを実現できたのも、父藤原忠実から義絶された忠通の関白の座を守り、忠実・頼長を謹慎に追い込んだのも、ともに鳥羽の権威によるものだったのである。それだけに、鳥羽院に万一のことがあれば、崇徳院、そして忠実・頼長が反撃を企てることは疑いなかった。

こうした危機的状況で、鳥羽院やその周辺はどのような対策を講じたのであろうか。これについて具体的に記しているのが『愚管抄』（巻第四）である。同書によると、鳥羽院が重病に陥ると、「コノ君ヲハシマサズハ、イカナル事カイデコンズラン」（この君がいらっしゃらなかったら、果たしてどんなことが起こるだろうか）と人々は噂した。そして、大納言藤原宗能は鳥羽院に対し、院の没後に世が乱れると警告し、その対策を講じるように申し入れたのである。

むろん院も強い危機感を有しており、二つの対策を講じたとされる。その一つ目が、「キタヲモテ」、すなわち北面の武士である源為義・平清盛など十人ほどに「祭文（さいもん）」（神仏の名にかけて誓う誓約書）を提出させ、美福門院への忠誠を誓わせたことである。北面の中の十人とあるように、提出させられたのは全員ではなく離反が疑われた者であり、為義と清盛とが特筆されたのは、それなりの理由がある。

為義は乱に際して崇徳・頼長方に立ったように、当初から後白河天皇への敵対が疑われていた。為義と忠実・頼長との密接な関係は、すでに触れた通りである。一方、乱で後白河方となる清盛が疑われたのは意外かもしれないが、父忠盛と正室池禅尼夫妻が崇徳の皇子重仁の乳父・乳母（読み方はいずれも「めのと」）だったのだから警戒は当然であった。忠盛はすでに亡くなっていたが、池禅尼は家長に准ずる立場にあったから、平氏一門が崇徳陣営に参戦する可能性も存したのである。当時、京周辺で最大の武力を誇る清盛以下、平氏一門の動向は乱に至る政情に大きな影を投げかけることになる。

そして二つ目が、「美福門院一向母后ノ儀ニテ、摂籙ノ法性寺殿、大臣諸卿ヒトツ心ニテアルベシト申ヲカレニケリ」とあるように、美福門院を天皇の母后として王家の家長に位置付け、「法性寺殿」すなわち関白藤原忠通以下、大臣たちが心を合わせて支えるように言い残したことである。

後白河天皇は帝王学に欠ける上に、中継ぎの即位とされただけに権威がない。守仁親王は正統な皇位継承者だが、まだ十四歳で十分な政治力も権威もなかった。『愚管抄』にあるように、信西は抜群の才能の持ち主で周囲から頼りにされてはいたが、如何せん低い出自の院近臣に過ぎず、やはり権威に欠ける。

これに対し、池禅尼の例からもわかるように、当時は家長亡き後、その正室が家長の座を継承する慣習があった。王家でも醍醐天皇の后で朱雀・村上天皇の母后藤原穏子や、円融天皇の后で一条天皇の母后詮子が、家長として皇位や摂関を決定した先例がある。

そこで鳥羽院は、こうした母后の権威を利用して、美福門院を後白河天皇の母、そして王家家長に位置付け、関白以下の貴族、そして鳥羽院北面に属した武士たちに忠誠を誓わせたのである。しかし、美福門院は後白河天皇の本当の母后ではないし、その出自は院近臣家という低いものだったので、到底崇徳や頼長を抑え込める存在とは言えなかった。

『兵範記』の記述

『愚管抄』に記された二つの出来事、すなわち北面の武士による美福門院に対する祭文の提出、美福門院の母后推戴（すいたい）に関する記事は、『兵範記』には見えない。後者については、具体的な儀式というより、おそらくは鳥羽院から公卿たちに遺言として伝えられたものであろう。ただ、関係した儀式は『兵範記』に記されている。

六月十二日、美福門院が鳥羽の安楽寿院で遁世（とんぜい）（出家）することを、信範は鳥羽殿で「ある人」から伝え聞いた。

ある人いわく、女院、今夕御遁世あるべし。

儀式は夜間ひそかに行われ、鳥羽院の命を受けた権右少弁藤原惟方が奉行し、太政大臣藤原実行、内大臣同実能以下、公卿は皆参入している。実行・実能は、もともと頼長に近い立場にあったが、もはや彼を離れ美福門院に近侍したことが明らかになった。頼長の孤立が浮き彫りにされたのである。

一方、武士に関する対策は、『兵範記』では開戦直前の**七月五日条**に記されている。

去月朔（ついたち）以後、院宣により、下野守義朝ならびに義康ら、陣頭に参宿し、禁中を守護す。また出雲守光保朝臣・和泉守盛兼、このほか源氏・平氏の輩（ともがら）、皆悉く随兵を率い鳥羽殿に祗候す。けだしこれ法皇崩ずるのち、上皇・左府、同心して軍をおこし、国家を傾け奉らんと欲す。その儀風聞、旁（かたがた）用心せらるる也。

「去月朔」は、まさに「御万歳の沙汰」が行われた六月一日である。この日、禁中、すなわち後白河天皇の里内裏高松殿と、鳥羽院・美福門院、皇太子守仁が居住する鳥羽殿に警護の武士が招集された。高松殿には源義朝と同義康が、そして鳥羽殿には北面の武士である美濃源氏の源光保、桓武平氏の傍流平盛兼が動員されている。この動員は、崇徳院と左大臣頼長が心を合わせて蜂起する恐れがあるとして、鳥羽の院宣によって行われたものであった。これが「御万歳の沙汰」の一環であることはいうまでもない。

以上の武士のうち、義朝と義康はともに保元の乱の第一陣として出撃している。義康は義家の三男義国（よしくに）の子で、河内源氏の傍流に属し、室町幕府将軍家となる足利氏の祖に当たる。下野国足利荘（あしかがのしょう）を拠点としたことから、下野守義朝とは同国を通した連携もあったが、同時に姻戚関係も有していた。義朝は熱田宮司藤原季範の娘を室に迎え頼朝を儲けたが、義康の室はこの頼朝母の妹、もしくは姪（めい）とされる。さらに季範の一族は待賢門院・後白河に近侍しており、同家を通して両者は後白河の側近の武力となった。このため、両者は真っ先に後白河の里内裏の警戒に動員され、同時に出撃するのである。

ちなみに足利義康の子義兼（よしかぬ／よしかね）は頼朝に仕えるが、頼朝とは母方の従弟、もしくは従妹の子という密接な姻戚関係にあったから、鎌倉幕府成立後、足利氏は頼朝に重視されることになる。一方、義康の兄で新田氏の祖義重（よししげ）は、挙兵当初の頼朝に反抗し、娘と頼朝との婚姻も断ったために、幕府内で新田氏は足利氏よりも格下となった。

鳥羽殿に招集された源光保は美濃源氏の武将で、後述するように娘は鳥羽院の愛妾であった。平盛兼は頼長一行と闘乱事件を起こした信兼の父で、忠通にも近侍していた。このように、名前の挙がった四人は、いずれも鳥羽・後白河・忠通に近い存在であった。

ここで注目されるのは、『愚管抄』で祭文を提出した武士として名前が挙がった源為義と平清盛の姿が見えないことである。　祭文の提出を命じられたのは、　裏切りを疑われた武士だったことを物語る。

忠盛は、すでに三年前の仁平三年（一一五三）に死去している。もし彼が生きていれば、平氏一門はこぞって重仁を支援したであろうから、合戦になれば崇徳方の勝利は確実であった。平氏一門に支援された重仁が、最初から皇位に即いた可能性も高かったのではないか。しかし、忠盛の死去で、平氏一門の動向は微妙なものとなった。

池禅尼の子頼盛は崇徳方に立つことは確実とみられたが、池禅尼の子ではなく、頼盛と嫡男をめぐって軋轢がある長男の清盛が、禅尼と同一の立場に付くか否かは不透明であった。重仁の即位は、乳母子である頼盛の立場を強化するだけに、清盛は警戒せざるを得なかったのである。これ以後、京において最大の武力を有する平氏一門の動向は、兵乱の帰趨（きすう）を決定する重大な問題となる。

第五章　鳥羽院の死去

一　鳥羽院の臨終と治世

鳥羽院の危篤

六月一日、鳥羽院に対する「御万歳の沙汰」が行われてから以降の『兵範記』の記事を見てゆくことにしたい。

六月三日夜、崇徳院が鳥羽殿に参入する。信範は次のように記している。

夜に入り、新院、鳥羽殿に御幸す。即ち還御す。ある人いわく、田中殿に御幸成る。事の由を申され、院御所に幸さず。何ぞ況や御対面に及ばすと云々。

鳥羽院の容体が重篤ということを耳にして、崇徳も一応は見舞いに訪れたが、すぐに帰ってしまった。「ある人」から得た情報では、崇徳は鳥羽田中殿に御幸するものの、参入したということを伝えただけで、鳥羽院の御所に赴くことはなく、まして対面することもなかったという。

重病の父に対する崇徳の態度は実に冷淡であった。皇位継承をめぐる崇徳の遺恨、憤懣が窺知される。あるいは、美福門院や院近臣との接触を避けたのかもしれない。後述するように、臨終に際し崇徳は再度鳥羽に赴くが、今度は混乱の中で取り次ぐ者もなかったため、ついに鳥羽と顔を合わせることはできなかった。

　六月四日には、大悲山峰定寺の三滝上人西念が院に授戒している。往生の準備であった。西念は去る**二日**に参入し、三日間にわたって授戒したとされた。彼は「**近代無双の行者、心性大根の権者**」と称賛されており、当時はもっぱら大悲山に籠もっていたのを、説得して鳥羽院のもとに招いたという。出自、生没年は未詳だが、院の深い帰依を受けていた（多賀宗隼氏「僧西念」）。

　ちなみに、大悲山峰定寺は山城国愛宕郡花背（現京都市左京区）に所在する修験の道場で、この二年前の仁平四年（久寿元年、一一五四）に西念が創建し、鳥羽院の勅願で仏像が施入されている。縁起を信西が執筆しており、平清盛が仏舎利を施入するなど、院近臣との関係が深かった（天沼俊一氏「大悲山峰定寺」）。

　その後、**六月八日**にも「**危急**」とみえるが、以後暫らく鳥羽院の容体に関する記事は見えない。**十二日**には前章で記したように美福門院が出家し、太政大臣藤原実行以下が参列した。この時、女院に授戒したのも西念であった。

　その後、**二十一日**に鳥羽院は危急に陥り、「**京中騒動**」となって、多くの人々が京と鳥羽とを往復した。信範も忠通の指示で鳥羽に赴き、女房から院の容体を聞いて忠通のもとに帰っている。翌日、忠通は基実とともに鳥羽殿に赴いた。

二十七日には、「**昨今殊に大事におわします**」とあり、鳥羽院は危篤に陥った。そしてついに**七月二日**申の刻（午後四時ごろ）、院は鳥羽安楽寿院御所（現京都市伏見区）において息を引き取ったのである。享年五十四。信範は次のように記している。

> **今日申の刻、法皇、鳥羽安楽寿院御所に崩御す。春秋五十四。頃年の間、寝膳例に乖き、去る五月廿二日以後、日を経て大漸、ついにもって晏駕す。**

「頃年の間」とあるから、病気は数年前から続いていた。「寝膳例に乖き」というのは、睡眠や食事が平常ではないこと、つまり体調が不良であったことを意味する。『兵範記』には、三年前の**仁平三年**（一一五三）**九月十五日条**に院が「不食」となったことが見え（第二部第五章参照）、以後、院の病気に関する記述が散見するようになる。そして重篤になったのは五月二十二日であった。「大漸」は病気が次第に重くなること、「晏駕」は天皇・上皇が亡くなることを言う。

鳥羽院の生涯

『兵範記』七月二日条に鳥羽院の生涯が略述されている。

> **堀川（河）天皇の一の皇子、母は女御苡子。康和五年正月、降誕す。同年六月、親王たり。同八月、皇太子に立つ。嘉承二年七月、受禅す〈五歳〉。同十二月、即位す。（中略）保安四年正月、第一親王に譲位す。大治四年七月、白河院晏駕す。その後、三代の天子を登用し、惣じてすでに廿九年の世、政しおわんぬ。**

（※「苡」「了（おわんぬ）」——前者は刊本の「茨」を影印本で訂正し、後者は原本の欠損を残画から「了」と判読）

この信範の記述に沿って、鳥羽院の時代を振り返っておこう。鳥羽院の父は堀河天皇（一〇七九－一一〇七）、母は藤原苡子である。苡子は藤原氏閑院流の出身で、父は大納言実季（さねすえ）、兄は権大納言公実、白河院の従妹（いとこ）にあたる。康和五年（一一〇三）正月に宗仁親王（鳥羽）を出産したが、難産が原因で亡くなっている。享年二十八。のちに鳥羽の中宮となる待賢門院璋子は公実の娘で、苡子の姪（めい）にあたる。

鳥羽は生誕直後に親王宣下を受け、立太子を経て父堀河天皇の死後、嘉承二年（一一〇七）七月に五歳で即位する。『愚管抄』（巻第四）によると、関白藤原忠実は鳥羽天皇と外戚関係がなかったため、天皇の外伯父にあたる公実が摂政の座を競望した。それまで、関白は外戚と関係なく首席大臣が兼ねることもあったが、天皇を代行する摂政は外戚に限られていたのである。白河院は判断に迷ったが、院別当源俊明（としあきら）の諫言（かんげん）で道長の子孫である忠実が摂政に就任した。俊明は、代々大納言・中納言程度の家柄でしかなかった閑院流の公実では摂政・関白を務められるはずもないとして、代々摂関を継承してきた忠実を推したのである。この結果、摂関は外戚とは無関係に、道長の子孫が父子相承することとなった。ここに摂関を継承する家、摂関家が成立した。そして、白河院が摂政を決定したことから、摂関の人事権を院が掌握したのである。

また、天皇はまだ五歳、それを補佐する摂政忠実も若年、非外戚で院に与えられた摂政であるから政治力に欠ける。このため、政治の実権は老練の白河院のものとなった。ここに院政が本格的に成立したのである。堀河天皇に譲位した応徳三年（一〇八六）に院政が始まったとされるが、これは俗説に過ぎない。白河天皇の譲位は、父後三条天皇の遺言で皇位継承者となっていた弟輔仁（すけひと）親王を退け、実子善仁（たるひと）（堀河天皇）を即位させることが目的であり、院政を行う目的はなかった（橋本義彦氏「貴族政権の政治構造」）。

その後は、堀河の母賢子の養父藤原師実（頼通の子）が義理の外祖父として大きな権威を持ち、白河院とともに政治を主導した。師実の子師通は、やはり義理の外伯父として白河院を退けて政治主導権を握ったのである。

しかし、承徳三年（康和元年、一〇九九）六月、関白師通は三十八歳の壮年で急死してしまった。その嫡男で後継者の忠実は、まだ権大納言で非外戚（堀河天皇の従兄（いとこ））だったために権威・政治力に欠けていた。このため、彼は白河院によって関白に、そして摂政に補任（ぶにん）されたことから、人事権を通して院に従属したのである。

鳥羽天皇は成人するが、白河院政下で政治にはあまり参加することはなく、やがて保安四年（一一二三）には、白河の意向で第一皇子の崇徳に譲位させられてしまった。王家家長として、白河院は天皇の人事権をも握ったのである。当時、鳥羽は二十一歳、壮年を迎えようとしていただけに、白河院、そして崇徳天皇との間に、微妙なわだかまりが生じることになる。以後、院政のもとでは、成人した天皇は幼帝に譲位するのが慣例となった。天皇親政を防ぎ、院政を継続するためである。

大治四年（一一二九）七月に白河院が七十七歳の長寿を全うすると、鳥羽院政が開始された。

白河が創始した院政という政治形態は、二十年あまりにわたる白河の独裁政治の間に、すっかり定着していたのである。以後、鳥羽院は崇徳、自らの手で即位させた近衛・後白河という三人の天皇の院政を行った。信範は院政を二十九年に及ぶとしているが、実際には大治四年（一一二九）七月から保元元年（一一五六）七月までなので、ちょうど二十七年となる。

鳥羽院政期の矛盾

鳥羽院は院政開始とともに、白河院の政治路線を大きく変更した。白河の逆鱗に触れて失脚に追い込まれた、前関白藤原忠実を政界に復帰させたのである。忠実の協調と従属もあって、院と摂関家との関係は良好なものとなる。当初は忠実と忠通との関係も表面的には円満で、摂関家も平穏であった。摂関家と軋轢を生じた白河院政、武士政権と衝突した後白河・後鳥羽院政に比して、その治世は安泰であり院政の全盛期とも評される。しかし、院政の後半となると様々な対立が生じ、保元の乱の遠因を作ることになった。

永治元年（一一四一）十二月、鳥羽院は二十三歳の崇徳天皇を、僅か三歳の近衛天皇へ強引に譲位させた。これは、成人天皇から幼帝への譲位という白河院の方針の踏襲であったが、崇徳との疎隔を生んだ。さらに、久寿二年（一一五五）七月に近衛天皇が死去するや、後白河天皇の即位、その子守仁の立太子によって、崇徳の系統を皇統から排除し、和解困難な対立を惹起してしまった。

第二部第一章で述べたように、久安六年（一一五〇）九月、藤原忠実が長男忠通を義絶し、氏長者(うじのちょうじゃ)・家督を弟頼長に与えた。この摂関家の内紛に際し、鳥羽院は忠実の行動を是認し頼長に内覧を与える一方、忠通を関白に留め双方の顔を立てたが、結果的に摂関家の内紛を煽(あお)ることになった。その結果、関白忠通は、美福門院、藤原家成・信西ら院近臣と結び、忠実・頼長と激しい対立を演ずることになったのである。

鳥羽院政期の大きな特色は、多数の荘園が成立し、荘園が公領をやや凌駕(りょうが)する荘園公領体制が出来上がったことにある。こうした荘園を基盤として権門が分立し、独自の武力を組織した。このため、武装した悪僧・神人(じにん)による寺社強訴をはじめとする、武力を用いた衝突が激化したのである。さらに、摂関家と院近臣の対立の背景にも、荘園とする所領の獲得をめぐる軋轢があったとみられる。院政後半における社会不安の背景には、多数の荘園成立という問題が伏在していたのである。

様々な矛盾と軋轢を内包した政情を辛くも抑え込んでいた鳥羽院は、永い闘病の末についに永遠の眠りについた。保元の乱の勃発は、その僅か九日後の七月十一日であった。

二　鳥羽院の葬儀

葬儀と役人

鳥羽院の葬儀については、『兵範記』**七月二日条**に記されている。左大将藤原公教が「**申**(もう)**し行**(おこな)」い、信西が「**検知**」した。公教は、**六月一日**に「**御万歳の沙汰**」を奉行しており、鳥羽院

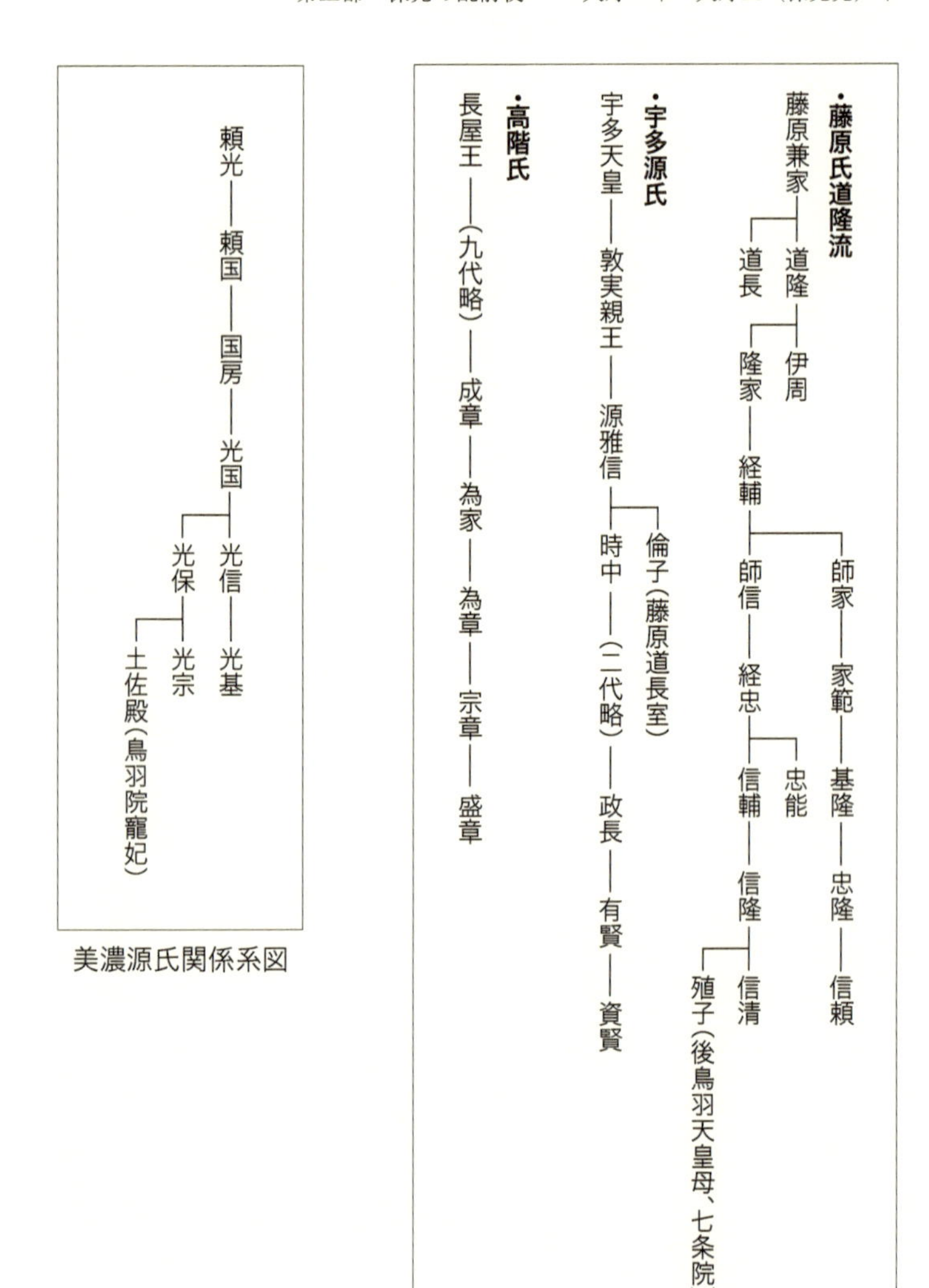

美濃源氏関係系図

院近臣家系図

死去の準備をしてきた公卿であり、信西は院の懐刀ともいうべき、側近の第一人者であった。また、長男俊憲は公教の女婿でもあったから、両者は緊密な提携関係にあった。ここでは、公教が上卿、信西が実務担当といった分担になる。

まず鳥羽院の遺詔によって、八人の入棺役人が選定された。その顔触れは以下の通りであった。

右京大夫信輔朝臣・上総守資賢朝臣・伊予守盛章朝臣・右馬頭信隆朝臣・出雲守光保・左少将成親・右衛門権佐惟方〈春宮大進を辞すと云々〉・入道信西ら也。件の八人、存日の御定と云々。

（※「隆」—刊本の「輔」を影印本で訂正）

ここで選ばれたのは、いずれも有力な院近臣である。最初に名前が挙がっている右京大夫信輔は藤原道隆流に属す鳥羽院庁の四位別当で、右馬頭信隆はその息子であった。信隆の娘殖子（七条院）は高倉天皇との間に後鳥羽院・後高倉院を儲け、信隆の子孫は坊門家として繁栄する。

上総守源資賢は、すでに取り上げたが宇多源氏で四位別当、正しくは上総介である。上総・常陸・上野は親王が名誉職の国守となるので、介が実際の受領であった。次の伊予守盛章も先述した貴族で、高階氏に属し四位別当を務めている。

八人中唯一の武士が出雲守源光保で、彼は清和源氏一門の美濃源氏の武将であるが、娘の土佐殿が鳥羽院の妾であったことから院の側近となり、平清盛と同等の正四位下に昇進していた。

前章で述べたように、六月一日から鳥羽殿の警護を担当している（『兵範記』七月五日条）。左少将藤原成親は、鹿ケ谷事件の首謀者として知られ、鳥羽院第一の側近家成の子。右衛門権佐藤原惟方は実務官僚系近臣の為房流の有能な貴族で、鳥羽院は東宮守仁の側近に抜擢（ばってき）している。まだ当時は別当の補佐役の判官代（ほうがんだい）であった。そして最後に控えているのが信西である。彼は僧なので、院庁の役人ではない。

ここで注目されるのは、多くの院近臣家から役人が起用されているにもかかわらず、院近臣の中心的存在であった平清盛以下の平氏一門の名が見えないことである。清盛も、父忠盛を継いで鳥羽院の四位別当であった。しかし、彼はもちろん、その兄弟も含め平氏一門は明らかに排除されていた。この原因は、再三述べたように、池禅尼が重仁の乳母（めのと）であったことに存した。「御万歳の沙汰」による武士の動員と同様に、清盛以下の一族は崇徳方に立つことを警戒され、葬儀の場でも排除されていたのである。

崇徳院の還御

冷淡な処遇を受けたのは平氏一門だけではない。崇徳院も鳥羽院の臨終に際し、対面を果たせず空しく還御している。

今日、御瞑目の間、新院臨幸す。しかれども簾外より還御すと云々。御塔に渡御する間、また臨幸せず。

崇徳は鳥羽院危篤と聞いて見舞いに訪れたが、鳥羽殿の簾中（れんちゅう）に入ることなく帰ったという。

「御塔」とは遺体を埋葬するための施設で、鳥羽院の臨終後、遺体はここに移された。この葬列には、出家した皇子たち、太政大臣実行、内大臣実能、左大将公教以下が随行した。そして、その終夜、御塔において埋葬（信範はこれを「殯（葬）り奉る」と称する）が行われたが、崇徳院は、ここにも臨席することはなかった。

　信範は、鳥羽院の葬送を子細に記したが、崇徳院の動向にはごく簡潔に触れたに過ぎない。これに対し『愚管抄』（巻第四）には詳細な記事がある。同書によると、崇徳院は鳥羽院のもとに最後の対面に訪れたが、案内する者もないことに立腹して牛車を止めた。鳥羽院の臨終で駆け付けた人々で大騒ぎになったところに、たまたま遭遇した平範家の子親範（一一三七―一二二〇）という貴族を供の者が暴行し、目を負傷させてしまった。鳥羽院は、そのことを最後の愛妾である土佐殿（源光保の娘）から聞かされ、直後に息を引き取ったという。崇徳院の無念、鳥羽院と崇徳との因縁を物語る逸話となっている。

　慈円は、この時の事情について八十歳を超えて存命の親範（当時は出家して、想蓮房円智と称した）に聞き取り、『愚管抄』に記している。親範は、信範と同じ桓武平氏高棟王流の貴族で、実務官僚として活躍し、蔵人頭・参議を経て正三位民部卿に至った。たびたび取り上げた『官職秘抄』の編者平基親は親範の子にあたる。

　崇徳院は、ことさらに排除されたわけではなかったが、さりとて招き入れられることもなく、混乱の中を空しく帰っていった。かくして、崇徳は鳥羽との関係を回復する機会を永久に失ったのである。

第六章　後白河天皇方の挑発

一　平氏一門の動向

平基盛の参入

鳥羽院亡きあとの不穏な情勢の中で、政局の鍵を握ったのが平清盛以下の平氏一門である。崇徳の皇子重仁の乳母（めのと）であった池禅尼は、夫忠盛亡きあとその正室として家長に准ずる立場にあった。このため、彼女の子頼盛はもちろん、清盛以下の平氏一門も崇徳方に立つ可能性が高いとみられていたのである。

しかし、周知のとおり保元の乱において平清盛は後白河陣営に加わった。では、当初崇徳方への参戦を警戒されていた平氏一門は、どの段階で後白河方に加わったのだろうか。それを示すのが、『兵範記』七月五日条である。

蔵人大輔（たいふ）雅頼（まさより）、勅を奉（うけたまわ）り、検非違使（けびいし）らに召し仰せ、京中の武士を停止（ちょうじ）せしむ。左衛門尉平基盛（もともり）・右衛門尉惟繁（これしげ）・源義康ら、参入し奉（うけたまわ）りおわんぬ。

この日、五位蔵人源雅頼が後白河天皇の勅命をうけたまわり、検非違使に命じて京中における武士の活動を禁止させた。これは、不穏な情勢のもとで、崇徳・頼長方の武士の行動を禁じたものである。

三人の検非違使のうち、源義康は六月一日から源義朝とともに後白河の内裏の警護に動員され、保元の乱勃発に際し清盛・義朝とともに出撃した武将である。足利氏の祖で義朝と姻戚関係にあったことは、すでに触れた。平惟繁は「維繁」とも表記され（『尊卑分脈』第四篇一六頁）、桓武平氏の傍流で、『今昔物語集』（巻第二十五、第四話・第五話）の説話で知られる維茂（これもち）の子孫に当たるが、大きな事績はない。

ここで何より注目されるのは、最初に清盛の次男平基盛（一一三九―六二）の名前が挙がっていることである。彼が後白河の命を受けて参入したことは、その父清盛が継母池禅尼に背いて後白河方に参戦したことを物語る。さらに後白河方となったのは、清盛父子だけではなかった。

池禅尼の決断

平氏一門の動向について、『愚管抄』（巻第五）に有名な記述がある。池禅尼が、平治の乱で頼朝を助命したことに関する記事の中で、保元の乱の時の逸話が取り上げられている。大意をいうと、池禅尼は「新院」すなわち崇徳の皇子重仁を養育しているので、その子頼盛は新院方に付くべきであるが、新院方が敗北すると判断した禅尼は、頼盛に対し兄清盛に従うように指示したというのである。

おそらく、清盛が早くから後白河方に参戦する姿勢を示していたので、崇徳方の劣勢は否定しようもなく敗北は必至であった。敗北は処刑を意味する。これを恐れた禅尼は、頼盛に清盛と同一歩調を取るように命じたと考えられる。

池禅尼は、忠盛亡き後、伊勢平氏の家長に准ずるとはいえ、実子ではない清盛の行動まで強く制約することはできなかった。池禅尼の権威は、実子以外には及ばなかったのである。ちなみに頼朝亡き後、北条政子は鎌倉将軍家の家長として大きな権力を振るうが、彼女は頼家・実朝の実母であった。

清盛は家嫡をめぐって対立してきた頼盛と衝突し、決着をつけようとしたのではないだろうか。清盛と頼盛とは十四も年齢が隔たっており、官位も正四位下安芸守と正五位下常陸介（受領）で、位階に三階の差があった。しかし、頼盛は忠盛の正妻の子として権威を持っており、まして母が乳母を務めている重仁が即位すれば、兄を逆転した可能性が高い。

清盛は家嫡争いに終止符を打つためにも、後白河方への参戦を決意したのである。ただ、一門を二分する頼盛との衝突、父忠盛が乳父として養育した重仁親王や、その父崇徳院との敵対に躊躇し、ただちに後白河方の立場を明確にできず、警戒されたものと思われる。また、頼盛が後白河方に参戦した結果、一門の分裂は抑止されたが、保元の乱の後も清盛と頼盛との対立は継続することになる。

清盛はこれ以前に旗幟を鮮明にしたのかもしれないが、基盛の参入が清盛の立場を明確にしたことは疑いない。おそらく、それ以前に頼盛も清盛に従ったのであろう。かくして、最大の武力を擁する平氏一門は後白河方となった。この結果、崇徳の軍事的脅威は薄らぎ、兵乱が勃発しても後白河方の勝利はほぼ確実となったのである。以後、後白河方は藤原頼長に対する挑発を繰り返すことになる。

二　頼長に対する挑発

源親治の追捕

七月五日、平清盛の次男である検非違使基盛は、京中の武士を停止（ちょうじ）せよという後白河天皇の命を受けて参入した。これは崇徳・頼長方の武士の追捕（ついぶ）が目的であった。そして翌**六日**、早速彼は頼長方の武士を捕らえている。

左衛門尉平基盛、東山法住寺の辺りにおいて、源親治（ちかはる）の身を追捕す。件（くだん）の男、頼治の孫、親弘の男也。大和国の有勢（うせい）の者、ひそかに京に住まう。由緒を尋ねられんがため也。左府、宇県（うけん）に籠居すと雖も、件の親治を召し、京に住まわさる。尤（もっと）も疑いありと云々。

（※「身」―刊本の「男」を影印本で訂正）

検非違使左衛門尉平基盛は、東山の法住寺付近で源親治を追捕した。「法住寺」は、平治の乱後に後白河院が院御所法住寺殿を造営したことで名高い地名だが、本来は平安中期に太政大臣（だいじょうだいじん）藤原為光が東山の麓の七条付近（現東山区、三十三間堂付近）に建立した寺院の名称である。しかし、すでに寺院は焼失し、当時は名前だけが残っていたらしい。鴨川の東岸で、平氏の拠点六波羅に近い場所であった。

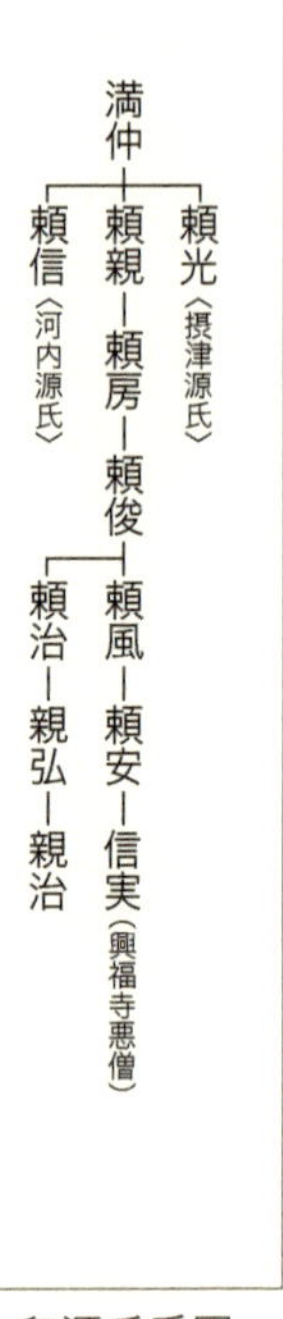

大和源氏系図

源親治は大和国の「有勢」の者とあるように、大和に拠点を持つ大和源氏の武将である。『保元物語』（上、官軍方々手分ケノ事并ビニ親治等生ケ捕ラルル事）は、親治が本拠の大和国宇野（現奈良県五條市付近）から入京するところを、基盛が捕らえたとするが、『兵範記』は、もとから在京していたとしている。頼長方の武士として警戒されており、京中における武士停止に抵触したとして、些細（ささい）な行動が原因で追捕されたのであろう。「左府」はもちろん左大臣頼長、「宇県」は宇治の中国風の呼称である。当時、頼長は宇治に居住していて、京にはいなかった。「尤も疑いあり」とあるが、「尤も」は「最も」と同義で、「非常に疑わしい」という意味になる。疑わしいだけで追捕されたのだから、現代風に言えば「予防拘禁」に相当するだろう。挙兵したわけでもないのに、嫌疑だけで家人を追捕したことが、頼長に対する挑発であることはいうまでもない。

大和源氏

ここで、親治が属する大和源氏について紹介しておこう。この一族は、安和二年（九六九）

の安和の変で藤原北家に協力し、左大臣源高明を密告した源満仲の次男頼親の子孫である。頼親は、当初父と同じ摂津国に拠点を構えていたが、三度も大和守を務めて大和国に進出し、同国内に拠点を構え大和源氏と称された。

頼親の兄頼光は藤原道長に仕えて富裕な受領として活躍し、その子孫は満仲が開発した摂津国多田を拠点として摂津源氏を称した。この系統から、以仁王挙兵に加わった源頼政をはじめ、多田を継承し、先述のように摂関家に仕えた多田源氏も登場している。保元の乱では、頼政と多田源氏の頼盛は後白河天皇方、頼盛の弟頼憲は崇徳・頼長陣営に参戦する。

一方、頼親の弟頼信の子孫は河内国を拠点として河内源氏と称され、頼信・頼義・義家が東国・奥羽の兵乱を平定したほか、保元の乱で敵対する為義・義朝父子、鎌倉幕府の創始者頼朝らが登場するのは周知のとおりであろう。

これに対し大和源氏歴代には大きな事績はない。大和源氏の祖頼親は、兄頼光と同様に藤原道長に仕え受領を歴任したが、今では裏の顔が有名になってしまった。長和六年（寛仁元年、一〇一七）三月、頼親は従者に命じて、京中でかの清少納言の兄清原致信を殺害させたのである。これを聞いた道長は「件の頼親、殺人の上手也。度々この事あり」という世評を記した（『御堂関白記』三月十一日条）。表面は受領だが、その裏側に殺人の常習者という別の相貌を有していたことになる。

ただ、致信も残忍な武将に虐殺された哀れな文人ではなかった。彼も頼親の配下である当麻為頼を殺害しており、その報復を受けたのである。この背景には大和国の利権をめぐる抗争があった。こうなると、文人と武士との境目も曖昧と言わざるを得ない。

それはともかく、京中での殺人事件の背景には、大和に対する執着が関係していたのである。頼親は三度も大和守に就任し同国に勢力を扶植したが、永承五年（一〇五〇）に興福寺との紛争に敗れ、息子頼房とともに土佐国に配流されてしまう。

その後、大和源氏は勢力を回復し、頼親の孫頼俊が陸奥守に就任したこともあるが、その子で親治の祖父にあたる頼治は、嘉保二年（一〇九五）に延暦寺・日吉社の強訴を撃退した際の失策が原因で配流され、爾来、大和源氏はすっかり凋落してしまった。河内源氏や摂津源氏が五位の受領に就任し、摂関家のほか院にも仕えて、朝廷で独自の政治的地位を築いたのに対し、大和源氏はもっぱら摂関家に従属していた。このため、頼長の家人として警戒され追捕されたのである。

なお、興福寺に屈服した大和源氏から興福寺の悪僧も現れた。当時の興福寺悪僧の巨魁で、藤原忠実と結んで興福寺の実権を掌握し、「日本一悪僧武勇」（『尊卑分脈』第三篇一六二頁）を謳われた信実である。彼は先祖の頼親が屈服させられた興福寺に内側から食い込み、忠実の支援を背景に興福寺の実権を掌握した。信実が率いる興福寺の悪僧は、保元の乱において頼長方の武力として期待されることになる。

荘園からの武士動員の禁止

後白河天皇方は武力の優位を背景に、引き続き頼長に対する挑発を行う。**八日**には、蔵人頭左中弁であった藤原雅教が、天皇の命令をうけたまわって諸国司に命令を下した。

今日、蔵人頭左中弁雅教朝臣、勅定を奉り、御教書をもって諸国司に仰せていわく、入道前太政大臣ならびに左大臣、庄園の軍兵を催す由、その聞こえあり。慥かに停止せしむべし者。

入道前太政大臣は忠実、左大臣は頼長で、彼らが荘園から武士を動員することを停止せよという内容である。「いわく」と最後の「者」が対応しており、これらに挟まれた「入道前太政大臣」から「慥かに停止せしむべし」までが御教書の内容になる。

蔵人頭の藤原雅教が後白河天皇の勅をうけたまわり、「御教書」で諸国の国司に命令を伝えたとある。これは、古文書学の常識から判断すると奇妙な話で、天皇の勅命を蔵人頭が奉じて（うけたまわって）出す文書、すなわち天皇の「奉書」は「綸旨」という文書様式でなければならない。「御教書」は、同じ奉書の一種であるが、通説では摂関以下の公卿が発給する文書様式になる。

ただ、史料では文書様式は曖昧で、このような様式の混乱は珍しいことではなかった。おそらく、信範は同じ奉書の一種ということで、厳密には綸旨とすべきところを御教書と記したのであろう。

ここで注目されるのは、諸国に対して藤原忠実・頼長が荘園から武士を動員しようとしているので、これを禁止せよという命令が出されたことである。この通達は、忠実・頼長が謀反を企んでいると諸国に伝えたに等しい。また、全国の忠実・頼長の荘園、言い換えれば摂関家領荘園の大半は、国司の監視の下に置かれたことになる。これは、罪人の荘園を朝廷が没収する没官の準備といえよう。

荘園から軍兵を動員するというと、現地の住人を兵士として駆り立てるように思われるかもしれないが、合戦が大規模化する源平争乱までは、そうしたことは行われていない。ここでいう軍兵は、たとえば多田荘を管理する源頼憲の一族のように、預所・下司などとして現地管理を行っていた軍事貴族などを対象としていたとみられる。

こうして朝廷は忠実・頼長をあたかも謀反人のように扱い、その荘園を国司の監視下に置いたのである。これは二日前の源親治追捕に続く、頼長、そして忠実に対する二つ目の挑発であった。平氏一門の参戦で軍事的に優位に立った後白河方は、忠実・頼長に挑発を続けることになる。

三　東三条殿の没官

東三条殿の検知

頼長に対する挑発の第三弾、そして極めて重大な意味を持ったのが、同じ**八日**に行われた東三条殿の没官である。東三条殿は、藤原道長以来の伝統を持つ摂関家の正式の邸宅で、第二部第一章で先述したように、久安六年（一一五〇）九月に藤原忠実が関白忠通から没収し、弟頼長に氏長者の地位や宝物などとともに与えていたから、この時点では頼長の邸宅であった。この出来事について、信範は次のように記している。

今日、蔵人左衛門尉俊成ならびに義朝の随兵ら、東三条に押し入り、検知・没官しおわんぬ。東蔵町同前。即ち、義朝に仰せ預けられおわんぬ。

この日、朝廷の命を受けた蔵人高階俊成と、源義朝の率いる武士たちが東三条殿に押し入り、邸内を検知（捜索）し邸宅を没官したのである。「東蔵町同前」とあるのは、邸宅だけではなく、東蔵町についても同様の措置が取られたということになる。蔵町は、朱器・台盤をはじめとする摂関家の宝物などを収める倉庫群で、これらの建物は義朝に預けられ、彼の管理下におかれた。頼長方の奪回に備えて、義朝配下の武士が東三条殿に駐屯し警戒に当たったのである。なお同道した高階俊成は六位蔵人の公家であるが、検非違使・左衛門少尉であったため、名目上は検知の担当者であった。

東三条殿は、まず「検知」され、ついで「没官」された。「没官」は罪人の財産を朝廷が没収することを意味する。頼長の財産である東三条殿の「没官」は、とりもなおさず頼長が罪人と見做されたことになる。邸内を捜索した結果、頼長は犯罪者と断定され、東三条殿が「没官」されたのである。

謀反人頼長

では、何故頼長は罪人と断定されたのだろうか。信範は、続いて次のように記した。

その間、平等院供僧勝尊、秘法を修し、かの殿中にあり〈中門南廊〉。直ちに搦め召し、

子細を尋問せらる。本尊ならびに文書等においては、皆悉く召されおわんぬ。これ、左府の命により日ごろ居住すと云々。子細、筆端に尽くし難し。

東三条の邸内では、平等院の勝尊という僧侶が秘法を修していた。彼は捕らえられ詳細な尋問を受け、本尊や文書はすべて没収された。勝尊は頼長の命令で日ごろから東三条殿に居住していたという。

最後の「子細、筆端に尽くし難し」は、表面的には、あまりに煩雑なので詳細は書き切れないということだが、実際にはもっと意味深長であった。信範が仕える摂関家の一員である頼長が、謀反にかかわる行動をしていたことが露顕したため、記述を憚ったのである。頼長、さらに忠実は信範を抑圧したが、かつての主君であり、主君関白忠通の一族にほかならない。彼らの謀反という事態は、摂関家家司信範にとって、戦慄を禁じ得なかったと考えられる。

『保元物語』（上、新院御謀反露顕幷ビニ調伏ノ事）は、五月八日、東三条殿で内裏を呪詛する者があるという風聞があったために、義朝軍が踏み込んだとしている。この時に押収された本尊、頼長の書状から、頼長は崇徳とともに謀反を計画していると断定され、同日の議定において来る十一日に肥前国への配流が決められたとする。大臣の配流は、大宰員外帥あるいは権帥への左遷が原則であり、物語の記述だけに疑問もあるが、『兵範記』にも「没官」とあるから、頼長が罪に問われたこと自体は疑いない。もはや頼長に残された道は、坐して配流・失脚を待つか、武力を用いて退勢の挽回をはかるべく挙兵するかのいずれかであった。

こうしてみると、後白河天皇方は鳥羽存命中の六月一日に源義朝・義康、そして北面の武士たちを動員して軍事基盤を固めるとともに、平氏一門の旗幟が鮮明になるや、立て続けに頼長に圧力を加えて追い詰めたのである（橋本義彦氏『藤原頼長』）。兵乱に至らなかった摂関時代の政変でも、政敵を追い詰めるために大規模な武力動員が行われた。長徳二年（九九六）四月、藤原道長が、彼と対立した甥の伊周（これちか）・隆家（たかいえ）兄弟を配流した際、道長は源頼光らの軍事貴族、「武芸に堪ゆる五位以下」を動員して軍備を固めている（『小右記』四月二十四日条）。安和の変も含めて、軍事衝突寸前となったことはこれまでもあったが、追い詰められた側の屈服で衝突は回避された。しかし、今回は合戦が起こったのである。

その背景には、河内源氏、興福寺悪僧を組織した摂関家の強靭（きょうじん）な武力組織が存在した。さらに、崇徳院の行動が関係するのである。

第四部　保元の乱の結末

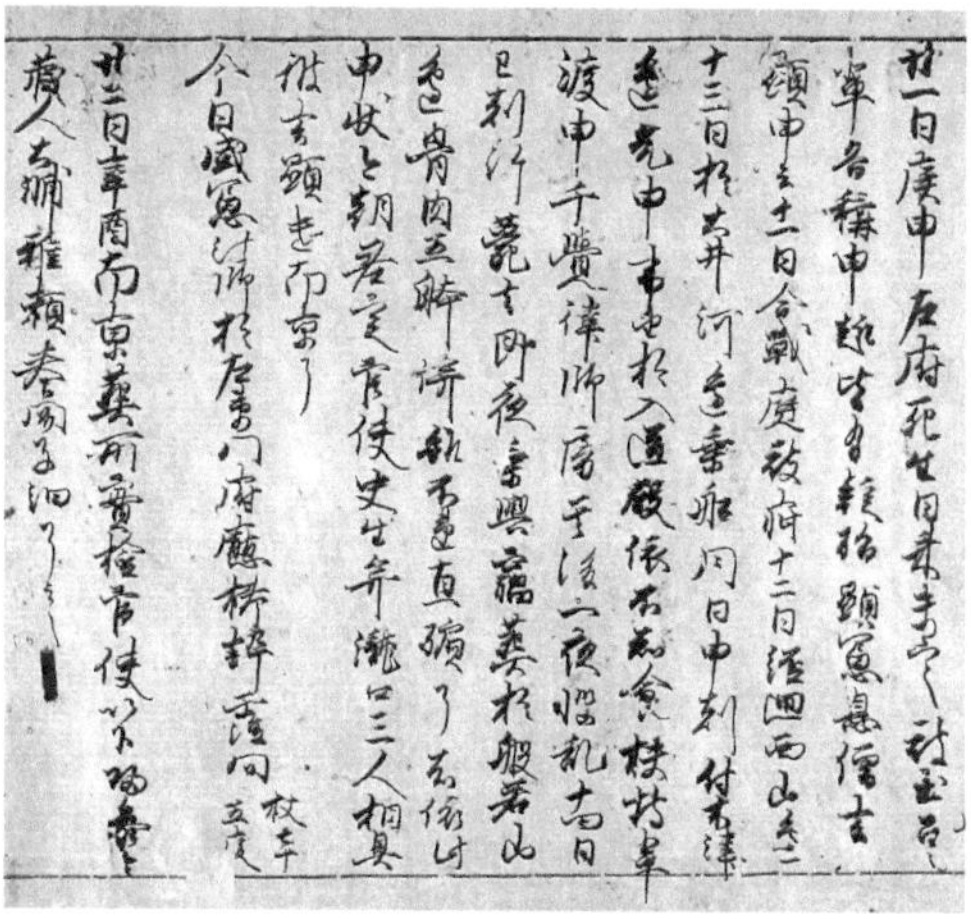

『兵範記』保元元年7月21・22日条(陽明文庫蔵)

第一章　崇徳院・頼長方の軍勢

一　崇徳院の白河北殿御幸

保元元年（一一五六）七月八日、藤原頼長は謀反人とされ、邸宅東三条殿を没官（もっかん）された。彼は追い詰められたのである。平安中期までの政変なら、ここで頼長は出家して配流され、政治生命を絶たれて事態は収束したことであろう。ところが、そうはならなかった。頼長を支援し、後白河天皇・関白藤原忠通の朝廷に対抗する王権の担い手が現れた。本来、王家正統の座にあった崇徳院である。

翌**九日**、頼長より先に崇徳院が行動を起こした。信範は次のように記している。

夜半、上皇、鳥羽田中御所より密々に白川前斎院（さきのさいいん）御所に御幸す〈斎院、去る二日、鳥羽殿に渡御しおわんぬ〉。上下奇（あや）しみをなし、親疎知らずと云々。

鳥羽田中殿にいた崇徳が、密かに前斎院が居住していた白河北殿に移った。「上下」は身分

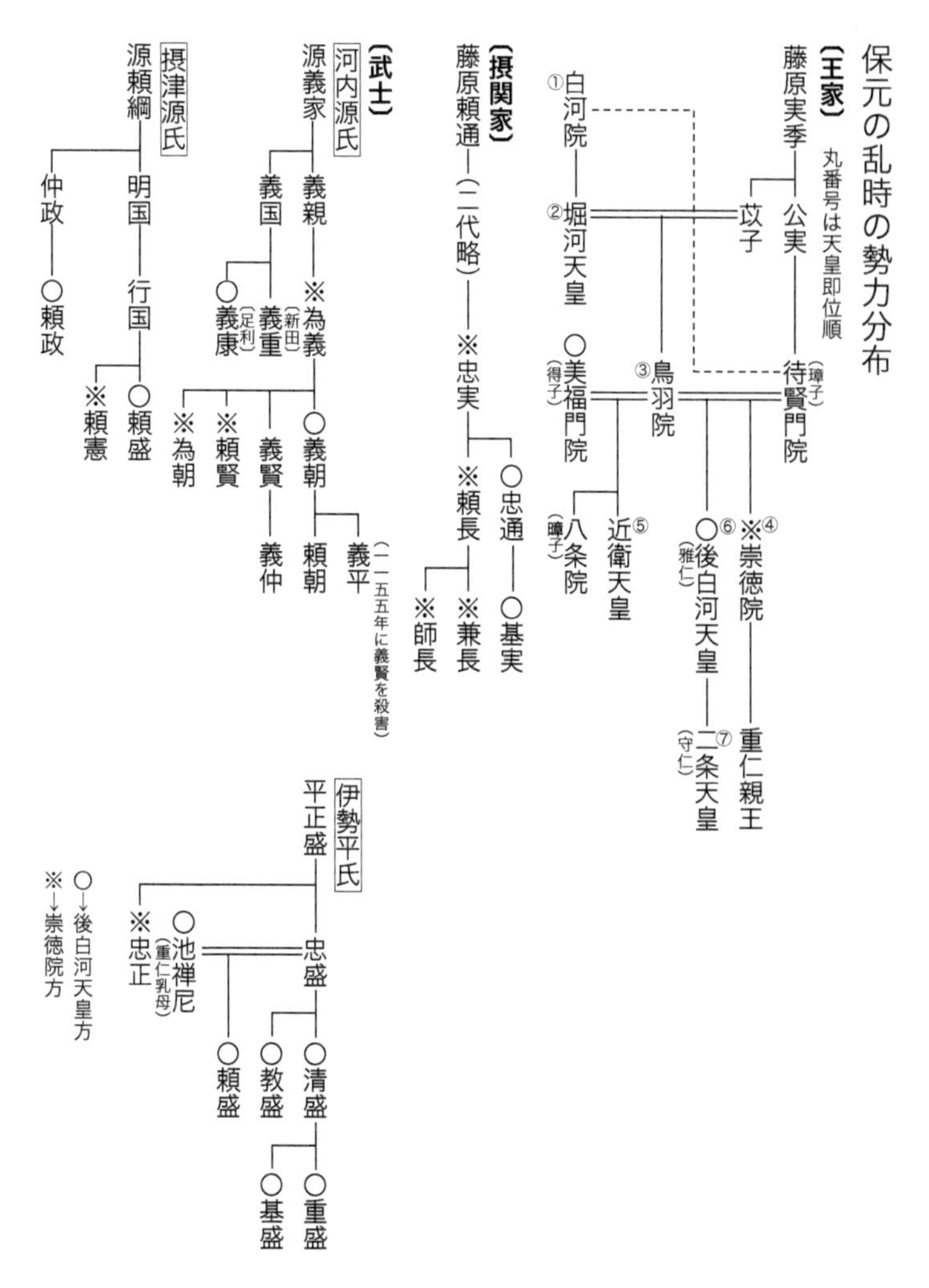

元木泰雄「院政の展開と内乱」（『中世前期政治史研究』吉川弘文館、2024年。初出2002年）の掲載系図を加筆・修正。

の高い者、低い者、「親疎」は院に親しい者、疎遠の者の意味で、誰もが院の行動を不審に思い、その理由を知らなかったことになる。崇徳の行動が周囲の人々を驚かせた様子が窺われる。

前斎院は崇徳の同母妹の統子内親王（一一二六－八九）で、生後間もなくから長承元年（一一三二）まで賀茂斎院を務めたことから「前斎院」と呼ばれている。乱後の保元三年（一一五八）に同母弟後白河天皇の皇后となるが、もちろん配偶関係にあったわけではなく、彼女に皇后の地位とそれに伴う特権を与えたのである。その翌年には女院となって上西門院を称している。彼女は、この当時鳥羽にいて御所は無人となっていた。崇徳は、僅かな供とともに密かに鳥羽の田中御所を抜け出し、白河北殿に入ったのである。

信範は、処罰が決定した頼長ではなく、矛先を向けられていない崇徳が先に動いたことを、人々が不審に思ったと記す。頼長のみが処罰され、崇徳に災いが及ばない可能性もあった。そして、平氏一門が後白河天皇方に参入したために、崇徳は事実上無力となっていたから、崇徳が動くことはないという見方が後白河方に広まっていたのであろう。

しかし、崇徳が鳥羽院亡き後の最大の危険分子とみなされていたことはいうまでもない。また、『兵範記』の**七月五日条**に、崇徳が頼長とともに挙兵するという噂によって、六月一日以降、高松殿と鳥羽殿が警戒されたとあるように、崇徳と頼長が連携しているという見方も強かった。崇徳は、もし頼長が謀反で処罰されれば、自身も巻き込まれることは確実と考えたであろう。そればかりか、本来正統王権の担い手であった彼が動くことで、後述するように事態の大きな変化も予想したのではないだろうか。鳥羽殿には、源光保や平盛兼といった北面の武士が招集されていたので、留まっていれば拘束は疑いない。そこで、崇徳は警戒の隙をついて鳥羽を脱出したのである。

彼が入った白河北殿は、白河院が造営し鳥羽院も院御所として用いた由緒ある邸宅であった。同邸に入ったのは、鳥羽の後継者としての権威を示すためとする河内祥輔氏（『保元の乱・平治の乱』）の解釈もあるが、真の目的はその近隣に拠点を持つ武士を組織することにあった。

白河北殿のすぐ南に平氏一門の拠点六波羅がある。清盛は後白河方に立ったが、崇徳自身が出座すれば、皇子重仁親王の乳母池禅尼の息子である平頼盛（一一三二-八六）が駆けつけるとみたのではないか。また、その異母兄経盛（一一二四-八五）の母は陸奥守源信雅の娘、すなわち頼長の妾で師長の母となった女性の姉妹であったし、教盛（一一二八-八五）の母も忠実の側近藤原家隆の娘で、崇徳の母待賢門院の女房であった。崇徳と頼長が合流することで、彼らが清盛に離反し参入することを崇徳は期待したのであろう。やはり白河北殿近隣の円覚寺には、忠実・頼長の家人である源為義の宿所があった。

こうした武力を白河北殿に結集し、高松殿の後白河天皇方に対抗しようとしたのである。高い権威を持つ崇徳と私兵を有する頼長とが提携すれば、伊勢平氏と河内源氏の有力者が顔をそろえる可能性があり、武力面で優位に立つことも夢ではなかった。

二　崇徳・頼長陣営の武士

崇徳側近の武士

『兵範記』の翌**十日条**によると、崇徳院は白河北殿に武士たちを招集する。

上皇、白川（河）殿において軍兵を整えらる。これ日ごろの風聞、すでに露顕するところ也。

崇徳は白河北殿で軍兵を集めるが、これは日ごろからの風聞、すなわち挙兵の噂が現実のものとなった、と信範は述べている。六月一日以来、頼長とともに崇徳も挙兵を警戒されていたのである。とはいえ、本当に武力を招集したのは今回が初めてであり、早期に武力を動員した後白河方に大きく遅れをとっていた。

前日条には、崇徳の行動に驚いた記述があるのに、「風聞」が「露顕」したというのは、奇異の感を否めない。また、これ以降で信範は崇徳のもとに参集した武士の名前を挙げているが、むろん信範が実際に見たわけではない。こうした記述の背景については、後述に委ねることとし、まずは崇徳のもとに馳せ参じた武士たちを紹介しよう。

まず名前が挙がっているのが、平家弘とその一族、そして院司たちである。

散位平家弘・大炊助同康弘・右衛門尉同盛弘・兵衛尉同時弘・判官代同時盛・蔵人同長盛・源為国ら、おのおの祗候す。

家弘・康弘は父子、盛弘・時弘は家弘の兄弟である。彼らは伊勢平氏の傍流で、崇徳院が東宮となった時に家弘らの父正弘が侍として仕えて以来、天皇・上皇の期間を通して一族は崇徳に近侍してきた。まさに崇徳の側近の武士で、『保元物語』（上、新院御謀反露顕幷ビニ調伏ノ事）は、家弘が鳥羽殿から院に随行してきたとする。この一族はおおむね検非違使・衛府の尉止まりで、受領に就任する者もなく武力も弱体であったが、平忠盛・池禅尼と連携していた。

正弘は伊勢のほかに信濃にも所領を有したが、天養二年（一一四五）には同地の紛争に平維綱の支援を求めたようである（『平安遺文』第六巻第二五五八号「鳥羽院庁下文」（吉田れん氏旧蔵文書））。維綱は第一部第二章で触れたように、平忠盛・池禅尼夫妻の子家盛の乳父、すなわち忠盛の腹心であった。したがって、この出来事は正弘が維綱を介して、忠盛夫妻と政治的に連携していたことを示唆する（井原今朝男氏「中世善光寺平の災害と開発」）。この背景には、正弘が崇徳の側近、忠盛夫妻が崇徳の皇子重仁の乳父・乳母で、ともに崇徳一族に近侍したことが関係したとみられる（拙稿「院政期信濃守と武士」）。おそらく正弘は、こうしたかねてからの縁故で池禅尼の子頼盛の参入を期待したのだろう。しかし、それは実現しなかった。

判官代平時盛は系譜不明で罪名宣下にも名前がないので、誤記の可能性もある。蔵人平長盛は忠正の子で第三部第一章にも登場した。忠正は、忠盛の弟で清盛の叔父だが、忠実・頼長の側近で、長盛は院と頼長との政治的な連携を示唆する武将といえる。

最後の源為国も蔵人とみられる。彼は河内源氏の傍流で、頼義の弟頼清の子孫にあたる信濃源氏の武将であるが（拙稿「頼義と頼清」）、他の史料に一切登場しない。乱後罪名宣下も受けておらず、実際には参戦しなかった可能性もある。なお『尊卑分脈』（第三篇一九〇頁）に、室が信西の娘とあるので、事実とすれば縁故を頼って逃亡したのかもしれない。その子孫は信濃国で生き延びており、元弘の乱で護良親王の身代わりとなって戦死した村上義日や、戦国時代に武田信玄と争う村上義清といった著名な人物が登場している。

源為義一族

ついで源為義と、その子頼賢・為知（朝）・九郎冠者為仲が参入する。

また前大夫尉　源為義、前左衛門尉同頼賢・八郎同為知・九郎冠者らを引率し初参す。

為義は、すでに再三登場した河内源氏の当時の当主である。長男義朝が後白河方に参入し、父子・兄弟の相克を演じることは周知に属する。それまで崇徳との関係はなかった。『愚管抄』（巻第四）は、公卿の藤原教長が為義に参入を説得したとする。

「為知」は、かの鎮西八郎為朝のことで、第二部第七章で指摘したように影印本で確認すると信範自身の誤記とわかる。身分の低い官人や武士の名前が当て字で記されるのは珍しいことではない。この為義一族について信範は次のように記した。

頃年以来、故院の勘責により、おのおの籠居す。今この時に当たり、懇切に召し出ださるる也。

彼らは、「故院」、すなわち鳥羽院の叱責によって謹慎していたが、この時に崇徳から懇切に呼び出されたという。為義については、先に鳥羽院の命によって祭文を美福門院に提出したという『愚管抄』（巻第四）の記事を紹介した。本来、鳥羽院に仕える北面の武士でもあったが、崇徳・頼長方への参戦を懸念されていたことがわかる。

信範は亡き鳥羽院に叱責されて籠居したことが、崇徳方に参入した原因のように記している。これは、すでに第二部第七章で触れたように、久寿元年（一一五四）十一月、為義が為朝の鎮西における乱行を制止しなかったとして、左衛門大尉・検非違使を解官されたことを指すとみられる。

先述の通り、為朝濫行の舞台は摂関家の家司が国守を務める豊後国で、しかも忠実が以前に大宰府を知行していたことから、当初為朝の行動は黙認されていた。しかし、忠実が大宰府の知行主ではなくなって時が経過したことや、忠実・頼長派に対する抑圧が強まった結果、為朝の濫行が問題視され、為義は父としての「監督責任」を問われて解官されたのである。

為朝の行動が示すように、為義一族は忠実・頼長と密接な関係にあった。『台記』康治元年（一一四二）八月三日条によると、為義は臣従していた忠実の命令で、興福寺悪僧十五人を陸奥に連行している。忠実と結ぶ悪僧信実に敵対する僧侶の粛清であった。同記の翌年六月三十日条には、忠実に「臣」（臣従）してきた為義が頼長に初参したという記事があり、為義は頼長とも主従関係にあった。

為義の次男義賢は頼長と男色関係にあり、能登の荘園で預所にも任じられた（『台記』康治二年十一月二十五日条）。先述のように為朝の鎮西における活動も、摂関家の荘園などと関係するとみられる。為義の一族は、摂関家の家産機構に依存し、同時にそれを支えていたのである。

仁平元年（一一五一）七月、頼長は源頼憲に命じて為義の「摂津の旅亭」を焼き討ちさせたが、その後も為義一族は忠実・頼長に奉仕しており、第二部第六章で述べたように、仁平四年（一一五四）二月には為義・頼賢父子が春日祭の上卿（しょうけい）を務めた兼長に随行し、為義は帰路の綺河原で笠懸を行っている。この時、為義は家司（けいし）もしくは職事（しきじ）として、忠実・頼長に仕えていた。久寿二年（一一五五）暮れの高陽院の葬儀には、為義の京における後継者に擬された頼賢が侍として素服（そふく）を賜っている（『兵範記』久寿二年十二月十七日条）。このように為義一族は、摂関家家産機構で大きな位置を占めていた。

長男義朝は、摂関家・為義と袂（たもと）を分かって後白河方に参入し、六月一日から後白河の里内裏高松殿の警護に当たっている。為義自身も鳥羽院北面として美福門院に祭文を提出した。その彼が長男との対決を決断し鳥羽院との縁故も捨て、あえて崇徳陣営に参入したのは、忠実・頼長を頂点とする摂関家家産機構に依存していたためであった。頼長が敗れ荘園が収公されれば、為義一族は荘官などの地位を奪われ、所領を失うことになる。かくして、為義は後継者頼賢、勇猛な為朝、九郎冠者為仲らを伴って崇徳のもとに参入した。

崇徳側近、源為義一族に続いて最後に参入したのが、左大臣頼長とその側近であった。

頼長の参入

頼長の参入について、信範は次のように記している。

晩頭、左府、宇県より参入す。前馬助（さきのうまのすけ）平忠正・散位源頼憲、おのおの軍兵（ぐんぴょう）を発す。偏に

合戦の儀たり。

頼長は「宇県」から参入した。宇県は宇治の中国風の呼称である。父忠実のもとで情勢を見守っていたのであろう。彼も配流を宣下され、ついに挙兵に追い込まれたのである。彼に随行したのは伊勢平氏の平忠正、多田源氏の源頼憲であった。

忠正は忠盛の弟だが、長承二年（一一三三）九月に鳥羽院の叱責を受け（『長秋記』九月二十日条）、右馬助（右馬寮の次官）を解官されてから官職についていない。兄忠盛と対照的に院から忌避されてしまったのである。院の命令で悪僧強訴の防御に動員されたこともなく、宇治に居館を持ち忠実・頼長の家人となっていた。

一方の源頼憲は、先述のように多田源氏の武将で、源為義の摂津の旅亭を攻撃した頼長の腹心であった。彼も強訴の防御に招集されておらず、院との関係はない。頼憲は頼長に仕えて忠通に伺候した兄頼盛を官位で凌駕し、父行国の遺領をめぐる衝突も起こしている。この兄弟はそれぞれ主君の忠通・頼長に従い、両陣営に分かれることになったのである。

忠正・頼憲は、忠実・頼長の家政機関に属し、一般の貴族とともに前駆・手長（給仕）などを勤仕する姿が『兵範記』にも記されている。摂関家に依存していたので、忠実・頼長に忠節を尽くしたが、所領も小規模で武士としては弱体な存在に過ぎない。

『愚管抄』（巻第四）によると、後白河天皇方は「ノブカヌ」という武士に命じて、宇治から京に向かう頼長を櫃川（現京都市山科区の山科川）付近で迎撃しようとしたが、間に合わなかったという。この「ノブカヌ」は、現在の読みでは「ノブカネ」、すなわち平信兼と考えられる

（平安・鎌倉時代では、実名の二文字目の「兼」を「カヌ」と読んだ。坂口太郎氏「『愚管抄』校訂私考」参照）。

第三部第一章で述べたように、彼は久寿二年（一一五五）二月、路上で遭遇した左大臣頼長・右大将兼長父子の一行に暴行されたことから弓矢で反撃し、頼長・兼長の随行者に死傷者を出す不祥事を惹起（じゃっき）して解官された。彼が父盛兼とともに、関白忠通に仕えていたことが頼長一行による暴行の原因とみられる。しかし、彼は先述のように五月十九日に急遽赦免（きゅうきょ）され、後白河天皇方武士の一員となっていた。彼が頼長の迎撃に起用されたのも、こうした経緯が関係したのであろう。

崇徳と頼長の密議

軍勢が揃った後の白河北殿の様子を、信範は次のように記している。

時に、上皇・左府、額を合わせて議定（ぎじょう）す。左京大夫教長卿、同じく御前に候（さぶら）う。家弘・為義、忽ちに判官代に補す。直ちに御前に召さる。頼賢、また六位の判官代に補せられおんぬ。

（※「又（また）」―刊本の「父」を影印本で訂正）

まるで信範がその場を見てきたような書きっぷりで、緊張した崇徳と頼長の様子が目に浮かぶ。もちろん関白忠通の家司である信範がその場にいるはずはない。研究者の中には、白河北殿の様子が後白河方に筒抜けになっていたとする河内祥輔氏（『保元の乱・平治の乱』）のような解釈もあるが、内通者か忍者を想定したのだろうか。日記の作成方法がわかっていれば、このような誤解は避けられたであろう。

この記事は、二人の前にいた左京大夫藤原教長の供述により作成されたものである。後述のように、教長は乱後に後白河方に捕らえられて尋問を受け、当時の様子を語っている（『兵範記』七月十五日条）。その内容をもとに、信範は『兵範記』の七月十日条を記述したのである。崇徳方の武士たちの参入に関する記述も、やはり教長の供述によるものであろう。日記は決してその当日にのみ書かれるわけではなく、のちに得た情報を書き足すこともあった。

この十日条は、明らかに乱のあとに書き直されている。このために、九日条では崇徳の行動の意図がわからず、不審と記したのに対し、「**日ごろの風聞、すでに露顕するところ也**」と、崇徳の挙兵が当然のような書き方になっているのである。

ここで、家弘・為義らが判官代に任じられた。『愚管抄』（巻第四）によると、為義は合戦の策略を院に奏上したとされる。おそらくは、院の御前に伺候させるために、院庁の役職に任じたのであろう。息子の頼賢も六位の判官代に任じられた。この時、為義の嫡子義朝が、後白河陣営の中心的な武力として内裏警護を担当していたことはすでに触れた。父子が別陣営に分かれたのは、先述のように何年にもわたる深刻な対立の結果であった。

為義の献策

為義が言上した内容や、それに対する頼長の返答について、『愚管抄』（巻第四）は以下のように記している。まず為義は、東国の郎従らは義朝に従って内裏に行ってしまい、わが軍は頼賢と為朝という息子二人しかおらず、小勢なので敵の攻撃を妨ぐのは難しいとした。そこで彼は、宇治、甲賀、さらには坂東への下向と東国武士の結集を提案、それが無理なら奇襲による先制攻撃を主張したとする。

　為朝は猛将だが、九州から大軍を率いてきたわけではないので、小勢は事実であろう。しかし、東国の郎従が義朝に組織されたとしながら、東国下向を主張したというのは非現実的である。さらに、以下の頼長の返答にも疑問が残る。

　頼長は、今は何事もなかろうとして、大和国の檜垣冠者が吉野の軍勢を催して参入するのを待つようにと述べ、為義の奇襲案を退けたという。「檜垣冠者」は、源頼信の弟頼平の系統で、檜垣太郎とも称された頼盛である。彼は忠実に仕えており、叔父頼康も忠実の侍所職員の勾当であった（『尊卑分脈』第三篇一七九頁）。もっとも、康治二年（一一四三）に頼盛が源惟正なる武士と合戦を企てた際は、「児子の戯」と失笑され、忠実の命を受けた為義によってたちまちに捕らえられている（『本朝世紀』六月十三日条）から、到底期待される存在とは思えない。

　これに対し、『保元物語』（上、新院御所各門々固メノ事付ケタリ軍評定ノ事）は、頼長が為義ではなく為朝の夜襲の提案を退け、興福寺の悪僧信実以下の参入を期待したとしている。為朝を提案者としたのは、彼を英雄として描いた同書の虚構である。しかし、『兵範記』でも後述されるが、信実らが頼長に同意して上洛を企てたのは事実で、頼長が信実率いる興福寺悪僧を期待したとする方が現実的である。参集したのが『愚管抄』のいう「勢ズクナ（勢少な）」な武士ばかりだっただけに、大軍と予想された信実率いる悪僧の到着を頼長が期待したのも致し方ない。

先述のように、康治元年（一一四二）には、忠実が家人である為義に命じて、興福寺内の反信実派の僧侶を奥州に配流しており、忠実・為義・信実の間の連携が浮き彫りにされる。翌康治二年の六月に、為義は頼長にも臣従することになる。

このように、忠実・頼長は興福寺悪僧信実、源為義との間に主従関係・政治的連携があった。主従関係は何も武士相互の専売特許ではない。かかる公家（くげ）・武士・悪僧が一体化した組織を複合権門と称する（拙稿「院政期政治構造の展開」）。彼らは強固に結合していたがゆえに、保元の乱で頼長の武力として期待されたのである。

いずれにせよ、頼長が大和国の軍勢の到着を待っていたのは疑いない。おそらく、頼長は後白河方からの先制攻撃を予想していなかったのであろう。崇徳の権威で、後白河方も攻撃を躊躇（ちゅうちょ）すると見たのかもしれない。

三　後白河方の軍勢招集

武士の顔ぶれ

続いて、『兵範記』**十日条**の後半部分を見てゆこう。崇徳・頼長方の生々しい描写は、降伏した教長の供述によって記されたものであった。これに対し、後白河陣営に関する叙述は、信範自身が忠通・基実に随行して直接見聞したり、関係者から詳細に聞き出したりしたものである。信範は、後白河の内裏高松殿の有様を次のように記した。

> **禁中〈時に高松殿〉かの僉議により、同じく武士を集めらる。下野守義朝・右衛門尉義康、陣頭に候う。このほか安芸守清盛朝臣・兵庫頭頼政・散位重成・左衛門尉源季実・平信兼・右衛門尉平惟繁、勅定により参会す。漸く晩頭に及び、軍雲霞の如し。関白殿ならびに中納言殿、参内せしめ給う。**

禁中は里内裏の高松殿である。「かの僉議」とあるのは、崇徳院方の軍議のことであり、これによって後白河天皇方も武士を集めたとしている。先に軍を集めたのは崇徳方で、後白河方はそれに対抗するために、仕方なく武士を集めたといわんばかりである。

たしかに、安芸守平清盛以下はこの時に参入したとみられるが、源義朝と同義康は、七月五日条で見たように、すでに六月一日から高松殿の陣頭に伺候し、禁中を守護していた。同時に源光保・平盛兼らの北面の武士たちも鳥羽殿に参集しており、京周辺の有力な軍事貴族をいち早く招集したのは鳥羽院・後白河陣営であった。

この十日に高松殿に参入した武士のうち、清盛は継母池禅尼が崇徳の皇子重仁の乳母であった関係で去就が注目されていたが、すでに述べたように五日の段階で息子基盛が後白河側の呼びかけに応えて参入している。そして池禅尼の決断で、彼女の息子頼盛も清盛とともに参入した。この結果、後白河陣営が頼長に対する挑発を開始したのは第三部第六章で述べた通りである。

源頼政は、周知のとおり治承四年（一一八〇）に以仁王の乱で戦死する摂津源氏の武将である。重成は多田満仲の弟満政の子孫、季実は文徳源氏の武将で、この二人は平治の乱で滅亡する運命にあった。平信兼は頼長と衝突した経験を持ち、頼長入京の迎撃を命じられた武将である。平惟繁も、五日に基盛・源義康とともに参入した検非違使の一人であった。

このほか、『保元物語』（上、官軍召シ集メラルル事）によると、諸国の武士も動員されており、義朝には東国を中心とした地方武士が扈従していた。諸国の武士の動員は大規模な強訴の警護でも行われているので虚構ではない（拙稿「院政期政治構造の展開」）。おそらく、六月一日の段階で京に招集されたのであろう。こうしてみると、後白河陣営は早くから武力を招集し、平氏一門の参入により絶対的な優位に立った上で、頼長を挑発し崇徳を巻き込んだ挙兵に追い込んだのである。高松殿には関白忠通・中納言基実父子も参入するが、他の公卿は合戦を恐れてなかなか参入しなかった。

作戦の上申

後白河陣営でも、作戦が練られることになる。信範は次のように記している。

この間、清盛朝臣・義朝□、召しにより朝餉に参り、合戦の籌策を執奏す。夜に入り、清盛朝臣以下、おのおの甲冑を着し、軍兵を引率す。

義朝の後の一字は破損のために読むことができないが、おそらくは刊本の編者の推測通り、「等」の異体字であったと思われる。なお、四位の清盛には「朝臣」が付されているが、五位の義朝には付されない（日記で人名を列記する際に、四位と五位を区別したことは、土田直鎮氏「平安中期に於ける記録の人名表記法」参照）。

二人は後白河天皇の召しにより「朝餉」に参入した。朝餉は、本来は天皇の日常の食事の意味だが、食事や更衣をする日常生活のための部屋「朝餉の間」の意味でも用いられる。ここでは後者の意味で、二人は朝餉の間で天皇に拝謁したのである。朝餉の間は清涼殿にあり、臣下との謁見にもしばしば使用されている。

ここで二人は合戦の「籌策」を奏上した。籌策は中世の史料に頻出する言葉で、「籌」は「はかる」を意味していて、はかりごと、作戦の意味で用いられる。『保元物語』（上、主上三条殿ニ行幸ノ事）には義朝が夜襲を献策したとあるが、未明に出撃が行われたことから見て、そうした趣旨の献策があったのは事実であろう。

夜に入って清盛以下は甲冑を着し、軍兵を引率し高松殿に集まった。清盛に従った武将として名前が挙がっているのは、池禅尼の子で去就が問題となった弟常陸守（正確には介、実質上の守）頼盛、淡路守教盛、長男の中務少輔重盛（しげもり）の三人である。崇徳・頼長と関係を有した頼盛、教盛は、ついに清盛から離反することはなかった。

教盛は当時従五位上で淡路守を務めており、これまでも『兵範記』に散見していた。母が忠実の側近藤原家隆の娘という微妙な立場にあったことは先にも触れた。ちなみに名前の見えない経盛は従五位下でまだ無官である。二人の母はいずれも忠盛の妾であり、正室の池禅尼（宗子）の子頼盛がすでに正五位下であったことと比べると、出世は遅れていた。重盛は十九歳、すでに『兵範記』にも姿を見せており、この時従五位下中務少輔であった。
武士たちの様子を記録していた信範は、忠通から別の用件を命じられた。

今夜、下官、殿下の仰せにより、東三条に参り、寝殿以下を検知す。俄かに行幸あるべき故也。

「下官」は「私」の意味で、信範のこと。彼は忠通の命令で、接収された東三条殿に出かけている。これは翌日、後白河天皇が東三条殿に移る準備のためであった。信範は忠通・基実に随行して高松殿に来ていたことがわかる。緊迫した邸内の様子、武士たちの動きは彼自身の見聞によるものであった。冷静な『兵範記』の記述から窺うことはできないが、彼も平安京始まって以来の合戦の勃発という緊張感を肌で感じていたことだろう。万一、後白河方が敗北すれば、忠通は配流などの重罰を科され、信範も同様の処罰を避けることができない。彼は、そんな恐怖も心底に抱いていたはずである。

そして未明、義朝の献策の通り、軍勢が出撃する。

第二章　後白河天皇方の勝利

一　後白河方の出撃

第一陣出撃

保元元年**七月十一日**の明け方、後白河天皇の里内裏高松殿から、六百余騎の軍勢が三手に分かれて白河北殿に向けて出撃していった。平安京近辺における初めての兵乱、保元の乱の勃発である。本書冒頭にも引用したが、この部分は『兵範記』の中で、最も著名な記述であろう。

鶏鳴、清盛朝臣・義朝・義康ら、軍兵（ぐんぴょう）**すべて六百余騎、白河に発向す**〈**清盛三百余騎、二条の方より。義朝二百余騎、大炊御門の方より。義康百余騎、近衛の方より**〉。

「鶏鳴」は鶏が鳴くころ、つまり明け方を意味する。出撃した武将は平清盛・源義朝・同義康の三名で、彼らが後白河天皇方の主力であった。軍勢は全部で六百余騎とあるが、これは騎兵のことであり、歩兵を合わせれば、おそらく二、三倍の人数になると思われる。それでも、治承年間以降の源平争乱に比べて、小人数であることは否（いな）めない。

内訳は分注の通りで、清盛が半分の三百余騎を占め、最大の軍勢である。京に近い伊賀や伊

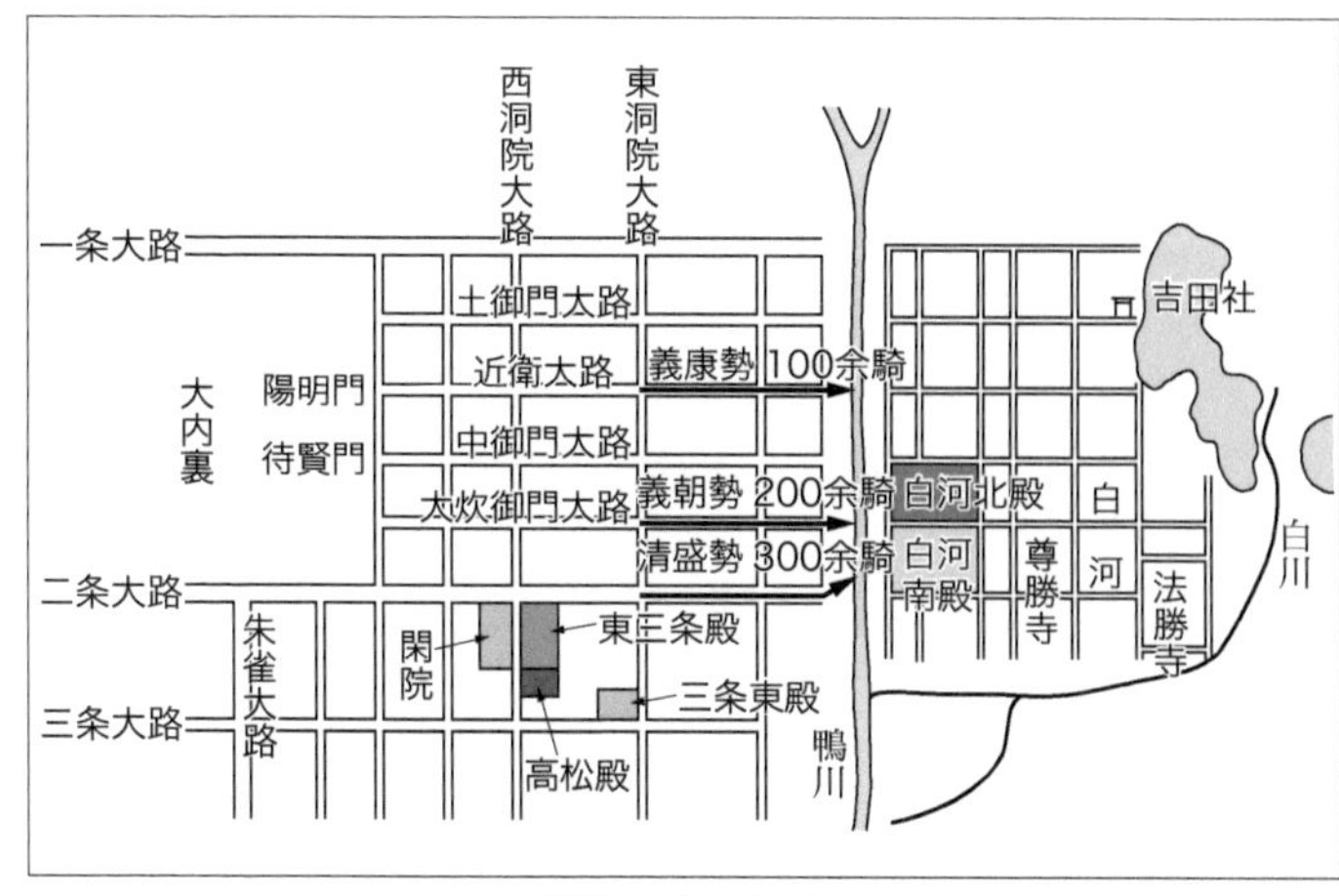

保元の乱の舞台

勢を基盤にしていたために大規模な動員が可能だったとみられる。「二条の方より」というのは二条通から出撃したことを意味する。

清盛に次ぐ二百余騎を率いた義朝は大炊御門大路から、そして義康が百余騎で近衛大路から、それぞれ白河北殿を目指した。大炊御門大路は白河北殿の正面に通じる。そこで、かつては義朝に同じ源氏の一族が守る正面を攻撃させ、源氏を同士討ちに追い込んだなどという解釈があったが、これは大きな誤りである。後述する『愚管抄』（巻第四）にあるように、義朝は出撃に積極的であった。彼は一族から謀反人を出したことを源氏の恥辱と考え、自らの力で解決しようとしたのである。また河内源氏嫡流をめぐって長年対立してきた、父為義や弟頼賢らとの内紛に決着をつける機会と考えたとみられる。

義康は先述の通り、河内源氏の傍流、のちの室町幕府将軍家足利氏の祖である。下野国足利荘を拠点とし、下野守義朝とは同国の誼と、後白河側近の熱田宮司家を介した姻戚関係を通して連携し、義朝とともに後白河に近侍した。このため、両者は六月一日から後白河の里内裏を警戒し同時に出撃したのである。

官軍義朝

『愚管抄』（巻第四）には、忠通が出撃の許可を下さないことを義朝が憤る様が描かれている。参謀格の「ミチノリ法シ（師）」、すなわち藤原通憲こと信西は、義朝の献策通りに早急に出撃命令を出すように忠通に迫った。

しかし、忠通は出撃命令を躊躇った。武による決着は平安遷都以来先例がないし、何より弟頼長、さらには父忠実をも敵に回し、彼らを謀反人として極刑に追い込みかねない合戦を回避したいのも当然であった。平氏一門の参戦で大勢は決しており、崇徳側から降伏の使者が送られることを期待したのではないか。

『愚管抄』（巻第四）によると、十一日未明に出撃命令が下ったことで義朝は欣喜雀躍した。義朝は日輪が描かれた紅の扇をパタパタさせながら「これまで合戦を何度も繰り返してきたが、みな朝廷の命令を受けたわけではなく、どのような処罰を受けるだろうかと恐れた」と述べ、「今日は追討宣旨を受けて朝敵と戦うので、心涼しい（清々しい）」とまで述べている。相手の主力は父や弟たちだが、先述した抗争による近親憎悪もさることながら、一族とはいえ朝敵を討伐することを喜んだのである。

当時の合戦には、朝廷の命令を受けて賊（朝敵）を討伐する「公戦」と、朝廷の命令と無関係に敵と戦う「私戦」（私合戦）とがあった（拙稿「『今昔物語集』における武士」）。公戦で賊を討つのが官軍だったのである。義朝は二十代のころ、坂東に下り私戦を繰り返していた。天養元年（一一四四）には、相模の三浦一族と連携して、近隣の大庭御厨に九月、十月の二度にわたって乱入し、荘園領主の伊勢神宮に訴えられたことがある（『平安遺文』第六巻第二五四四号「官宣旨案」、第二五四八号「官宣旨案」〔ともに『相模国大庭御厨古文書（天養記）』〕）。

御厨は伊勢神宮への供物を準備する場所で、神宮領の荘園を意味する。目代らと組んだ義朝は、郎従を派遣して大庭御厨の住人を負傷させ、作物を奪い取るという無法を行った。とくに二回目には、千余騎という大軍が乱入している。伊勢神宮側の訴えで、朝廷は義朝の不法を停止する命令を下したが、当時の相模守であった院近臣藤原頼憲が、義朝の濫行を「国司の進止に能わず」と称して黙認したため、義朝に処罰はなかった（『平安遺文』第六巻第二五四八号「官宣旨案」〔『相模国大庭御厨古文書（天養記）』〕）。その背景には、当時鳥羽院と緊密な関係にあった忠実を通した院の働きかけがあったと考えられる。

こうした際どい経験をしてきた義朝にとって、晴れて官軍となるのは心も涼しい思いだったのである。これまでも述べてきたように、父や一族との対立には、政界の分裂とも関係した深刻な事情があった。さらに、弟義賢が皇太子體仁親王（近衛天皇）の警護隊長である東宮帯刀先生に就任したのに対し、義朝は無官で東国に下された。いわば義朝は廃嫡されたことになり、父為義に対する反発の根源が存在していたのである。

当初は摂関家に支援された義朝も、忠実・頼長と軋轢のある美福門院に対して、相模国の荘園の立荘を協力し、彼女を通して鳥羽院に接近する。仁平三年（一一五三）三月には、摂関家に仕える父為義が検非違使止まりで、受領に昇進できなかったのを後目に、義朝は院近臣として下野守に就任したのである。彼と為義派との対立が深まるのも当然といえよう。

保元の乱前年の久寿二年（一一五五）八月には、先述のように武蔵に進出した為義側の義賢が、義朝の名代というべき長男義平に殺害された。この報復に下向した頼賢が信濃国で院領荘園を侵害したため、義朝は頼賢の追討を命じられたが実現しなかった。ついに今回初めて義朝は官軍として父・弟と戦うことになり、すっかり興奮してしまったらしい。

清盛軍の構成

保元の乱における後白河方について、『保元物語』（上、官軍召シ集メラルル事）には興味深い独自の記述がある。もちろん軍記物語であり全面的に信用はできないが、ある程度の真実を反映していると思われる。まず、平清盛は、父忠盛が重仁親王の乳父だったために警戒され、動員すべき武士を列挙した鳥羽院の遺言にも漏れていたが、美福門院がとくに招集したという。事実であれば、このことが清盛に後白河方参入を決断させた一因かもしれない。

平清盛、源義朝らの軍勢を構成した武士について、『保元物語』（上、主上三条殿ニ行幸ノ事付ケタリ官軍勢汰ヘノ事）は、名前を詳細に掲載している。もちろん記述をそのまま鵜呑みにはできないが、逆にすべてを否定するのも問題であろう。平清盛軍と源義朝軍に関する記述には、大きな性格の相違もあり、大雑把な傾向・特色を窺い知ることはできると考えられる（以下、拙稿「源義朝論」による）。

清盛の軍勢は、兄弟・子息らの一門、平家貞一族などの一門家人、旧来の本領である伊賀・伊勢の伊藤・山田以下、重代相伝の武士団、そして妹尾・難波といった、海賊追討などを通して組織した山陽方面の武士団で構成されていた。伊賀国は少ないように見えるが、伊賀国鞆田荘沙汰人平家貞・貞能一族という中心的な郎従を含んでいる。伊賀や伊勢の武士団は、保元の乱では先陣を切って全軍を鼓舞した。さらに、平氏政権段階では平貞能・藤原（伊藤）忠清らが侍大将となったように、つねに平氏軍制の中枢を占める存在であった。一門から家人化した家貞、相伝の郎従である伊藤忠清らは受領などに昇進するが、最後まで平氏一門に忠実に奉仕していたのである。

こうしてみると、平氏の軍事編成では、院政期以来の拠点である伊賀・伊勢の武士団が中枢を占め、それ以外の地域の郎従は限られたものであったことになる。正盛以来、伊勢平氏は代々海賊追討などを通して主従関係を締結した山陽地域の武士でも、妹尾・難波が動員されたのに留まっている。平氏の場合、一門と古くからの本領に関係する武士団が、在京活動における武力の中心となっていた。

義朝の軍勢

次に、二百余騎を率いたとされる義朝の武力を検討しよう。『保元物語』（上、主上三条殿ニ行幸ノ事付ケタリ官軍勢沙ヘノ事）を見ると、平清盛と大きく異なる点がいくつもある。その一つは、同盟軍の源義康、近江（おうみ）源氏の源重貞（しげさだ）を除いて、源氏一門の名前が全く見えないことである。父や弟たちとの対立から考えれば当然ではあるが、他の一門との連携も見られないことから、河内源氏内部で義朝が孤立していたことがわかる。

それにもまして注目されるのは、父祖以来の拠点であった河内国以下、畿内周辺諸国の武士の姿が見えないことである。これは、伊賀や伊勢という古くからの所領を中心とした平清盛と大きく異なっている。名前が挙がっているのは、いずれも東海・東山道諸国の武士たちで、その国名は伊豆・甲斐・飛騨（ひだ）・奥羽を除く広範囲にまたがっている。

河内源氏の古くからの拠点河内国の武士は、為義や彼の三男で義朝の弟義範（よしのり）（義憲）に属していたものと考えられる。義範は河内国長野（現大阪府河内長野市付近）を基盤としており、保元・平治の乱に関与せず、源平争乱期には八条院領常陸国信太（しだの）（志田）荘（しょう）を拠点に頼朝に対抗し、寿永二年（一一八三）二月に敗北した後には、上洛（じょうらく）して木曾義仲に合流、義仲の滅亡後も逃亡するが伊勢で討ちとられている。

それはともかく、東国が義朝の基盤となった。東国武士のうち、もちろん拠点鎌倉の所在地相模や、隣接する武蔵、受領を務める下野の武士団、かつて対立を調停した上総介・千葉氏など、自力で動員した可能性がある武士も少なくないが、義朝と何ら関係のない国々の武士の名前も多数列挙されている。そのような国の武士が、どうして義朝のもとに参戦したのだろうか。『保元物語』（上、官軍召シ集メラルル事）には「諸国ノ宰吏（さいり）、兵士（ひょうじ）ヲ進（まいら）ス」とあって、「宰吏」、すなわち受領が武士を京に送ったという記事がある。同時に六衛府の官人、とくに判官が武装して内裏に駐屯したとしているが、判官は衛府の尉でおおむね検非違使を兼任する。軍事貴族、諸国の武士、検非違使の三者からなる軍事動員体制は、院政期の大規模強訴にも見られたものであったから、保元の乱でも当然踏襲されたと考えられる（拙著『武士の成立』、横澤大典氏「白河・鳥羽院政期における京都の軍事警察制度」）。

義朝のもとに配属されたのは、諸国の受領が進上した武士であった。とくに武蔵の武士が多いのは、武蔵守藤原信頼との提携の所産であろう。動員の在り方は、受領の政治的立場や力量に左右された面があった。こうした動員は六月一日に発令されたとみられる。

後白河方は、有力武士のほか、検非違使や衛府、諸国の武士という、国家的な組織を通して武力を動員していたことがわかる。これに対し、崇徳・頼長方は、摂関家に属する源為義一族や頼長の家人、荘園の武士、そして間に合わなかったが興福寺の悪僧といった摂関家の私兵が中心であった。国家的に動員された武力と、摂関家の私兵とでは、勝敗は自ずと明らかといえるだろう。

二　合戦の推移

東三条殿行幸

清盛・義朝・義康の都合六百余騎による第一陣が出撃したあと、後白河天皇は関白忠通、その子左衛門督基実とともに、東三条殿に移った。

この間、主上、腰輿を召し、東三条殿に還幸す。内侍、剣璽を持ち出だす。左衛門督殿、これを取り腰輿に安んぜしめ給う。他の公卿ならびに近将不参の故也。殿下、扈従せしめ給う〈両殿直衣〉。

「主上」は天皇、すなわち後白河天皇である。天皇は腰輿に乗って高松殿に隣接する東三条殿に移った。東三条殿は摂関家の正邸で、本来は頼長の邸宅であったが、八日に没官され義朝の軍勢が管理していた。信範は前日の十日、天皇の行幸に備えて、東三条殿にある寝殿以下を検知するという重大な役割を果たしている。天皇が東三条殿に移ったのは、警備の容易さといった軍事的目的とみられる。

この時、女官の内侍が三種の神器のうちの剣と璽を持ち出し、左衛門督基実がこれを腰輿に安置したが、本来、神器は「近将」が安置することになっていた。「近将」とは、天皇の親衛隊を意味する左右近衛府の将官（大将・中将・少将）のことだが、彼らの中には崇徳院・頼長方に参じた者もあり、他の者も兵乱を恐れて参入しなかったので、基実が代行したのである。殿下忠通は腰輿の後ろに付き従った。ちなみに、もう一つの神器である神鏡は、天皇とは別に東三条殿に渡され、遅れて参入した蔵人、近将が付き添った。

東三条殿の警護

東三条殿に天皇、三種の神器が移り、さらに後白河の女御藤原忻子も参入した。信範は東三条殿の警護の様子を記している。

三面の門々、おのおの武士を差し着け守護す〈鎖を差し、内外を固むるなり〉。滝口の輩(ともがら)、甲冑を着し、門ごとに二人、押領使(おうりようし)を差し定む。前蔵人(さきのくろうど)源頼盛、召しにより南庭に候(さぶら)う。同じく郎従数百人、陣頭を囲繞(いにょう)す。

東三条殿の門には武士が派遣され、鎖で門を固めた。日ごろ禁中を警護する滝口の武士が甲冑を着して門ごとに二人ずつ配置され、押領使に定められている。押領使は地方の治安維持の担当者の名称にも用いられたが、本来は軍隊を率いて移動させる役人を意味していた。ここでは門を警備する武士たちの移動を引率する役人という、本来の意味に基づく任務を担ったとみられる。おそらく、京の地理に精通した滝口の武士が、地方から動員された武士たちを東三条殿の各門に引率したのであろう。

内裏の陣頭を警護したのは源頼盛であった。彼については第二部第五章で、仁平三年（一一五三）七月にその息子が基実のもとで元服した記事を紹介した。多田源氏の武将で、頼長方の頼憲の兄にあたり、弟と対立する関係上、忠通を頼っていたのである。この息子が多田行綱であることは先にも触れた。「郎従数百人」というと、清盛や義朝に匹敵する大兵力のように思われるが、これは「人」とあるように歩兵である。清盛の「三百余騎」は騎兵で、さらに歩兵を率いていたのだから、その何倍かになっていたとみられる。天皇の警護が重要な役割であることはいうまでもないが、本当に精強さを認められていたら白河北殿に向けて出撃したはずであり、頼盛に対する評価が窺われる。

合戦の雌雄

　未明に第一陣が出撃したものの、なかなか合戦の決着がつかなかった。人数面で圧倒的な優位にあるだけに、合戦は短時間で終わると予想されたのであろう。どれほどの時間が経過したのかはわからないが、白河北殿に向けて第二陣が出撃することになる。

　この間、頼政・重成・信兼ら、重ねて白川（河）に遣わしおわんぬ。彼是の合戦、すでに雌雄に及ぶ由、使者参りて奏す。この間、主上御願を立て、臣下祈念す。

　この頼政以下の三人が、清盛・義朝・義康に次ぐ武士と考えられていたのだろう。いずれも、すでに十日に後白河のもとに参集しているが、『保元物語』には彼らの活躍は描かれない。わずかに頼政配下の渡辺党が白河北殿の東門を攻撃したことが見えるのみである（中、白河殿攻メ落ス事）。ちなみに『愚管抄』（巻第四）は、第一陣を清盛・義朝の二人とし、ついで頼政・重成と並んで「光康」が挙がっている。義康と美濃源氏の源光保を混同したのかもしれないが、『兵範記』では光保は鳥羽殿の警護に当たっており（七月五日条）、合戦に登場しない。

　そこに、合戦の様子を伝える使者が到着する。「彼是」は今でも使う言葉で、ここでは「おおよそ」「だいたい」という意味になる。「雌雄」は、勝負事で「雌雄を決す」と言われるように、勝敗が決まることを意味する。合戦は山場に差し掛かったのである。そこで後白河天皇は勝利の願を立て、臣下も祈念している。

「使者」については、『愚管抄』（巻第四）に興味深い記事がある。蔵人源雅頼（一一二七－九

○）が奉行して合戦の日記を作成していたが、合戦の様子は義朝が次々と送る使者によって伝えられていたという。その報告は臨場感にあふれた内容で、雅頼は使者を送った義朝を「ユ、シキ（立派な）者」と称賛している。合戦に対する義朝の覚悟と意気込みが伝わってくる。

一方、合戦の様子を最も詳細に記すのは『保元物語』（中、白河殿へ義朝夜討チニ寄セラルル事）であるが、軍記物語だけに信憑性（しんぴょうせい）には問題もある。同書は、為朝の強弓で配下の伊藤六忠直（ただなお）や伊賀の山田是行（これゆき）らを殺害された清盛が、恐れをなして退散したとする。郎従の戦死は事実とみられるが、清盛が消極的だったのは臆病なためではなく、崇徳との関係から合戦を控えたためと考えられる。

なお同書（中、白河殿攻メ落ス事）には、義朝の郎従大庭景能（かげよし）が、為朝に射られて足に重傷を負ったという逸話があるが、このことを裏付ける記事が『吾妻鏡』建久二年（一一九一）八月一日条に掲載されている。これによると、為朝は騎乗して鴨川の大炊御門河原において義朝と戦っており、崇徳方は白河北殿を出て、鴨川を防御線としていたと考えられる。

一方、『愚管抄』（巻第四）は、為義の子頼賢・為朝らが必死に守るところに、義朝の第一の郎等鎌田正清（まさきよ）が再三攻め込んでは押し返されたと記しており、崇徳方の善戦ぶりが彷彿（ほうふつ）されるが、最後は人数が物をいって白河北殿を取り囲んで放火し、後白河方が勝利を収めたとする。

三　合戦の決着

後白河方の勝利

ついに白河北殿に火が放たれ、後白河方の勝利が決定する。信範は次のように記した。

辰の刻、東方に煙炎たつ。御方の軍、すでに責め寄せ、火を懸けおわんぬと云々。清盛ら勝つに乗って逃ぐるを逐う。上皇・左府、跡を晦まし逐電す。白川（河）御所等、焼失しおわんぬ〈斎院御所ならびに院の北殿也〉。御方の軍、法勝寺に向かい検知す。また為義の円覚寺住所を焼きおわんぬ。

合戦の開始が未明で、勝敗がほぼ決したのが辰の刻（午前八時ごろ）。三、四時間程度の闘いだった。東三条殿から、東方に立ち上る煙と炎が確認された。「御方」は「味方」の意味で、もちろん後白河天皇方を指す。義朝らは崇徳院方の必死の防御を打ち破り、白河北殿に放火したのである。同殿は焼け落ちた。

放火は、立てこもる敵軍を追い出し敵方の拠点を攻め落とす最も有効な戦術で、『今昔物語集』（巻第二十五）や『将門記』に、こうした戦術がとられた逸話がみえる。実戦を多数経験している義朝の作戦と考えられる。

「逐う」は、「追う」と同義で、清盛以下は勝利した勢いで、逃げる敵を追撃していった。崇徳院・藤原頼長は警護の武士たちに守られて、辛くも脱出し行方をくらました。このため、近隣の法勝寺への逃亡が疑われ検知されている。焼き払われた為義の円覚寺住所は、先述のように白河に隣接した為義の拠点であった。

さて、勝利の報に接した後白河天皇は、東三条殿から里内裏の高松殿に帰還した。午の刻（午後零時ごろ）、大将軍の清盛・義朝らは内裏に帰参し、出撃前と同じ朝餉の間で天皇の言葉をうけたまわっている。

頼長の負傷

崇徳・頼長は、武士たちが必死に防御する間に白河北殿を逃れた。『兵範記』には以下のように記されている。

上皇・左府、行方を知らず。ただし左府においては、すでに流矢に中る由、多くもって称え申す。為義以下の軍卒、同じく行方を知らずと云々。宇治入道殿、左府の事を聞こし食し、急ぎ南都に逃げ向かわしめ給いおわんぬと云々。左府、矢に中り疵を被ると雖も、その命の存否、今日不分明と云々。

（※「矢」―刊本の「失」を影印本で訂正）

これによると、崇徳・頼長は姿を消したが、頼長は流矢に当たったという目撃談があった。為義以下の有力武士たちもその場を逃れ、行方をくらましている。頼長を支援した忠実は宇治にいたが、頼長が敗れたことを聞いて急遽南都（奈良）に逃れた。彼は、政治的に連携する興福寺の悪僧信実らと合流しようとしたのである。こののち、忠実が崇徳・頼長方に属すのか、中立だったのかが大きな問題となる。なお「聞こし食す」は「聞く」の敬語表現になる。

一方、頼長の負傷は確実であるが、その生死は不明であると記されている。彼が負傷後に辿（たど）った無惨な運命は、『兵範記』の七月二十一日条で明らかとなる。なお、『愚管抄』（巻第四）には、清和源氏満政流の源重貞が頼長を意図的に狙撃したとする談話が掲載されており、事実とすれば頼長負傷の原因は流矢ではなかった。この点は後述に委ねたい。

第三章　乱後の処理

一　合戦後の措置

氏長者宣下

戦闘が忠通側の勝利となり、むろん信範は喜び安堵したことであろう。しかし、『兵範記』にはそうした感慨は記されていない。また、**七月八日条**で、彼は東三条殿没官に関する頼長の謀反の噂さえも、「**子細、筆端に尽くし難し**」として記述を憚った。その彼が、頼長の負傷や忠実の逃亡に関する記事をどのような気持ちで『兵範記』に記したのか想像を絶する。おそらくは後世に事実を伝える使命感から、粛々と記録したと考えられる。

十一日の午後になって、素服・挙哀・国忌・山陵の停止を命じる鳥羽院の遺詔が後白河天皇に奏上され、それらは官宣旨（右弁官下文）として全国に下された。さらに、期年中（一年以内）の宴飲以下の禁止、そして伊勢・近江・美濃の三カ国に対して固関を命じる官宣旨が相ついで下されたが、これらは帝王没後の御定まりの措置といえる。

ところが、これらに続いて下された宣旨は、先例もなく摂関家に重大な影響を与える内容であった。

次いで、関白前太政大臣藤原朝臣をもって、氏長者たるべき由、宣下せらる。

この例、未曾有の事也。今度、新議出来、珍重極まりなしと云々。

（※「以（もって）」「出来」――前者は原本の「令」を誤記とみなし、後者は刊本の「尤未」を影印本で訂正）

「関白前太政大臣藤原朝臣」はいうまでもなく忠通で、彼を藤原氏の第一人者である氏長者とするという宣旨が下されたのである。宣旨は天皇の命令なので、忠通は天皇の命令で氏長者に任命されたことになる。氏長者への復帰は、本来喜ばしいことであるが、信範は次のような感想を記している。

信範は、まず「この例、未曾有の事也」とした。先例を重視し、先例に従うことを正しいとした当時、先例にない「未曾有」の出来事は否定されるべきことにほかならない。「新議出来」というのは、「新たな事態が起こった」という意味で、「珍重極まりなし」は、「これ以上なく珍しいことだ」という意味になる。先例を重視する当時、「新議」は否定すべきことで、「珍重」も現代と異なり、当時は先例にない否定的な意味になる。この宣下を忠通の御手盛りとする樋口健太郎氏（「藤氏長者宣下の再検討」）のような見方もあるが、そうであれば、このような信範の感想はあり得ない。では何が問題なのか。

かつて久安六年（一一五〇）九月、忠実が忠通から氏長者を奪い頼長に与えたように、氏長者は摂関家内で独自に任免ができた。ところが、それが摂関家の自由にならず、天皇に任命されたのだから、摂関家の自立性が否定されたのである。頼長は氏長者として莫大な家産や武力を支配し、それが反乱の基盤となったのであるから、乱の終結に際して氏長者の在り方が問題となるのは当然であった。

また、本来氏長者を決定する立場にあった家長忠実が権限を行使できないことは、彼が頼長の与党、謀反人と確定される恐れも強まる。忠実が謀反人となれば、彼が有した莫大な荘園は没官の危機に瀕する。後白河や近臣信西には、摂関家領奪取の意図があった。鳥羽院は死去に際し、院領荘園を後白河に譲渡せず、その大半を美福門院との間の皇女暲子内親王（八条院）に与えたのである。このため、後白河や信西はその代替を没官領に求めており、乱後頼長領は後白河の退位後の院領となる後院領に組み入れられている。

さらに、信西は氏長者宣下によって、忠通と摂関家を抑圧し、政治の主導権掌握を目指そうとしていたのである。院近臣に依存して政治的地位を保ってきた忠通は、厳しい状況に直面した。

この日の夜、大夫史小槻師経が「長者宣旨」を忠通のもとに持参したが、忠通は吉日に沙汰するとして、しばらく太政官に留めるように命じている。安易に受諾するわけにはゆかなかった。氏長者の問題に限らず、これ以後摂関家に対して、朝廷から様々な圧力が加えられることになる。

興福寺に対する宣下

同じ十一日、忠通に対する氏長者の宣下に続き、興福寺に対する二つの宣旨が下された。頼長に没収された権別当覚継の所領を返還すること、そして頼長に味方した尋範以下の所領を没官することが命じられたのである。

次いで、両条宣下の事あり。

興福寺権別当少僧都覚継をして、本の如く領知せしむべき、前長者左大臣収公の所領等の事

権中納言藤原朝臣忠雅宣す、勅を奉るに、件の所領等、前長者左大臣のために収公せらる。宜しく覚継をして、本の如く領知せしむべし者、大和国・興福寺等、おのおのこれを承知せよ。

権大僧都尋範・権律師千覚・大法師信実・玄実らの所領を没官すべき事

同朝臣忠雅宣す、勅を奉るに、件の尋範ら、左大臣に同意し、悪僧を発遣する由、すでにその聞こえあり。宜しくかの輩の所領を没官せしむべし者、国、宜しくこれを承知すべし。

左中弁雅教朝臣　左大史師経ら加判

（※「尋」―刊本の「尊」を影印本で訂正）

「次いで、両条宣下の事あり」という最初の一行は『兵範記』の本文で、二行目からが宣旨の引用である。これは宣旨の内容を忠通に伝えたもので、いわば下書きにあたる。正式には官宣旨（右弁官下文）として、この後に発給されている。

最初に登場する興福寺権別当覚継（一一一四―七一）は忠通の子だが、正室宗子の子ではなかったために興福寺僧となった。早くに権別当となるが、父忠通と氏長者頼長との対立に巻き込まれ、別当に昇進できないばかりか、興福寺を管理する氏長者頼長に所領を収公されて逼塞していたのである。この後、彼は恵信と改名し、翌保元二年十月に念願の興福寺別当に就任したが、やがて衆徒と衝突して長寛二年（一一六四）五月に別当を解任され、仁安二年（一一六七）五月に伊豆に配流されることになる。

所領を没官された尋範以下は、もちろん頼長方の僧侶である。権大僧都尋範（一一〇一―七四）は藤原師実の子だが、何と第十七男、忠実の年少の叔父にあたる。頼長と親しく、彼が興福寺に参詣した際には宿所を提供していた。乱で一時失脚するものの、長寛二年（一一六四）五月には恵信に代わって興福寺別当に就任し、のちに大僧正に昇進している。

続く権律師千覚（一一〇一―？）は、頼長の母の兄弟である。後述のように、南都に逃れた頼長は千覚の房に匿われている。大法師信実は、以前にも登場した興福寺悪僧の首魁、大和源氏出身で「日本一悪僧武勇」を謳われた（『尊卑分脈』第三篇一六二頁）。玄実はその息子である。忠実と密接な政治的関係にあり、頼長は彼らの保元の乱への参入を期待していたとみられる。

ちなみに、信実は所領没収以外の処罰を受けることはなく、乱後には大和守藤原重能の検注に協力するなど、立場を変えて保身を図る。しかし信実の行動は大衆の離反を招き、平治の乱後、信実は大衆の攻撃を受けて没落した。大衆を抑えてこうした興福寺の混乱を鎮圧するという、かつての源為義の役割を果たしたのは、保元三年（一一五八）に大和守に就任した平基盛と、その父の知行国主清盛であった。その後、大和国は摂関家の知行に戻るが、恵信が失脚するなど、摂関家の興福寺統制は難航する。

それはともかく、興福寺に対する措置が最初に講じられたのは、悪僧の上洛を恐れたことと、忠実が宇治から南都に逃れたために、彼を擁して信実らが反乱を起こす危険があるとみなされたためであろう。南都における忠実については次章で触れる。

勲功賞

夕方になって合戦の勲功賞が行われた。平清盛が播磨守に、義朝が右馬権頭に補任され、さらに義朝と義康には昇殿が認められている。播磨守は、これまでも再三登場した忠実の腹心源顕親の、右馬権頭は崇徳院の別当藤原実清の官職であった。これらが没収されて早速恩賞にあてられたのである。

『保元物語』（中、関白殿本官ニ帰復シ給フ事付ケタリ武士ニ勧賞ヲ行ハルル事）は、義朝が右馬権頭を不満としたことから、彼を左馬頭に転じ、元来左馬頭だった藤原隆季が左京大夫に転じたとしている。『公卿補任』保元三年条に、隆季が左京大夫に転じたのは保元元年七月十一日とあるので、同日の移動であった。隆季は鳥羽院最大の近臣家成の長男で、当時正四位下、公卿を目前にしていた。ちなみに、左京大夫は崇徳・頼長の側近の公卿藤原教長から没収されている。

一方、清盛が大国播磨の受領に任じられたのに、義朝は宮中の厩の番人である左馬頭に任じられたに過ぎず、義朝は冷遇されたなどという俗説がある。しかし、清盛がもともと正四位下安芸守であったことを考えれば、播磨への遷任は驚くほどの厚遇ではない。これに対し義朝は、従五位下下野守でしかなかったのだから、恩賞を清盛と単純に比較できないのはいうまでもないだろう。

昇殿は、清涼殿殿上間への立ち入りを許されることで、天皇の側近となることを意味する。かつて清盛の父忠盛が昇殿を許された際に、貴族たちが激しく反発した逸話を思い起こせば、これが大変な名誉であることは想像がつく。しかも義朝の昇殿は河内源氏初の栄誉であった。ちなみに、盟友の義康も昇殿を許されたが、彼はまだ六位だったので、六位蔵人となって殿上間への立ち入りを許されたことを意味している。

昇殿に加え右馬権頭の補任だけでも厚遇なのに、たちまち左馬頭に転じたことは破格の厚遇と言わなければならない。馬寮は宮中の軍馬を管理し、全国の牧の馬と、牧を支配する武士団を統括するのだから、武士にとって大変な利益のある地位であった。しかも左馬頭は本来四位の者が任じられてきた。先述のように隆季は正四位下で、左馬寮は父家成以来、その一族が支配してきた重要な官司だったのである（長村祥知氏「保元・平治の乱と中央馬政機関」）。

ちなみに、義朝は年末十二月二十九日の追儺除目で下野守重任を、翌保元二年正月二十四日の叙位で従五位上昇進を認められている（ともに『兵範記』）。前者は日光山造営の恩賞という名目であったが、後者は保元の乱における藤原盛憲追捕の恩賞であり、同日には平清盛の平忠貞（忠正）召進の賞の譲りで重盛が従五位上に昇進しているように、保元の乱の恩賞の一環であった。乱の恩賞は乱後の臨時措置だけではない。

とはいえ、義朝は親・兄弟を敵に回し、彼らを逃したことで、責任を問われた面もあった。『兵範記』保元元年**七月十一日条**に見える、義朝の任国である下野国宛の官宣旨では、義朝に対し為義の追捕が命じられている。この中で、為義は「**官軍に救われ、即ち坂東に赴く**」とあり、義朝らが救ったという嫌疑をかけられていた。朝廷は義朝に対して、為義をはじめとする一族の庇護を厳しく禁じたのである。

二　敗者の降伏

崇徳院の出頭

七月十三日、崇徳院が仁和寺五宮のもとに出頭した。『愚管抄』（巻第四）は、院は馬で仁和寺に逃れたとする。

上皇、仁和寺の五宮に出御す。五宮、この間鳥羽殿におわします。上皇、仁和寺より御札を五宮に献ぜらる。内に申さる。即ち守護し奉らるべき由、かの宮に申さる。かの宮、固辞す。よって寛遍法務の土橋旧房に移り居る。式部大夫源重成、勅定によりこれを守護し奉る。

崇徳は、仁和寺五宮の房に出頭した。五宮は、覚法法親王亡き後、仁和寺御室の地位にあった覚性法親王で、呼称が示すように鳥羽院の第五皇子、母は崇徳・後白河と同じ待賢門院であった。崇徳は同母弟の覚性を通して、後白河への執り成しを頼もうとしたのである。崇徳は鳥羽にいた覚性に「御札」（書状）で用件を伝えた。「内」は天皇で、覚性は崇徳の出頭を直ちに後白河に言上した。

「守護」は、警護、監視を意味するが、かかわり合いになるのを恐れたのか、覚性は守護を固辞した。代わって、村上源氏出身の真言僧で、東寺長者の寛遍法務（一一〇〇—六六）が崇徳の身柄を預かった。保元の乱で第二陣として出撃した源重成が後白河の命で警護に当たっている。

一方、この日、合戦の時に頼長に随行していた職事藤原清頼が捕らえられ、内裏で蔵人高階俊成の尋問を受けるが、「**かの在所ならびに死生なお不分明**」であった。また天台座主最雲から為義が大津にいるとの情報があり、義朝が数百騎を率いて出動するが、「**無実**」（事実ではない）とあって為義は発見されていない。

成隆と教長の出頭

十四日条には崇徳・頼長の側近二人、藤原成隆と同教長の出頭と尋問に関する記事がある。まず成隆について以下のように記されている。

皇后宮権亮　成隆朝臣出で来る。去る十一日、左府に随順し、御方の軍に追い散らされ、日ごろ仁和寺の辺りに逃げ隠る。一昨日出家し、即日、別当の亭に向かう。大理、奏聞し

おわんぬ。入道、八条の家に帰住す。今日、志兼成、勅定により、別当宣を奉り、八条に向い、相具して参内す。入道、車に乗り、随兵・下部、囲繞す。内裏の陣頭〈西御蔵町〉において、蔵人判官俊成・志兼成ら、召し問うと云々。次いで兼成に下し給う。

藤原成隆は、これまで再三登場した頼長の腹心の家司で、頼長とは父方・母方双方の従兄弟という緊密な関係にあった。また信範にとっては姉の夫でもあり、同じ摂関家に仕える家司として、成隆の運命は他人事ではなかったであろう。第三部第二章で見たように、信範姉の成隆室は前年七月に亡くなっており、囚われた夫の無残な姿を見ないで済んだのは幸いだった。

成隆は頼長につき従っていたが、後白河天皇方の軍に追われて頼長とはぐれ、仁和寺の辺りに潜んでいた。二日前の十二日、出家し、検非違使別当藤原忠雅のもとに出頭したという。「別当」とのみ記されるのは、通常検非違使別当のことで、「大理」はその唐名（中国風の呼び方）である。忠雅は成隆の出頭を天皇に奏聞した。「入道」は出家した成隆のことで、彼も四位の貴族なので獄につながれることはなく、一旦八条の自邸に帰った。

この日、左衛門大志坂上兼成が成隆を内裏に連行する。「志」とは、左衛門府の四等官を意味する。随兵（家来の武士）やその下部（召使）が囲繞、すなわち取り囲んだとあり、罪人として厳しく監視されたことがわかる。身分の低い彼らによる監視は、貴族としてこの上ない屈辱であった。成隆は内裏で蔵人判官高階俊成や兼成に召し問われ、兼成に引き渡された。

一方、教長の出頭について信範は次のように記した。

また、右京大夫教長卿、同じく広隆寺の辺りにおいて出家し、今日参上す。左衛門尉季実、

これを召し具す。その儀、成隆の如し。ただし召し問われず、議定あるべしと云々。
（※「日」―刊本の「同」を影印本で訂正）

「右京大夫」は、正しくは「左京大夫」で、信範の誤記である。教長は広隆寺付近で出家し自ら出頭した。彼も成隆と同様、検非違使源季実に連行された。しかし、公卿だけに事情聴取の方法は成隆とは異なり、下級官人に「召し問わ」れるのではなく、相応の身分の貴族たちとの間で「議定」（話し合い）が行われた。

十五日、教長は東三条殿西中門廊での議定において、右大弁藤原朝隆、蔵人頭左中弁藤原雅教、右少弁藤原資長、左大史小槻師経らの質問を受けた。朝隆は次のように尋ねた。

去る十一日、新院の御在所において軍兵を整え儲け、国家を危ぶめ奉らんとする子細、実により弁じ申せ者。

「者」は再三登場した発言の締めくくりを意味する言葉で、ここまでが朝隆の発言であった。朝隆は教長に、「去る十一日に新院の御所で軍兵を整え、朝廷を転覆しようとした子細（詳しい事情）について、事実に基づき申し上げよ」と述べた。なお、「危」は動詞として「危ぶむ」と読み、「実により」は「事実に基づき」という意味になる。教長の返答について、信範は次のように記した。

教長の出だす詞、文章生・史、執筆しこれを注すと云々。このほかの子細、委細に能わず。

教長が「出だす詞」、すなわち話した言葉は、大学寮の文章生や、太政官の下級官人の史が記録したという。信範は「これ以外の詳しいことは、細かく記すことができない」として具体的な供述内容を『兵範記』に記していない。
むろん信範は議定の場にはいなかったのだが、忠通から詳細な情報を得たものと思われる。詳しい記述をしなかったのは、崇徳や主家の一員頼長に関する重大な情報だったので憚りがあったためであろう。しかし、すでに指摘したように、十日条における崇徳・頼長らに関するありありとした記述は、教長の供述に基づくものであった。

忠実の書状

同じ十五日、奈良に逃れていた忠実から、忠通のもとに書状が届いた。

今日、入道殿より御書(ごしょ)を殿下に献ぜらる。直ちに召し入れず、まず事の由を奏し、勅定に随いこれを召し覧ず。即ち御返事あり。

いうまでもなく「入道殿」は忠実、「殿下」は忠通である。乱後、初めて忠実から忠通に書状が送られてきた。信範は、この書状の内容に触れていないが、おそらく忠実は自身の中立を訴え、朝廷への執り成しを忠通に依頼したのであろう。
忠通は慎重に対処し、書状を直接受け取ろうとしなかった。「まず事の由を奏し」とあるように、後白河天皇に書状の到来を奏上し、勅によって許可を受けてから披見している。朝廷に無断で秘密交渉を行ったという疑いを回避したのであろう。書状を見た忠通は、忠実に対してただちに返答している。
後述するように、二日後の十七日には忠実を依然として謀反人とする綸旨(りんじ)が下されている。

忠実を謀反人にしようとする後白河側と、中立を認めさせようとする忠通との攻防は、これ以後、水面下で熾烈に展開されることになる。もしも忠実が謀反人となれば、摂関家が受ける打撃は甚大であった。忠実が持っている莫大な荘園は、頼長の所領と同様に没官される可能性が高い。しかし、中立が認められたなら、忠実が保持することは難しいが、荘園を忠通に譲渡することで、摂関家の権益を守ることができるのである。

為義の出頭

ついで十六日、源為義が義朝のもとに出頭する。

為義、義朝のもとに出で来る。即ち奏聞す。勅定により義朝の宿所に候わしむ。日ごろ、横川の辺りを流浪し、出家すと云々。

義朝は為義の出頭を後白河に奏聞し、その指示に従って宿所で監視下においた。為義は出頭するまで、比叡山の横川付近を流浪し出家したとする。横川は東塔・西塔とともに延暦寺を構成する三塔の一つで、最も北に位置し、平安初期に慈覚大師円仁が開いたことで知られる。

為義は単身で出頭しており、頼賢・為朝以下の息子たちとはどこかで別れたとみられる。『保元物語』によると、為義は再起を期して頼賢・為朝ら六人の息子たちとともに東国に向かうが、その途中で重病となり、比叡山麓の東坂本や黒谷に潜伏したのち、比叡山で出家し義朝のもとに出頭したとする（下、為義降参ノ事）。出頭に際し為義は息子たちと別れを告げ、息子たちは鞍馬・大原方面に逃れ、それぞれ潜伏先で追捕されたという（下、義朝ノ弟共誅セラルル事）。息子たちも父とともに処刑されるが、『兵範記』に彼らの追捕・投降に関する記述はない。

ただ勇猛な為朝だけは、その後も独自の逃亡を続けることになる。

第四章　忠実領の処分と氏長者

一　「謀反人」忠実

平氏一門の恩賞

七月十七日条から、忠実の立場をめぐる後白河天皇側と忠通との攻防の激化が窺われるが、その前に同日条に見える平氏一門に対する恩賞について触れておこう。

常陸守頼盛・淡路守教盛、昇殿を聴さる。勲功の間、清盛朝臣申し請う故也。

この日、清盛の申請で弟の頼盛・教盛の昇殿が許された。「聴」は「許」と同じ意味になる。「勲功の間」の「間」には「～ので」という意味があり、ここは「勲功があったので」、清盛が申請したということになる。

『保元物語』を見ても、頼盛や教盛に大きな活躍をした形跡はないが、「勲功」で昇殿を認められたのである。清盛の播磨守補任だけでなく、大して功績のなかった弟たちまでが昇殿を許されたことも、「源氏冷遇、平氏優遇」という見方を生む一因となった。

しかし、頼盛は崇徳院の皇子重仁親王の乳母池禅尼の子で、当然崇徳方に属すとみられたにもかかわらず、あえて後白河方に参入し、その勝利を決定づけたのである。彼の功績は、戦場における活躍に匹敵する極めて大きなものといえる。また、清盛は頼盛の昇殿を推挙することで、彼に恩を与え家長としての権威を示そうとした面もあった。

一方、教盛は母が待賢門院に仕えていた関係で、彼女の皇子崇徳の恩恵を受けていた。その崇徳から離反したという点で、頼盛と同じ功績といえる。それとともに、同じ待賢門院の皇子後白河天皇が即位したために、保元の乱以後は平氏一門中でも、とくに後白河に近い立場となった。この昇殿には後白河側近への推挙という意味もあったとみられる。

保元の乱における後白河方の最大の勝因は、義朝の活躍もさることながら、崇徳陣営に参戦する可能性を有した平氏一門が後白河陣営に加わったことにあった。清盛の播磨守補任に続く頼盛・教盛の昇殿は、平氏一門全体に対する恩賞といえる。なお、教盛は頼盛より四歳上だが、当時頼盛は正五位下、教盛は一階下の従五位上、極官（就くことのできた最高の官位）も権大納言と権中納言で、一貫して頼盛が上位にあった。忠盛の正室池禅尼の子として、頼盛は兄弟たちの中ではつねに清盛に次ぐ官位を有し、高い政治的地位を保持していた。

後白河天皇の綸旨

さて、同じ十七日、蔵人頭左中弁藤原雅教（頭弁）を奉者とする後白河天皇の綸旨が、諸国司宛に発給された。この綸旨は、前半で忠実・頼長領荘園の没官を命じ、後半で氏長者となった忠通の荘園における預所の改易を抑止するという、二つの部分から成っている。そこで、まずはその前半を取り上げることにしたい。

今日、頭弁、勅を奉り、諸国司に仰せ下していわく、

宇治入道、なお庄々の軍兵を催さしむる由、その聞こえあり者。件の庄園ならびに左大臣の所領、慥かに没官せしめ、かの奸濫、朝家の乱逆を停止せしむべし。すでにこの時に当たり、国司もし懈緩を致さば、罪科あるべし者、綸旨により、執啓件の如し。

蔵人頭が天皇の命令をうけたまわって綸旨は出された。一段下がったところから後が綸旨の文章である。「宇治入道」は忠実、「催す」は動員する、「聞こえ」は噂、情報の意味になる。これに続く「者」は発言や引用の締めくくりではなく、「〜ということ」といった情報が不確実なことを示すものである。

したがって、ここを訳すと「忠実は、乱の後も依然として彼の荘園から軍兵を動員しているという噂があるという」となる。第三部第六章で取り上げたように、乱勃発直前の七月八日にも、忠実・頼長による荘園からの軍兵の動員を制止せよという綸旨が出されていた。今回の綸旨では、忠実が依然として動員を継続していると見做されていたのである。

「奸濫」は、みだりなこと、悪事を意味し、天皇は諸国司に忠実と左大臣頼長の荘園を没官し、悪事・国家に対する反逆を停止せよと命じている。したがって、忠実は頼長とともに謀反人とみなされていたのである。朝廷に投降せず、南都で信実以下の悪僧を組織したために、こうした見方がなされたのであろう。

しかも、続いてこの没官措置を国司が「懈緩（怠慢）を致」すならば、罪科に処すという脅し文句まで記されており、後白河天皇側が、非常に強い姿勢で没官を行おうとしていたことが窺われる。

なお、「綸旨により」とあるが、この「綸旨」という言葉は、文書の様式を意味するのではなく、天皇の命令という言葉本来の意味になる。この強圧的な命令は、もちろん後白河個人の意図ではなく、摂関家に抑圧を加えようとする、信西ら院近臣たちの意向によるものと考えられる。

氏長者をめぐる軋轢

続く後半部分を検討しよう。

重ねて仰す。かの所領等の中、当時公卿預所たる庄々は、件の家に付し、改易あるべからず。その外においては、国司、沙汰を致すべし。そもそも関白、氏長者に補されおわんぬ。長者摂むるところの庄園においては、この限りにあらず。ただし、関白未だ知行せられざる以前は、且本の沙汰を停止し、長者の下知を待つべき也。

「当時」は「現在」の意味、「預所」は荘園領主である本所・領家の下で荘園管理に当たる役職である。「改易」は、江戸時代の大名取り潰しなどに用いられる言葉として知られているが、ここでは荘官を解任する意味で使われていた。

さて、「預所」には二つの種類があった。一つは、有力武士・悪僧らが任じられるもので、現地の武士たちが務める下司らを管理する武的性格を有した。もう一つは収入を目的として公家である公卿、家司らが任じられたものである。忠実の荘園でも、公卿が単純な収入源として任じられていた預所は、改易してはならないとしている。

逆に言えば、有力武士らの武的性格を有する者、公家の中でも主従関係の反対給付として任じられた家司らの預所は解任され、荘園は国司が管理することになった。荘園管理の武力、主従関係にある家司らが、摂関家の家産機構から排除されたのである。

有力武士とは、源為義や平忠正の一族らであり、彼らは謀反人として処刑されることになる。忠実・頼長を支えた武力は壊滅するが、忠通のもとには平盛兼・信兼、源頼盛らの小規模な武士しか存在しなかった。このため、大和国の知行と興福寺の統制を平氏一門に委ねたように、権門外の武力に依存せざるをえなかったのである。家人組織と荘園支配は動揺し、摂関家が被った打撃は甚大なものであった（田中文英氏「平氏政権と摂関家」、拙稿「院政期政治史の構造と展開」）。

「摂む」は、ここでは「管理する」「支配する」という意味である（「摂」の訓は、観智院本『類聚名義抄』仏下末・四〇オによる）。したがって、「すでに忠通が氏長者に任じられたので、長者が管理する荘園はこの限りではない」という意味になる。頼長が忠実から譲渡された法成寺領など、本来氏長者の地位に付随した荘園があった。そうした荘園は没官の対象ではなく、新たな氏長者である忠通に返還されることになっていた。

後白河天皇の命令で忠通は強引に氏長者に任じられたが、忠通は先例がないとして、その受諾に難色を示していた。ところが後白河は、「すでに忠通が氏長者として管理している荘園の預所については、預所の改易は行わない。まだ忠通が知行していないところは、取り急ぎもとの預所の沙汰を停止して、忠通の指示を待つように」と命じている。預所の沙汰を停止された荘園は、当然国司の管理下に置かれることになる。

後白河側は、忠通は氏長者に補任されたのだから、長者に付随する荘園は忠通が管理するのが当然で、まだ知行していない荘園は国司の管理下に置くとしたのである。氏長者への補任を正式に受諾していない忠通は、まだそうした荘園をほとんど支配していなかった。このままでは長者付随の荘園の大半が国司の管理下におかれ、下手をすれば没官されかねない。後白河側は、巧妙に忠通に氏長者宣下を受諾せざるを得ないように仕向けていったのである。

翌十八日には、やはり頭弁雅教がうけたまわって忠通に対する綸旨が下された。

綸旨を被る（こうむ）にいわく、左大臣および入道前太（大）相国、謀りて国家を危ぶめ奉る罪科、軽からず。謀叛八虐（むほんはちぎやく）の人、田宅・資材没官すべき由、載するに律条にあり。しかれば、宇治の所領および平等院等（とう）の事、永く入道相国の沙汰を停止し、一事已上、殿下知行せしめ給うべし。かの院の検校已下（いげ）、早く定め補さしめ給うべし者（てえれば）、（下略）

忠実は頼長とともに謀反人であり、その田宅・資材を没官するとしている。ただ、ここで注目されるのは、忠実が長く本拠としていた宇治の所領と平等院について、忠実の沙汰（管理・支配）を停止し、忠通が知行するように命じた点である。「一事已上」とは「すべて」という意味になる。平等院は、氏長者が管理する寺院であるから、これも忠通に氏長者を受諾せざるを得ないように仕向ける後白河側、おそらくは院近臣信西らの策謀であろう。

二　氏長者の受諾

忠通の氏長者就任

七月十九日、後白河天皇側から次々と圧力を加えられた忠通は、ついに氏長者の宣下を受諾した。先例がないばかりか、摂関家内部で譲渡できた氏長者の人事権を天皇に奪われることにもなる。さらに、本来氏長者を決めるべき忠実の排除によって、彼が罪人とされる可能性も高い。しかし、荘園の没官を回避するために、忠通は断腸の思いで受諾したのである。

今日、殿下、氏長者の事を請けらる。大夫史師経、宣旨を持参す。（中略）家司右少弁資長、蔵人所においてこれを請け取り、御所に就きてこれを進覧す。（中略）資長、仰せを奉り、家司大蔵少輔中原広安・下家司主計允親兼らを率いて、東三条東町に向かう。朱器の倉を開き、朱器の目録と合わす。

「殿下」は関白忠通のこと、「請」は受諾を意味する「うく」（受ける）である。忠通もついに氏長者の宣旨を受諾したのである。太政官の史小槻師経が持参した宣旨を受け取ったのは家司藤原資長で、彼は宣旨を忠通の御所に持参し、お目にかけている。「就」は「つく」「近づく」という意味があり、資長が忠通の御所に赴いたことになる。

宣旨を確認した忠通の命をうけたまわった資長は、家司中原広安・下家司親兼らを率いて東三条殿東町に行き、氏長者の象徴である朱器の倉を開けて目録と照合し、欠損の有無を確認している。氏長者としての最初の仕事は、朱器の確認であった。ただし、朱器は忠通のもとに持参されることはなく、忠通も自ら朱器を見ようとしていない。彼の不本意な気持ちの表れといえよう。

長者交代と人事

その後、氏長者の交代に関連した人事が行われ、勧学院弁別当が補任された。勧学院は藤原氏の大学別曹として知られるが、当時は同時に興福寺の管理機関となっており、「氏院」と称されたように、藤原氏の機関として氏長者が管理していた（川端新氏「摂関家の南都統制について」）。

勧学院別当左大弁、旧の如き由、御教書を遣わす。

まず、弁別当に参議左大弁藤原資信（一〇八二―一一五八）が留任した。久安六年（一一五〇）十月、資信は氏長者となった頼長に弁別当に任じられたが、これは慣例と異なり、参議を兼帯しながらの補任であった。ただし、資信は頼長との関係がそれほど深くなかったため、弁別当に留任となった。ちなみに、資信は藤原実頼（九〇〇―九七〇）に始まる小野宮流に属する。小野宮流は、実頼の弟師輔の子孫九条流に対抗したことで知られ、道長を批判した日記『小右記』の記主実資もその一人である。しかし次第に衰退し、この資信が同流最後の公卿となった。

ついで、氏長者が管理する施設、荘園・牧などの奉行（担当者）が任命されている。

佐保殿・方上庄、奉行すべき由、資長に仰せられおわんぬ。鹿田荘、沙汰なきか。

御厩別当〈上、資泰、楠葉牧知行すべし。下、邦綱、井尻牧知行すべし〉
今夕、おのおの吉書を成し、御牧に下知すと云々。

（※「鹿」―刊本の「廣」を影印本で訂正）

佐保殿は奈良にある邸宅で、氏長者が春日社や興福寺に参詣する際に宿泊する宿院を含み、氏社・氏寺の管理施設でもあった。方上荘は越前国今立郡（現福井県鯖江市）の荘園で、氏長者が代々継承する「渡領」とされた。佐保殿とともに、家司の筆頭である執事家司が知行しており、今回も忠通の執事家司藤原資長が「奉行」している。鹿田荘も渡領で、備前国御野郡（現岡山県岡山市）に所在した荘園である。本来は、執事家司に次ぐ年預家司が管理していたが、どういうわけか今回は沙汰がなかった（以上、橋本義彦氏「藤氏長者と渡領」）。

上下の御厩別当は、それぞれ楠葉牧、井尻牧を知行している。楠葉は現在の大阪府枚方市楠葉で、井尻は淀川を挟んだ北側、現在の大阪府高槻市付近に所在した牧であった。ともに陸奥などから献上された馬を放牧していた場所である。ちなみに、下の御厩別当藤原邦綱は、第二部第二章でも触れた藤原基実の没後における摂関家領横領を平清盛に献策した人物で、清盛の側近となって権大納言にまで昇進している。

蔿斤、御倉に見えず。よって今夕、蔿を懸くる作法なし。後日、宇治の御倉より求め出だし、朱器の倉に納めおわんぬ。

「蔿斤」は厩に関する氏長者の宝物であった。この日、東三条殿の御倉で見つからず、「蔿を懸くる作法」ができなかったが、後日、宇治で発見されたとある。おそらく、頼長が持ち出して宇治の御倉に収納していたのであろう。「朱器の倉」は、東三条殿にあった朱器を収める倉を意味する。この記述も、日記が後日、加筆されたことを物語っている。

この外、他儀なし。吉書を申さず。

このほか就任を祝う他の儀式も、吉書もなかった。今回の氏長者補任に対する忠通の不満と冷淡な対応を物語る。

ところで、樋口健太郎氏（「藤氏長者宣下の再検討」）は、のちに九条兼実が氏長者就任に際し、忠通の先例を「最も吉」とした（『玉葉』文治二年三月十二日条）ことから、忠通の氏長者宣下を摂関家にとって喜ばしい出来事と解釈し、さらには摂関家の勢威の低下まで否定する見解を示すが、これは如何（いかが）なものか。そもそも、息子が父の先例を悪し様（あしざま）に批判することなどあり得ない。ましてこの文言から、摂関家の勢威を云々するのは論理の飛躍である。しかも「吉例」というのは、保元の忠通以降、氏長者を宣下された事例の中でのことで、早世した基実、失脚した基房・基通に比しての吉例に過ぎない。一連の経緯から見ても、忠通の苦悩は明白である。

荘領目録の提出

ついで二十日、忠実から「荘領目録」が忠通に届けられた。

入道殿より御庄領の目録を渡し献ぜらる。本の御処分、近年変改の所々、ならびに高陽院（かやのいん）の御庄々、都（すべ）て百余所に及ぶ。件（くだん）の御庄園、入道殿の知行により、左府の所領に混合し、没官せらるべし。その難を逃れんがため、併（しか）しながら献ぜらると云々。

「荘領目録」に記された荘園は、「本の御処分」を「近年変改」した所々、そして高陽院領など百カ所余りに及んだという。元々の処分を変改した所々とは、一旦忠通に与えながら近年彼から奪取して所有権を変更した荘園のことである。高陽院泰子は父忠実の支援を受けて多くの荘園を集積していたが、前年の十二月の死去後、残された荘園は忠実が管理していた。

こうした忠実領・高陽院領が頼長の荘園とともに没官されることを恐れた忠実は、荘園を忠通に譲渡したという。謀反の嫌疑をかけられた忠実は、荘園を忠通のものとすることで没官を回避し、摂関家領荘園の保全を図ったのである。後白河側も、忠実の所領を没官せず、忠通への譲渡を認める姿勢を示したことになる。

乱後、忠実は罪名宣下を免れ、謀反人として配流されることはなかった。彼の荘園が没官を免れたのもそのためである。おそらく、忠通は氏長者宣下を受諾するとともに、後述するように忠実の中立を主張し、彼の謀反人としての処罰を回避した上で、摂関家領の保全に尽力したものと考えられる。ついで信範は次のように記した。

下官、仰せを奉り、御庄々の子細を注し申す。また下知等を奉行する事あり。本預の人々、多く改定あるべしと云々。

ここには、忠実の所領を忠通が継承するに際し、家司信範が果たした職務が記述されている。「下官」すなわち信範は、忠通の命令をうけたまわって「御庄々の子細」を書き上げた。各荘園の荘官、所在地、年貢などに関する詳しい情報と考えられる。信範の報告を受けて、忠通は下知（命令）し、これを信範は「奉行」する。「奉行」とは、命令をうけたまわって実行することを意味している。彼の仕事は、「本預の人々」、すなわち、元の預所の多くを「改定」（更迭）したことであった。おそらく**十七日条**にあった後白河の綸旨に基づき、公卿を除く預所の改易が行われたと考えられる。

二十三日条によると、信範は新たな預所（奉行人）やその下で荘務を請け負う沙汰人を任ずる政所下文（まんどころくだしぶみ）を発給した。

今日、御庄園の奉行人、多く改定す。新沙汰人を仰せられおわんぬ。下官、政所下文を成し賜いおわんぬ。

一連の信範の活動は、荘園を管理し荘官補任の文書を発給するという家司の職務を示す（高橋一樹氏「中世荘園の荘務請負と在京沙汰人」）。なお、**八月二十九日条**にも、信範が預所を任じる政所下文を発給した記事がある。このころになっても預所の補任が継続しており、摂関家領で多くの荘官が交代していたことがわかる。

第二部第五章・第六章で述べたように、信範は紀伊国吉仲荘、播磨国坂越荘・大江島荘の預所を忠実・頼長によって奪われたが、彼はこれらを回復している。彼が処理した預所の交代の中に、彼自身の再任も含まれていたのであろう。なお、信範の所領全体については、上横手雅敬氏の論考（「解題にかえて」）が参考となる。

第五章　敗者の運命

一　頼長の最期

僧玄顕の証言

長らくわからなかった頼長の最期が判明したのは二十一日のことであった。この日の『兵範記』の記事を紹介しよう。

左府の死生(ししょう)、日ごろ未定(みじょう)。召し出(い)ださるる輩(ともがら)、おのおの称(とな)え申す趣、皆疑殆(ぎたい)あり。顕憲の息僧玄顕(げんけん)申していわく、十一日、合戦の庭にて疵を被(こうむ)る。十二日、西山の辺りを経廻(けいかい)す。十三日、大井川の辺りにおいて乗船し、同日申の刻、木津の辺りに付く。まず事の由を入道殿に申す。知ろし食(め)さざるにより、扶持の輩、千覚(せんかく)律師の房に渡し申す。その後、一夜悩乱し、十四日巳(み)の刻ばかりに薨去す。即夜、輿に乗せ、ひそかに般若山の辺りに葬る。

行方がわからなかった頼長の最期の様子が、ようやく明らかになった。「疑殆」は「疑いあやぶむ」という意味で、これまで尋問された人々の供述は疑わしいものだったが、最後まで随行した興福寺僧玄顕の供述で真相が解明されたのである。玄顕は頼長母の兄弟藤原顕憲の子で母方の従兄弟（いとこ）にあたる。また、最後に匿った千覚律師も顕憲の弟で、母の兄弟であった。頼長は最後に外戚の一族に庇護（ひご）されていたことがわかる。

十一日に「合戦の庭」（戦場）で負傷した頼長は、翌十二日、おそらく北山を迂回（うかい）して西山に逃れ、十三日に大井川（大堰川、桂川）を船で下り、巨椋池から木津川を遡（さかのぼ）り、南都至近の木津（現京都府木津川市）に到着した。

頼長は使者を送り、南都にいた父忠実に対面を申し入れた。しかし忠実は「知ろし食さざるにより」、すなわち知ったことではないと対面を拒否したため、一行は頼長を興福寺の千覚律師の房に担ぎ込む。そして頼長は一晩苦しみぬいて、十四日の巳の刻（午前十時ごろ）に息を引き取った。葬送の地である般若山（現奈良県奈良市郊外）に頼長を葬ったというのである。

この供述に基づき、朝廷は検証のための官使を派遣する。頼長死去の確認は重大問題であった。派遣されたのは、太政官（だいじょうかん）の下級書記官である史生（ししょう）と護衛の滝口の武士三人で、玄顕を随行させている。彼らは翌二十二日に帰京し、蔵人大輔（たいふ）源雅頼を通して詳細を天皇に報告した。

また、玄顕の兄で、出家して自首した盛憲は、左衛門府の庁舎で「**拷訊覆問**（ごうじんふくもん）**〈杖**（じょう）**七十五度〉**」、すなわち杖で七十五回打たれるという拷問を受け尋問されている。五位以上の貴族は通常拷問を免除されるのだが、ここでは例外的な措置が取られた。『保元物語』（下、謀反人各召シ捕ラルル事）は、これを、貞観（じょうがん）八年（八六六）の応天門の変で首謀者とされた、大納言伴善男（とものよしお）以来とする。

『愚管抄』と『保元物語』の記述

頼長の負傷について、『愚管抄』（巻第四）は二つの説を掲載している。その一つ目は、慈円が「筑後ノ前司（前筑後守）シゲサダ」、すなわち源重貞から聞いた話である。

頼長は「シタハラマキ」（下腹巻、衣の下にまとう簡便な鎧）を着して戦場から落ち延びようとしたところ、頭部に矢を受けて馬から落ちた。この矢は『兵範記』七月十一日条にある流矢ではなく、後白河方の武将源重貞が狙って射たものであった。彼は「弓矢の冥加（神仏の加護）があり、一度も不覚を取ったことがない」と慈円に自慢したという。

重貞は、清和源氏満政流に属し、後白河方の第二陣として出撃した重成の弟にあたる。慈円は、すでに出家して八十歳を超えて健在だった重貞から、頼長を射た時の様子を聞き出したのである。重貞が頼長と知って射たのか否か、なぜ公家を狙ったのかは不明であるが、頼長は流矢除けに腹巻を身に着けながら腹巻に守られていない頭部に矢を受けてしまった。

なお『保元物語』（中、新院、左大臣殿落チ給フ事）は、重貞が頼長とは知らずに、「白襖ノ御狩衣ニテ、コヘ太ラカニ渡セ給ツル」（白襖の狩衣を着た、肥えて太った人物が渡っておられた）のを遠矢で射たところ、矢が門の冠木（左右の門柱の上部に渡した柱をつなぐ横木）に当たり落下して命中した。その人物こそ頼長であったとする。

慈円は高階仲行の子にも聞き取り調査を行い、頼長の負傷に関する二つ目の説を掲載している。仲行は、忠実・頼長に家司として仕え、乱後は洛北の知足院に幽閉された忠実に最後まで伺候して談話集『富家語』を筆録しており、まさに忠実の腹心中の腹心であった。その仲行の子が、伝え聞いた話（父仲行からの伝聞か）を慈円に語ったのである。

それによると、頼長は大炊御門御所（白河北殿）前の戦場で指図をしているところを射られたとあり、馬で逃亡する途中とする先の記述とは異なっている。頼長は奈良にいた忠実に面会を申し入れるが、忠実は「負傷したことは知っているが、頼長に会うつもりはない」と厳しい言葉を浴びせたという。また、最後は般若寺の付近で火葬したとしている点も他に見られない。

ただ、これは実体験ではなく、伝聞なので、どこまで事実を伝えているのかは疑わしい。慈円自身も、「あれこれ合わせて聞くと、確実な事実が全部わかることである」と述べており、頼長が馬上で、あるいは指図をしている最中のいずれに射られたのか、慈円も判断を読者に委ねたということであろうか。

『保元物語』（中、左府ノ御最後付ケタリ大相国御歎キノ事）によると、忠実は矢に当たった頼長を「不運ノ者」、すなわち藤原氏の氏神春日大明神に見捨てられたとして対面を拒否したという。しかし、彼が頼長との対面を拒んだ最大の理由は他にあった。それは、保元の乱における自身の中立を朝廷に認めさせることである。忠実は涙を呑んで、後継者と恃（たの）んだ頼長との最後の対面を断った。頼長との接触を回避し救援を拒んだことで忠実は中立を主張したのである。この非情の決断が奏功することになる。

二　配流と処刑

崇徳院の配流

七月二十三日、崇徳院は讃岐国に配流される。

今夕、入道太上天皇、讃岐国に移し奉らる。兼日、公家御沙汰あり。当日、五位蔵人資長、勅定により、仁和寺の御在所に参向し、これを出だし奉る。晩頭出御す。網代御車〈御乳母子保成の車、これを召す〉、女房同車し、右衛門尉貞宗、御後に候う。また式部大夫重成、武士数十騎を率い囲繞し奉る。鳥羽の辺りにおいて乗船す。乗船の後、一向に讃岐国司の沙汰。殊に守護し奉るべき由、仰せ下されおわんぬ。

刊本は「入道」のあとに読点を打ち、入道と太上天皇が別人のように記しているが、もちろんこれは誤りで、「入道太上天皇」と続けて、出家した太上天皇、崇徳院を意味する。讃岐に配流されることになったが、「兼日」（かねてから）に公家の沙汰があったとあるだけで、どの時点で配流が決まったのかは不明である。

太上天皇に出立を告げる使者は、忠通の執事家司も務める藤原資長であった。有能な実務官僚である彼は、家司を務めながら五位蔵人として朝廷の重要政務もこなしていた。院の乳母子保成は藤原家保の子、家成の弟である（『尊卑分脈』第二篇三六三頁）。また、警護に当たった源重成は清和源氏満政流の武将で、頼長を射た重貞の兄である。白河北殿攻撃の第二陣に投入されるなど、乱に関係して再三登場している。乗船後は讃岐守藤原季行が監視を担当した。

上皇・天皇の配流というと、承久の乱後の後鳥羽・土御門・順徳三上皇や、元弘の乱における後醍醐天皇など、中世にはいくつかの事例があるが、これ以前となると奈良時代の淳仁天皇（七三三―七六五）にまで遡ることになる。淳仁天皇は、恵美押勝（藤原仲麻呂）に擁立されて即位するが、天平宝字八年（七六四）に僧道鏡と対立した押勝が反乱を起こして敗死したために廃位され、配流先の淡路で翌年に没した。

ただ、平安後期において、奈良時代以前の出来事は先例とはみなされない。平安時代の先例となるのは、大同五年（弘仁元年、八一〇）の所謂薬子の変で、弟嵯峨天皇と皇位を争って敗北した平城上皇である。彼は敗れたのち出家すると、配流されることなく、生まれ故郷の平城京で余生を送っている。崇徳も平城上皇の先例から、出家で配流を免れ、京周辺の寺院での余生を想定していたのではないだろうか。

しかし、崇徳は淡路よりも遠い讃岐に配流されてしまった。薬子の変では未遂だった合戦を惹起し、朝廷を震撼させた責任は大きなものがあった。また平安初期と異なり、出家しても治天の君として院政が可能であったから、出家で政治生命が絶たれるわけではない。それだけに、本来王家嫡流として大きな権威を持つ崇徳は危険な存在であり、京の周辺に住まわせるわけにはゆかなかったのである。

院は讃岐で長寛二年（一一六四）八月に四十六歳で没した。それから十三年を経た安元三年（一一七七）、延暦寺の大規模強訴、太郎焼亡と呼ばれる大火、さらに鹿ケ谷事件などが相次いだ。まさに平安京始まって以来の大混乱が勃発したのである。これを崇徳の怨霊の仕業とする噂が流れ、後白河院以下を戦慄させることになる。崇徳の祟りとする噂を広めたのは、当時配流先から帰京していた藤原教長（崇徳の側近）であったとされる（多賀宗隼氏「参議藤原教長伝」、山田雄司氏『崇徳院怨霊の研究』）。

罪名宣下

二十七日、罪名が宣下された。罪人とされたのは、権中納言兼右大将藤原兼長、権中納言兼左中将同師長、正三位左京大夫同教長以下二十九名である。僧も含む頼長の息子たち、藤原教長・同成雅をはじめとする頼長方の貴族たち、藤原盛憲以下頼長の外戚の一族、そして伊勢平氏の平忠貞一族、河内源氏の源為義・頼賢らの一族、平家弘一族、源頼憲以下、崇徳・頼長方の武士たちの名前が挙がっている。ただ、挙兵の動きはあったものの、戦闘に参加しなかった興福寺僧は含まれていない。

ちなみに、「平忠貞」は、清盛の叔父、頼長の腹心平忠正のことである。検非違使別当藤原忠雅と同音のために、朝廷は罪人の名前を忠貞と改名してしまった（古活字本『保元物語』中、忠正・家弘等誅せらるる事）。のちに、頼朝と対立して挙兵した源義経の行方が追及された際も、摂政九条兼実の息子良経と同音であることを憚り、朝廷では「義行」「義顕」などと称している。

罪名宣下の事実書（本文）は以下の通りであった。

仰せ詞にいわく、太上天皇ならびに前左大臣に同意し、国家を危ぶめ奉らんと欲して謀叛をなす輩、宜しく明法博士らに仰せ、所当の罪名を勘申せしむべし者。五位蔵人雅頼、これを宣下す。明法博士坂上兼成、これを奉る。

この二十九人は、崇徳院・前左大臣頼長に同意して「謀叛」（謀反）を起こした者であったとされている。明法博士坂上兼成に命じて、その罪科を勘申させるように、後白河天皇から命令が下され、兼成はこの命令をうけたまわっている。

ここで最も注目されるのは、藤原忠実の名前が見えないことである。忠実は最終的に謀反人の罪名を回避できた。先にも触れたように、二十日に荘領目録が忠通に送付されており、この時点で忠実の罪名を回避する方針が打ち出されたとみられる。『保元物語』（下、大相国御上洛ノ事）は、後白河天皇が信西を使者として忠通に忠実の配流を通告したものの、忠通が関白辞任を申し出て抵抗したため、後白河も断念したとある。もちろん、にわかに従い難いが、忠通の尽力で罪名宣下を回避できたのは事実であろう。

忠実は乱の勃発に際し、武力の動員に関与していないし、乱後に頼長との対面も拒否して彼を支援することもなかった。忠実は巧みに乱を回避したのである。おそらくこのことを根拠に、忠通は忠実を謀反人にしようとする後白河側の圧力を防ぎ切ったのであろう。

すでに見た通り、忠実の莫大な荘園も没官を免れ忠通に譲渡された。ただ、忠実は自由な活動を認められず、船岡山に近い現在の大徳寺付近にあった知足院に幽閉されることになった。『愚管抄』（巻第四）は、これを忠通の沙汰としている。また『保元物語』（下、大相国御上洛ノ事）によると、忠実は宇治・奈良での生活を希望したが、認められなかったという。忠実は、ここで応保二年（一一六二）六月に八十五歳で亡くなるまで六年間を過ごした。

処刑と配流

罪名宣下が行われると、明法博士が罪人の罪名と、その処罰内容を申し上げる。今回の罪は天皇に対する反逆、すなわち謀反である。本来、謀反人は死刑に処されるが、大同五年（弘仁元年）の薬子の変における藤原仲成（なかなり）の射殺以後、京における政変で貴族たちが殺害されることはなかった。これは、殺生を忌避する仏教思想の影響、そして戦闘に至らなかったためでもあった。

しかし、今回は武士に対する死刑が行われた。これは、実際に干戈（かんか）が交えられ、殺人が行われたためであり、また報復を防ぐために敗者を殺害する武士社会の慣習が導入されたためでもあった。

『保元物語』（下、忠正、家弘等誅セラルル事）は、公卿（くぎょう）たちが死刑に反対したものの、武士を配流した場合、「僻事（ひがごと）」（不祥事）が起こるという信西の主張により、後白河も死刑に同意したとする。軍記物語の叙述ではあるが、おそらく事実を反映していたと考えられる。「僻事」の先例こそ、源為義の父とされる義親の反乱である。彼は対馬守在任中、任国で乱暴を行い隠岐に配流されたが、嘉承二年（一一〇七）に対岸の出雲に渡って目代を殺害し反乱を惹起（じやっき）した。為義以下の武士を配流した場合、こうした事態が懸念されたのは疑いない。かくして、武士に対する死刑が決定したのである。

二十八日、三十日に、武士の処刑が行われた。まず清盛が叔父忠貞（忠正）とその子、郎等を斬首した。場所は邸宅があった六波羅の近辺であった。三十日には、源義康が崇徳の側近平家弘一族を大江山の近辺で斬首している。大江山は山城と丹波との国境付近である。

そして同じ三十日、義朝は父為義、頼方以下の弟たちを船岡山の付近で処刑した。「頼方」は頼賢のことである。このほか、頼仲（よりなか）・為成（ためなり）・為宗（ためむね）・九郎（為仲）が刑場の露と消えた。ただ弟たちのうち、後述するように八郎為朝はさらに逃亡を続けていた。

已上、左馬頭義朝、船岡の辺りにおいてこれを斬る。ただし為義、検非違使季実、勅定により実検すと云々。

為義については、検非違使源季実が後白河の命で首実検を行っている。義朝が為義の身代りを立てるのではないかと疑われ、確認したのである。この時代、父権は絶対であったから、子が父に敵対するのは本来あり得ないこととされ、義朝は最後まで為義に対する庇護を疑われていた。父の処刑に義朝が躊躇（ちゅうちょ）しなかったはずはない。まして、出家し降伏したのであるから、為義は助命を求めたのである。それにもかかわらず処刑を実行したことで、「義トモハヲヤノクビ切ツ」（義朝は父親の首を切った）と、世間の大きな非難をまねいたと『愚管抄』（巻第四）にも記されている。

しかし、謀反人としての処刑が決まった以上、一族が執行するのが当然の責務であったし、長年継続していた嫡男の座をめぐる父との確執に決着をつけなければならなかったのである。

なお『兵範記』に名前が出ている義朝の弟たちはいずれも成人だが、『保元物語』（下、義朝ノ弟共誅セラルル事）は義朝が幼い弟を、数を尽くして処刑したとしている。しかし、このことは他の史料で確認することはできない。

また、武士として罪名宣下を受けた者の中で、源頼憲の処刑も記録に見えない。『尊卑分脈』（第三篇一二四頁）には「保元の乱斬首」とあり、息子盛綱（もりつな）も運命をともにしたとある。河内源氏の例に倣えば、兄頼盛が執行したはずである。

八月三日、頼長の息子たちをはじめ、保元の乱に連座した人々が配流されていった。頼長の息子のうち、兼長は出雲、師長は土佐、隆長は伊豆、僧範長（はんちょう）は安房（あわ）に流された。このうち再び京の土を踏むことができたのは、師長だけであった。彼らは奈良の忠実のもとに匿われていたが（『保元物語』下、左大臣殿ノ御死骸実検ノ事）、領送使平維（惟）繁らによって山城国稲八間（いなやつまの）（稲八妻）荘（しょう）に連行され、同地から配流先に出立している（『兵範記』）。この庄園は、山城の南端、現在の京都府精華町に属し、奈良のすぐ近くに所在したので、出発地に選ばれたのであろう。

このほか、頼長に連座した藤原教長は常陸、源成雅は越後、藤原成隆は阿波、教長室の兄藤原実清は土佐、頼長の側近であった前少納言藤原俊通は上総、頼長の母の一族で、彼の従兄弟（いとこ）にあたる盛憲は佐渡、経憲は隠岐、憲親（のりちか）は下野と、それぞれ配流先に向かった。なお、武士の中で平家弘兄弟の父正弘だけは斬首を免れ、陸奥に配流されている。おそらく戦闘に参加しなかった上に、高齢が考慮されたのであろう。

為朝の追捕

少し先になるが、八月二十六日、父為義や兄弟と別れ、近江に潜伏していた為朝も、ついに捕らえられる。信範は次のように記した。

謀叛の党類為義の八郎源為知、前兵衛尉源重貞、これを搦め進む。日ごろの間、ひそかに近江国坂田の辺りを経廻す。不慮の外に尋ね伺い、搦め取ると云々。まず殿下に参る。次いで公家に奏聞す。明朝、陣頭に将て参るべき由、勅定を蒙りおわんぬ。

（※「将」―刊本の「為」を影印本で訂正）

ここでも信範は「為知」と記している。近江国坂田は、現在の滋賀県長浜市から彦根市にかけての地域である。「経廻す」は「うろうろする」、「将（率）て参る」は召し連れるという意味になる（「将」の訓は、観智院本『類聚名義抄』仏下末・五ウによる）。

前兵衛尉源重貞は、先述のように頼長を射たことを慈円に自慢した武将で、近江東部の坂田郡付近を拠点としていた。保元の乱で活躍した後、源平争乱も生き抜いて、八十を超える長寿を保つ幸運な生涯を送っている。

為朝が近江で追捕された詳しい事情は不明だが、参考までに『保元物語』（下、為朝生ケ捕リ遠流ニ処セラルル事）を紹介すると、為朝は鎮西に下向すべく潜伏していたところ重病となり、たまたま湯屋に入っていたところを捕らえられたとする。あくまでも逃亡し抵抗しようとしたところに、九州の自力救済の世界で生きた彼らしい性格が窺われる。また、いかに勇猛でも入浴中は抵抗できないことを意味する逸話でもある。

翌二十七日、為朝は内裏に連行され、検非違使源季実に引き渡された。

前兵衛尉重貞、為知を将て参る。勅定により、陣頭において検非違使季実に渡す。次いで陣に渡す。密々に御覧ずと云々。

「密々に（ひそかに）御覧」になったのは後白河天皇である。天皇が罪人を見物するのは憚られたが、おそらく朝廷で評判になっていた勇猛で魁偉（かいい）な姿を、天皇はどうしてもわが目で確かめたかったのであろう。その後、除目（じもく）が行われ、重貞は「別（こと）なる功の賞」によって右衛門尉に補任（ぶにん）された。

一方、為朝のその後については『保元物語』（下、為朝鬼島ニ渡ル事并ビニ最後ノ事）によるしかない。彼は死刑を免れて伊豆大島に配流されたが、伊豆七島を押領するなどの濫行の果てに追討されたという。

第六章　保元の乱後の摂関家

一　基実の権大納言就任

権大納言への抜擢

保元の乱という激しい嵐を切り抜け、忠通・基実は勝者となって忠実・頼長から摂関家当主・嫡流の座を奪還した。信範も彼らから篤い信頼を受ける家司（けいし）として、摂関家を支えることになる。最後に彼らの未来を窺（うかが）わせる、保元元年後半における二つの話題を取り上げよう。

保元の乱で左大臣頼長が敗死し、その息子の権中納言兼長・師長の二人が配流され三人の議政官が姿を消した。**九月十三日**、この空席を埋めるべく、大臣任命を含む大規模な除目（じもく）が行われた。頼長亡き後の左大臣には彼を見限った藤原実能が内大臣から、右大臣には政界の長老で八十歳の藤原宗輔、内大臣には同伊通が、それぞれ大納言から昇進し、権大納言には藤原重通と基実とが就任した。

基実はまだ十四歳だったが、上﨟（じょうろう）であった中納言藤原公能、権中納言季成・同忠雅の三人を超越（ちょうおつ）して権大納言に昇進している。この三人は、公能・季成が閑院流、忠雅が師実の曾孫という、いずれも名門の出身である。

また、権大納言昇進の年齢を比較すると、祖父忠実は永長二年（承徳元年、一〇九七）に二十歳、父忠通は永久三年（一一一五）に十九歳、さらに叔父頼長は長承三年（一一三四）に十五歳でそれぞれ昇進していた。したがって、基実はこれらをいずれも凌駕したことになる。このような昇進は、忠通・基実が摂関家嫡流を奪回し、基実が摂関家嫡男となった結果である。

なお、内大臣となった伊通は、忠通の室故宗子の兄で、近衛天皇の中宮呈子の実父、また重通は宗子の弟である。これらの人事にも忠通の影響があったことは疑いない。

ついで**九月十七日**、基実は従二位に叙された。なおこの日、**八月二十九日**に元服し、正五位下に叙された弟基房が、五位のまま左中将に補任され、摂関家子弟の特権である五位中将に就任している。兄の基実が頼長の圧力で逸した、摂関家嫡流を示す地位であった（拙稿「五位中将考」）。

基実の拝賀

九月二十五日、基実は権大納言就任の拝賀を行った。彼が摂関家嫡流となったことを披露する重要な儀式である。このため、早朝にまず政所が拝賀の無事を祈って賀茂以下、八カ所の寺社に誦経を依頼している。

信範は束帯を着し、押小路殿の忠通のもとに出仕した。未の刻（午後二時ごろ）の出立予定だが、その前に中納言藤原季成、資信らの客人が参入し、拝賀の装束に改めた基実も座に加わった。信範は、簾中の忠通と打ち合わせを行っている。

殿下、簾中におわします。次いで下官を召し、路の次第、ならびに所々の中次(もうしつぎ)の人の事を尋ね仰せらる。

忠通は信範に拝賀の経路、天皇・皇族に取り次ぐ貴族について尋ねている。信範は拝賀の儀式の責任者、奉行家司であった。基実にとって重要な意味を持つ儀式を奉行したことは、乳父(めのと)という彼の立場、そして忠通からの厚い信頼の所産である。

一行が最初に拝賀した先は父忠通であった。

四位少将俊通朝臣をもって、御慶(ぎょけい)の由を殿下に申さる。帰り出で、聞(き)こし食(め)す由を申す。次いで再拝せしめ給う。先例、家司これを申す。殿下の御時、右少将宗能朝臣これを申す。よってかの例に准ずる也。

忠通への申次は四位少将藤原俊通であった。彼は藤原氏中御門流で、藤原宗輔の子、のちに権中納言に昇進している。「聞こし食す」は先述のように「聞く」の敬語表現で、慶賀の挨拶を申し次いだ俊通が、忠通が基実の挨拶をお聞きになったと伝えた。通常、家司が行う役目を近衛少将に行わせたのは、忠通の時に中御門流の藤原宗能が取り次いだ先例に倣ったとしている。

前駆三十人も、忠通の先例と異なり六位を三人減らし、その分五位を増やしたが、これは権威を示したのであろう。信範も前駆の一人として行列に加わっている。基実は、まず高松殿で後白河天皇、ついで鳥羽に赴き、美福門院とその皇女の姫宮暲子内親王、東宮女御の姝子内親王、そして春宮（皇太子）守仁親王に慶賀を申し上げた。最後に、鳥羽からの帰路に九条殿で姉の皇嘉門院御所に立ち寄っている。

皇嘉門院は、崇徳の中宮だっただけに、崇徳の配流に心を痛めていたであろう。僧信縁の娘ではなく彼女が皇子を生んでいれば、そして養子に迎えた近衛天皇が存命であれば、このような事態は免れたはずである。むろん『兵範記』には、女院の心中を示唆するような記述はなく、ごく簡略に儀式が記されているに過ぎない。皇嘉門院への挨拶を終えて、基実は押小路殿に帰っている。

権大納言となって大臣も目前となった基実は、翌保元二年八月、右大臣に昇進する。彼が父忠通から関白を譲渡されるのは、同三年八月のことであった。

二　信範の少納言任官

任官の朗報

十一月二十八日、除目の入眼の日（最終日）、信範に朗報がもたらされた。

除目入眼す。殿下、夜に入り参内せしめ給う。（中略）所望の事、殿下の仰せにより、大納言殿、内々に遣わし仰する旨あり。且恐れ畏まり申しおわんぬ。

除目に際し、信範は忠通に望みの官職を伝えていた（『兵範記』十一月二十七日条）。その任官について、殿下忠通から大納言基実に連絡があり、基実は内々に彼の意向を朝廷に伝えている。

そのことを、信範は取り急ぎ恐縮し畏まったと述べている。

信範が所望した官職は、父知信も任官した少納言であった。少納言は、本来天皇の側近というべき官職であったが、蔵人の出現で権限は縮小され、行幸における鈴の管理が主な役割となっていた。その意味では形式的な官職ではあるが、『官職秘抄』上には次のように記されている。

少納言
然るべき公達、もしくは名家の諸大夫、公務に堪うる輩、これに任ず。

このように、少納言は公卿家出身の公達、諸大夫でも名門に属し、公務の堪能な者が任じられる格式の高い官職であった。このことも、信範が少納言を望んだ一因である。また信範は摂関家家司を務めているが、朝廷の官職は名目に過ぎない甲斐権守だったから、ようやく正規の官職を得たことになる。これは、保元の乱における勝利のご褒美であろう。

ちなみに、年が明けた正月二十二日の叙位で、平重盛と源義朝が従五位上に昇進しているが、その理由がそれぞれ、平忠貞（忠正）を捕らえた父清盛の賞の譲り、藤原盛憲を召し進めた恩賞となっており、保元の乱の論功行賞であった。乱の恩賞は、決して合戦の直後にのみ行われるわけではない。

夜半、頭弁、使者を送りていわく、除目の大間下りおわんぬ。すでに少納言に任じおわんぬ。尤も悦び申す者。

夜半になって、頭弁平範家が使者を通して「除目の大間（人事を記した紙）が下され、少納言に任じられた。大変喜ばしい」と連絡してきた。「除目の大間」から「悦び申す」までが範家の言葉である。範家も同じ高棟王流の公家平氏であり、この一族とは父祖の時代から交流が続いていたから喜びの言葉を伝えたのだろう。

卒爾の慶賀

十一月二十九日、信範は少納言任官の慶賀（挨拶）の日程を忠通に相談した。

未明、殿下に参る。慶賀の事、畏まり申しおわんぬ。その次いでに申し上げていわく、御堂御八講、日ごろ奉行す。しかるに今・明両日、日次宜しからず。いまだ慶賀を申さざる前の奉行、何様に候べきや。

信範は未明に忠通を訪ね、慶賀について謹んで申し上げた。そのついでに、今日・明日は日次が悪く慶賀を申せないので、慶賀の前に御堂八講の奉行を担当することの可否を尋ねた。少納言になった挨拶をせずに、家司として大きな仕事をすることには憚りがあると思ったのだろう。

御堂八講は、法成寺で行われる藤原道長追善の法会で、むろん摂関家にとって重要な意味を持つ法会である。信範はその奉行家司であった。

これに対し、忠通は直ちに慶賀を申すように指示した。

仰せていわく、慶賀を申さずと雖も、御八講を奉行する、その難あるべからざる由、存じ御う也。ただし、今日申の日に慶賀を申すこと、何事かあらんや。明日の滅日においては

便なし者。御定限りあるにより、逐電に退出し、拝賀の事に出で立つ。賀札、雲の如し。

忠通は、慶賀を申さずに八講を奉行しても問題ない。また信範が避けたかった「申の日」の拝賀も、忠通から「何事かあらんや」（何も問題はない）、明日はもっと悪い「滅日」であるから今日拝賀をすませるようにと言われてしまい、「御定限りあるにより」（決定は厳格であるから）ということで、「逐電に」（急いで）退出して、しぶしぶ拝賀に出立した。最後の「賀札」は、お祝いの書状のことで、少納言任官を祝う書状が雲霞の如く沢山届いていたのである。これには信範も誇らしく思ったことであろう。

このあと、急に拝賀させることを気の毒に思ったのか、忠通も牛車用の牛を下賜してくれた。信範は九条殿の忠通を訪問して吉書を作成し、ついで押小路殿の大納言基実に慶賀を申し上げた。その上で高松殿に参内して後白河天皇に挨拶し、四条高倉の藤原惟方邸にいた皇太子守仁親王を訪問した後、帰宅して慌ただしい一日を終えた。「**卒爾**」（急遽）のことなので、「**他所**」に赴かなかったとしている。「他所」とは、鳥羽の美福門院のことで、女院には**十二月一日**に訪れている。その取次は、信範の甥時忠であった。

さて、信範は**二十九日条**の最後に次のように記した。

今日、申の日と雖も、他の憚りなき上、御定限りあり。拝賀し吉書を申しおわんぬ。強ちに後例となすべからざるか。

申の日を忌避する理由がわからないが、忠通の命令に仕方なく従ったものの、のちの例としてはならないと記して、忠通の命令に対する不満を記したのである。「強ちに」は下に打消を伴う形容動詞で、「一概に」「むやみに」などの意である。平安末から否定表現と呼応する用法が多く見える。こうした慶事、しかも相手が忠通であっても、官僚としての矜持を忘れることはなかった。

ともかく、信範は摂関家とともに朝廷にも活躍の場を得た。のちの弁官、そして実務官僚の頂点ともいうべき蔵人頭への道も開けたのである。

終章　内乱と摂関家

一　保元の乱後の苦難

保元の乱で勝者となり、氏長者に返り咲いた関白藤原忠通のもとで、摂関家は再出発する。保元二年（一一五七）八月、基実は右大臣となり、翌年八月には父の譲渡によって関白に昇進し、忠通・基実流は摂関家嫡流の地位を確立した。しかし、保元の乱で打撃を受けた摂関家が辿ったその後の道のりは波乱万丈であった。内乱を経て文治三年（一一八七）二月に信範が亡くなるまでの、摂関家と信範の歩みを簡単に紹介して結びとしたい。

保元三年四月二十日の賀茂祭で信じがたい出来事が起こった。新任の参議に過ぎない藤原信頼が、祭を見物する関白忠通の前を横切るという無礼を働いたのである（『兵範記』）。忠通の政所や御厩の舎人らは信頼の牛車を破壊し追い返したために、信頼は後白河に訴え出た。寵臣の嘆願に激怒した後白河は、摂関家に対する厳しい制裁を加えることになる。

同行していた家司の信範は解官された上に、三月十九日に許されたばかりの殿上人の地位を奪われ、同僚の藤原邦綱は左馬寮に拘禁された上に、やはり殿上を除籍されてしまった。二人は家司として、行列の監督責任を問われたのである。さらに四月二十一日、忠通も閉門に追い込まれてしまった。一方、後白河は同月の二十六日から五月三日まで、信頼以下の院近臣たちと鳥羽殿で遊宴に興じたのだから、摂関家の屈辱は計り知れない。信範の解官が解除されたのは、二カ月を経た六月二十六日のことだった。

さらに驚くべきことに、平治元年（一一五九）七月、摂関家に屈辱を与えた張本人である信頼の妹と、基実とが婚姻を結んだのである（『胡曹抄』所引『広季記』）。忠通は後白河と信頼に屈服を余儀なくされたことになる。この婚姻の背景や摂関家の思惑が知りたいが、残念ながらこの時期については『兵範記』はもちろん、他の日記（古記録）も散逸している。そして永暦元年（一一六〇）、二人の間に生まれた基通こそが、のちに近衛家当主として、摂関家嫡流を継承するのである。

さて、保元三年八月四日、新邸高倉殿の造営を視察していた忠通のもとに、思わぬ知らせがあった。急遽、後白河天皇から東宮守仁への譲位が決まったというのである。これについて、信範は「**ただ仏と仏との評定、余人、沙汰に及ばざるか**」と『兵範記』に記している。「仏と仏との評定」、すなわち出家した者同士の話し合いで決まり、関白も含む他の者は関与していないというのである。二人の出家者とは、美福門院と僧信西とされる（五味文彦氏「信西政権の構造」）。鳥羽院の「後家」として王家家長に相当する美福門院は当然だが、彼女と話し合ったのは後白河天皇でも、関白忠通でもなく、院近臣信西であった。譲位の日程決定を左右できた信西の権勢、それに対し全く関与もできなかった摂関家の勢威の低下は明白といえる。

摂関家も譲位に対応した。八月十一日、忠通は関白を辞し、基実がそのあとを継いだのである。氏長者も宣旨によらず円満に譲渡された（『兵範記』）。基実の関白就任に際し、「宣旨」という最上級の女房も任じられた（『兵範記』八月十五日条）。これは、天皇の宣旨を取り次ぐような重要な役割を担うということから命名された女房の役職で、摂関のほか上皇・東宮・中宮・斎宮らの皇族にも設置されていた。関白基実の宣旨となったのは、誰あろう基実の乳母でもあった信範室大弐局（藤原能忠娘）だったのである（勝浦令子氏「家と家族」）。信範は政所別当として、その室は宣旨として、新関白基実を支えることになった（佐古愛己氏「『兵範記』（平信範）」）。

二　基実の艱難と死

しかし、その後の基実には艱難が連続する。彼の室の兄信頼は、平治元年十二月、長年の盟友源義朝と提携し後白河の院御所三条殿を襲撃、信西を自殺に追い込み息子らを配流した。平治の乱の勃発である。信頼は二条親政派の藤原経宗・同惟方らと密かに通じ、後白河院政を停止すべく、その支柱信西一族を壊滅させるに至った。しかし、藤原経宗・同惟方らは、京における最大の武力の担い手平清盛が熊野参詣から帰京するや、二条天皇を隠密裏に清盛の六波羅邸に脱出させた。清盛は天皇を失って賊軍となった信頼・義朝を、たちどころに滅亡に追い込んだのである。

信頼の謀反と滅亡は、妹婿である基実とその父忠通の立場を著しく悪化させ、摂関家傍流で二条天皇の外戚経宗は摂関の野心を抱いた。しかし、経宗・惟方は後白河に対する非礼と、平治の乱惹起の責任を問われて失脚する。経宗の失脚で基実は関白の座を保った。

乱によって政界の実力者信西・信頼が滅亡し、経宗・惟方が失脚、さらに乱後には清盛の勝利に貢献した内大臣藤原公教も病死した。このことは、摂関家の勢威を相対的に上昇させ、大殿忠通の発言力は重みを増した。そして彼は娘育子（養女とも）を二条天皇の中宮に立て親政を支える。基実も育子を猶子として天皇と緊密な関係を結んだのである。

しかし、信頼の妹婿であったことは基実に暗い影を落とした。信頼の縁者を理由に、一歳違いの基房に関白の座を奪われる可能性が高まったのである。基実派と基房派との対立がくすぶり、基実を支えた信範も焦燥に駆られたことと思われるが、平治の乱以降の『兵範記』は欠落しており、両派の軋轢や信範の心境を知ることはできない。

長寛二年（一一六四）二月、大殿忠通が急死した。享年六十八（『百練抄』）。その直後に基実は清盛の娘盛子を正室として迎え、平氏一門が摂関家の家政に参入することになる。そこには、むろん清盛の武力による権門内の統制という目的があった。

かつての摂関家と藤原信頼との不可解な関係も、同様の意図から理解できる。忠実・頼長の下、源為義以下の軍事貴族、悪僧信実率いる興福寺を組織した複合権門摂関家は、保元の乱で解体された。信頼は、後白河院の院御厩別当に就任したように、在京武力の第一人者であり、その背景には伊勢平氏・平泉藤原氏との姻戚関係、知行国を通した源義朝との連携が存した。

摂関家は、信頼の武力に依存したがゆえに、彼の増長をまねいたし、婚姻も締結することになったのである（拙著『保元・平治の乱』）。信頼の滅亡後に代替しうる存在は清盛以外にありえない。

保元の乱後における興福寺の混乱は、平清盛の大和国知行で鎮められるが、復活した摂関家知行で再び混乱が起こる。摂関家は荘園の混乱など、権門内の統制を平氏の武力に依存せざるを得なかったのである。そのことが基実と清盛の娘との婚姻の背景に存した。

清盛と連携した基実は二条天皇を支えるが、天皇は永万元年（一一六五）七月、僅か二十三歳で死去する。二条天皇が亡くなる直前に譲位した六条天皇は、育子の養子となっていたので、基実は外戚の摂政として天皇を支えた。しかし、翌永万二年（仁安元年）七月、今度は基実自身が二十四歳で死去したのである。原因は痢病であった（『安倍泰親朝臣記』）。頼長を倒し、摂関家嫡流を継承した基実は、あまりに儚（はかな）く世を去った。乳母であった室とともに彼を支えてきた信範の悲嘆は想像するに余りある。基実の子基通はまだ幼く、摂政は弟基房の手に渡った。しかしここで重大な出来事が起こる。平清盛による摂関家領横領事件である。

三　平清盛と摂関家

基実の急死は、彼を婿として保護し政治を動かそうとした清盛を愕然（がくぜん）とさせた。その清盛に、信範の同僚家司であった藤原邦綱が有名な献策を行った。すなわち、摂関家嫡流は基実の子基通であり、彼が成人し摂関家領を継承することを前提に、基房には殿下渡領など、摂関・氏長者に関係した僅かな所領のみを与え、摂関家領の大半は基通の成人まで、基実の後家の盛子が管理すべきであるとしたのである（『愚管抄』巻第五）。盛子はまだ十一歳、摂関家領は事実上、その父清盛が支配することになる。清盛はもちろんこれに飛びつき、後白河も容認した。

　このような強引な方策が実現した背景には、摂関家領の支配・管理に清盛や平氏一門の武力が不可欠であったこと、摂関家内における基房派と対立する基実派の動き、かつての忠通・頼長のような摂関家分裂を回避しようとする後白河や朝廷の意向などがあった。また後白河は、清盛の義妹平滋子との間に儲けた皇子憲仁の即位を目論み、清盛に恩恵を施して彼の支持を得ようとしたのである。ちなみに、同年十一月、清盛は内大臣に昇進し、仁安二年（一一六七）二月には太政大臣を極めた。摂関・大臣家以外の者の大臣昇進は、皇胤と公認するに等しい意味を持つ（『官職秘抄』上）。これも後白河の恩恵であった。

平清盛
（『天子摂関御影』皇居三の丸尚蔵館収蔵）
出典：ColBase（https://colbase.nich.go.jp/）

　滋子は清盛の室時子の妹、信範にとっては兄時信の娘で姪にあたる。彼女の存在が大きくなるにつれて一門も躍進を遂げる。彼女の兄時忠は蔵人頭を経て公卿に昇進、信範も五位蔵人、右少弁、権右中弁と躍進し、仁安二年二月には蔵人頭に就任したのである（『職事補任』）。彼は、もはや摂関家家政ではなく、朝廷における実務の担当者となった。

翌仁安三年（一一六八）二月、後白河と清盛の連携のもと憲仁が即位した。高倉天皇である。後白河と平清盛の協調、そして公家平氏出身の母を持つ初の天皇のもとで、信範は蔵人頭として奮迅の活躍をする。このころが彼の官人生活の頂点で、『兵範記』に多くの記事が残っている。ところが、嘉応元年（一一六九）十二月、信範に解官・配流という思いもかけない災厄が待ち構えていた。

同年暮れに起こった延暦寺の強訴に対する平氏一門の消極的な対応に憤った後白河が、「奏事不実」として当時の検非違使別当時忠と、蔵人頭信範を配流してしまったのである（『百練抄』十二月二十八日条）。清盛以下武門平氏に不満を抱いた後白河の「八つ当たり」といえる理不尽な処罰であった。信範は備後に貶謫の憂き目を見たが、さすがに後白河も清盛との交渉を経て、翌嘉応二年二月には時忠・信範を召し返し、十二月に本位に復させた。

嘉応三年（承安元年、一一七一）正月、信範は従三位に叙され公卿の仲間入りを果たした（『公卿補任』）。しかし、前年五月十日に糟糠の妻藤原能忠娘（大弐殿）を喪った（『兵範記』）ために、公卿昇進の喜びを室と分かち合うことはできなかった。また、彼はすでに六十歳、甥で四十二歳の時忠は清盛の義弟として正三位権中納言に昇進しており、大差をつけられていた。しかも、信範は二年後の承安三年正月に名誉職の兵部卿に任じられたが、議政官に就任することはなかった。『兵範記』の記事も残っておらず、老いた信範は政界を側面から眺めていたのであろう。

彼が出家したのは、後述する鹿ケ谷事件直後の安元三年（一一七七）七月五日で、原因は「所労」（病気）とされた（『公卿補任』）。時に六十六歳。しかし彼にはまだ十年の人生が残されており、平氏一門と摂関家をめぐる劇的な運命を目の当たりにすることになる。

四　平氏の滅亡、摂関家の混乱

平氏一門の著しい台頭は、後白河院近臣勢力との軋轢（あつれき）を招き、後白河と清盛の政治主導権争いと相俟（あいま）って政界に不協和音をもたらした。安元二年（一一七六）七月、両者を取り持っていた滋子（建春門院）が早世すると、後白河は高倉天皇の退位を画策するなど、両者の対立は露呈する。

翌安元三年（治承元年）、延暦寺による大規模強訴が勃発すると、平氏一門の対応を不服とした後白河は清盛に強引な延暦寺攻撃を命じた。ところが六月一日、事態は一転、院近臣らによる清盛暗殺計画が露見したことから、清盛は院近臣の中心であった僧西光と権大納言藤原成親を殺害し、多くの近臣を配流した。鹿ケ谷事件である。清盛と後白河との関係は完全に破綻した。この事件が信範の出家に影響を与えたことは疑いない。

後白河は関白基房と結び、彼の系統の嫡流化と、清盛の女婿となっていた基通の排除を図り、清盛が押領した摂関家領の奪取を企図した。これに怒った清盛は治承三年（一一七九）十一月に政変を惹起し、関白基房を配流して基通を強引に関白に任じた。そして後白河を幽閉して院政を停止し、翌年には外孫の安徳を即位させ、女婿の高倉院に院政を行わせた。平氏政権の成立である。

しかし清盛の強引な王権の改変は強い反発を生んだ。翌治承四年五月、以仁王・源頼政が権門寺院と結んで挙兵したのを嚆矢として、反乱は全国に及んだ。平氏が多大の知行国を奪取し一門や家人を送り込んだために、圧迫された反平氏派の挙兵が勃発したのである。全国はまさに内乱状態となった。その最中の治承五年閏二月に清盛は熱病で急死、それから二年後の寿永二年（一一八三）七月、北陸道から上洛した木曾義仲によって平氏は都落ちに追い込まれた。この時、後白河は平氏の手を逃れて在京した。また基通も、清盛の女婿でありながら平氏一門を裏切り、後白河と緊密な関係を結んで京に留まった。

入京した義仲は西走した安徳に代わる皇位決定に際し、後鳥羽天皇擁立を図る後白河に対し以仁王の遺児北陸宮を推して院の権限を犯した。さらに軍勢の乱暴狼藉もあって、院と義仲とは激しく対立、ついに十一月の法住寺合戦で義仲は院を破り統制下に置いた。義仲は院と結ぶ基通を排除、雌伏していた基房と結び、その子師家を摂政に擁立した。基通が平氏を捨て院と提携したのに対し、基房一門は義仲と結んで再起を図ったのである。

しかし、翌寿永三年正月、源頼朝が派遣した弟範頼・義経によって義仲は滅ぼされ、基房一門も政治的地位を失い、基通が摂政に返り咲いた。さらに翌元暦二年（文治元年、一一八五）三月、壇ノ浦合戦で平氏一門も安徳天皇とともに滅亡した。この時、都落ちに同行していた信範の嫡子信基も、壇ノ浦合戦で負傷し捕虜となって帰京している（『吾妻鏡』四月二十六日条）。

兄源頼朝と対立した平氏追討の立役者源義経に、後白河が頼朝追討宣旨を与えたことから、頼朝は後白河に朝廷の改変を迫った。この結果、翌文治二年三月には基通は更迭され、忠通の三男で頼朝と結ぶ兼実が摂政を襲い、その子孫が九条家となる。しかし基通も後白河の保護を受け摂関家領の大半を伝領し近衛家を確立する。

権門に振り回される摂関家の混乱、その中で政界を巧みに泳ぎ切った基通の姿を見ながら、文治三年（一一八七）二月十二日に信範は七十六年の生涯を終えるのである（『玉葉』二月十四日条）。

補編

日本史修行四半世紀

なぜ貴族と武士が分離し、貴族政権から武士政権が分立するのか。現在の私が直面している課題はこのことに尽きる。従来の考え方で言えば、貴族と武士は階級も基盤とする社会体制も異なるから別個の政権が成立して当然ということになるが、もはやこうした単純な理解は通用しない。武士が貴族の職能の一つという性格を持っていること、平安末期の武士は貴族政権に強固に把握されていたことが明らかとなった。したがって、もはや旧説に安住することは許されない。新たな回答を見いだすことが急務なのである。

漠然と日本史を志して京大に入った私が、中世政治史を専攻することになった最大の要因は、二回生だった一九七五年、当時の教養部で行われていた上横手雅敬先生の『吾妻鏡』の演習に出席したことにある。当時の演習室は現在の人間・環境学研究科棟の付近にあったプレハブの粗末な建物であったが、現在でもその名残が見られ、思わず往時を想起させられる——様々な意味で京大構内は世間より時間の推移が遅いのは事実であるが——。

この演習で史料を読む楽しさと同書の豊かな世界を教わったことが、その後の研究対象を決定付けたのである。同時に演習に際して先生から史料に対する鋭敏な感覚のない者は、研究者としての根本的資質が疑われるというお叱りを頂戴したことは忘れられない出来事である。以来、つねに自身の歴史的感覚を磨く「修行」の毎日であった。

それから約四半世紀、私の研究対象は主として平安末期の政治史であった。まず、卒論では『吾妻鏡』の世界の前提を探るべく「武家棟梁（とうりょう）」の実態解明を、ついで修論では院政期の河内源氏を組織していた摂関家の家産機構を取り上げた。その後は、卒論を基礎として院政期の武士を、また修論を基礎として院政期政治史の解明を目指した。前者の成果は一九九四年に『武士の成立』（吉川弘文館）としてまとめ、また後者の研究は昨年（一九九六年）、論文集『院政期政治史研究』（思文閣出版）として体系化することができた。

論文集の完成は、まさしく研究生活の一区切りであった。同書の完成に至る間、つねに緊張感をもった史料との「対決」が、研究の根底にあったことは言うまでもない。また、本書の作成を通して、大局的な政治史は客観的でなければならないということを学ぶことができたと思う。権力者個人の恣意が最終的に貫徹し得ないことは政治史を学ぶ者の共通認識だが、さらに歴史の構造的な展開を把握するとともに、政治史分析にとって有効な政治的集団を析出し、それらの相互関係と特質を解明することこそが、客観的な政治史の要諦であることを痛感したのである。

とはいえ、人間が偶発的な運命に左右される以上、政治史にも偶然の要素は含まれる。論文集執筆の最中に阪神・淡路大震災で自宅が倒壊し、間一髪で助かったものの、長期の避難生活を余儀なくされ、瓦礫（がれき）の中から論文集のフロッピーを辛うじて拾い集める体験もした。それに限らず、人生の中で蓄積された理不尽な経験が、そうした思いを強くさせている。必然と偶然の軋轢（あつれき）を如何（いか）に評価するかは、依然として政治史の大きな課題である。

自分の学問的軌跡を振り返れば、まさに愚鈍な人間の愚直な歩み以外の何物でもない。平安後期の政治史の体系を自分なりに組み立てて、ようやく上記の課題、言い換えれば学問への興味を喚起してくれた『吾妻鏡』の世界に、正面から取り組むことになったのである。同時に、京大の教壇に立つことは、かつて自身が受けた学問的刺激を、後進に与える役目を背負ったことをも意味する。厳しい立場を自覚して、より一層「修行」に励んでゆきたいと考えている。

（一九九七年一二月）

補足（二〇一四年一一月）

京大に赴任した直後に記した、自己紹介を兼ねた文章である。前半には、当時の「古き良き京大」を彷彿（ほうふつ）とさせる文章があるのも懐かしい。後半の『吾妻鏡』の世界、すなわち鎌倉時代政治史の研究は、お恥ずかしいことに今もって本格化していない。結局、このまま研究者生命も終わりそうである。

附高から始まった歴史学への道

卒業から今年（二〇〇六年）で三三年。人生の三分の二を超える時間なのに、高校時代はつい昨日のことのように想い起こされる。時間の不可思議さを痛感させられる。

日本史の道に踏み込んだきっかけは、附高で受けた村野実先生の御講義にあった。学説の対比など学問的方法を紹介されながら論じられた邪馬台国（やまたいこく）問題、歴史の流れを文化史という思いがけない側面から切り込まれた古代から近世までの歴史など、自由闊達なお話に魅了され、「歴史好き」が変じ、本格的に学問を志すに至ったのである。

受験勉強を強制しない附高の自由な空気が夢を後押ししてくれた。在学中から新書を中心に日本史関係の書物を読みふけったが、中でも古代史の通説を鋭く批判した上田正昭（うえだまさあき）先生、中世町衆の自治など、京都の歴史の奥深さを説いた林屋辰三郎（はやしやたつさぶろう）先生の書物にひかれた。そして、こうした先生がおられた京都大学への入学を志すことになった。当時の私には背伸びした受験だったが何とか一浪の末に合格した。

どの仕事でも同じことではあるが、学問の厳しさも想像を絶するものであった。研究者を目指すからには他人の受け売りなど許されるはずがない。自分で史料を解読し、独自の論点を見つけ、解明しなければならない。大学・大学院での修行はもっぱら史料読解のための漢文史料の分析や、先行研究の到達点や問題点の解明に費やされた。

修士論文を作成し、まがりなりにも学界にデビューすると、今度は厳しい批判の洗礼が待っている。「問題意識が低い」「史料の片言半句を集めても何の意味もない」などという罵詈雑言（ばりぞうごん）の雨あられ。分厚い先行研究の壁に絶望したり、就職に難渋し経済的に追い詰められたりもした。

それを克服できた要因の一つは、学問を通した素晴らしい師友との出会い、とりわけ共に逆境の中で研鑽（けんさん）しあった友人たちの激励であった。そしてもう一つは、自ら選んだ道だからこそ最後まで極めようという責任感である。今にして思えば、不遇ゆえに、頂点を目指そうという強い意志を錬磨できたことが、最大の幸運だったといえよう。

歴史学の醍醐味（だいごみ）は、未解明の歴史の真相に迫り、斬新な歴史像を提示することにある。まだ、道半ば、さらに精進を重ねて、新たな成果を世に送りたい。近年、日本史は何かと軽視され、日本の伝統も文化も断絶の危機にある。そこで、学問の世界のみに安住せず、最新の成果を平明に伝える書物を著して、日本史の面白さを少しでも多くの人々に伝えたいと願っている。

（二〇〇六年一一月）

（以上二編、元木泰雄『六〇年の足跡』［私家版、二〇一四年一一月発行］より転載）

参考文献

『兵範記』の影印・翻刻・人名索引

公益財団法人陽明文庫編『人車記（陽明叢書 記録文書篇）』全四巻（思文閣出版）
京都大学文学部国史研究室（日本史研究室）編『兵範記（京都大学史料叢書）』全四巻（思文閣出版）
増補史料大成刊行会編『兵範記（増補史料大成）』全五巻（臨川書店）
兵範記輪読会編『増補改訂 兵範記人名索引』（思文閣出版、二〇一三年。初刊二〇〇七年）

主な史料と底本

『長秋記』（増補史料大成・臨川書店）
『中右記』（増補史料大成・臨川書店、大日本古記録・岩波書店）
『台記』（『台記別記』『宇槐記抄』を含む）（増補史料大成・臨川書店、史料纂集・続群書類従完成会）
『山槐記』（増補史料大成・臨川書店）
『玉葉』（国書刊行会叢書、図書寮叢刊・明治書院）
『本朝世紀』（新訂増補国史大系・吉川弘文館）
『百練抄』（同右）
『今鏡』（海野泰男『今鏡全釈』上・下、福武書店）
『愚管抄』（日本古典文学大系・岩波書店）
『保元物語』（新日本古典文学大系・岩波書店）

『平治物語』（同右）
『平家物語』（同右）
延慶本『平家物語』（勉誠社）
『吾妻鏡』（新訂増補国史大系・吉川弘文館）
『今昔物語集』（新日本古典文学大系・岩波書店）
『富家語』（同右）
『古事談』（同右）
『続古事談』（同右）
『古今著聞集』（新潮日本古典集成・新潮社）
『尊卑分脈』（新訂増補国史大系・吉川弘文館）
『公卿補任』（同右）
『職事補任』（群書類従補任部・続群書類従完成会）
『新訂増補 弁官補任』第一（八木書店）
『官職秘抄』（群書類従官職部・続群書類従完成会）
『類聚雑要抄』（群書類従雑部、川本重雄・小泉和子編『類聚雑要抄指図巻』中央公論美術出版、一九九八年）
竹内理三編『平安遺文 古文書編』第六巻（東京堂出版）
観智院本『類聚名義抄』（新天理図書館善本叢書・八木書店）
三巻本『色葉字類抄』（尊経閣善本影印集成・八木書店）
黒川本『色葉字類抄』（中田祝夫・峰岸明共編『色葉字類抄研究並びに総合索引 黒川本・影印篇』風間書房、一九七七年）

『兵範記』と平信範

井上幸治「延宝五年の『兵範記』分与について」(『立命館文学』第五八五号、二〇〇四年)
上横手雅敬「解題にかえて」(京都大学文学部日本史研究室編『京都大学史料叢書4 兵範記四・範国記・知信記 翻刻・解説篇』思文閣出版、二〇二〇年)
勝浦令子「家と家族―平信範とその家族を中心に―」(院政期文化研究会編『院政期文化論集 五 生活誌』森話社、二〇〇五年)
米谷豊之祐『平信範―傍流伊勢平氏の興亡を余所目に、摂関家の家司の立場を守り続けた人物―』(新風書房、二〇〇六年)
佐古愛己「『兵範記』(平信範)―筆忠実な能吏が描いた激動期の摂関家―」(元木泰雄・松薗斉編『日記で読む日本中世史』ミネルヴァ書房、二〇一一年)
高橋秀樹「院政期貴族の祖先祭祀空間―藤原宗忠・平信範を中心に―」(『日本中世の家と親族』吉川弘文館、一九九六年)
西田直二郎「兵範記に就いて」(『日本文化史論考』吉川弘文館、一九六三年。初出一九一六年)
松薗斉「家記の構造」(『日記の家―中世国家の記録装置―』吉川弘文館、一九九七年)
米田雄介「兵範記と近衛基熈」(『日本歴史』第四三三号、一九八四年)

その他

天沼俊一「大悲山峰定寺」(史学地理学同攷会編『鎌倉時代の研究』星野書店、一九二五年。初出一九二一年)
井原今朝男「中世善光寺平の災害と開発―開発勢力としての伊勢平氏と越後平氏―」(『国立歴史民俗博

物館研究報告』第九六集、二〇〇二年）
上横手雅敬「院政期の源氏」（御家人制研究会編『御家人制の研究』吉川弘文館、一九八一年）
河音能平「ヤスライハナの成立」（『河音能平著作集 第三巻 封建制理論の諸問題』文理閣、二〇一〇年。初出一九七四年）
川端新「摂関家の南都統制について—勧学院弁別当を中心に—」（『荘園制成立史の研究』思文閣出版、二〇〇〇年）
河内祥輔『保元の乱・平治の乱』（吉川弘文館、二〇〇二年）
後藤英次「平安時代古記録における「遅参」とその関連語の解釈をめぐって」（『中京大学文学会論叢』第五号、二〇一九年）
五味文彦「信西政権の構造」（『平家物語、史と説話』平凡社ライブラリー、二〇一一年。初出一九八七年）
斎木一馬「記録語の例解—国語辞典未採録の用字・用語—」（『斎木一馬著作集 第一巻 古記録の研究』吉川弘文館、一九八九年。初出一九七〇年）
佐伯智広「鳥羽院政期王家と皇位継承」（『中世前期の政治構造と王家』東京大学出版会、二〇一五年。初出二〇一二年）
坂口太郎「『愚管抄』校訂私考」（『古代文化』第六八巻第二号、二〇一六年）
杉本宏『宇治遺跡群—藤原氏が残した平安王朝遺跡—』（日本の遺跡六）」（同成社、二〇〇六年）
多賀宗隼「参議藤原教長伝」（『論集 中世文化史 上 公家武家篇』法藏館、一九八五年。初出一九三九年）
多賀宗隼「僧西念」（『論集 中世文化史 下 僧侶篇』法藏館、一九八五年。初出一九七三年）
高橋一樹「中世荘園の荘務請負と在京沙汰人」（『中世荘園制と鎌倉幕府』塙書房、二〇〇四年。初出二〇〇三年）

高橋昌明『増補改訂 清盛以前―伊勢平氏の興隆―』(平凡社ライブラリー、二〇一一年。初刊一九八四年)
田中文英「平氏政権と摂関家」(『平氏政権の研究』思文閣出版、一九九四年。初出一九六八年)
土田直鎮「平安中期に於ける記録の人名表記法」(『奈良平安時代史研究』吉川弘文館、一九九二年。初出一九五四年)
角田文衞『待賢門院璋子の生涯―椒庭秘抄―』(朝日選書、一九八五年。初刊一九七五年)
永澤済「日本中世和化漢文における非使役「令」の機能」(『言語研究』第一五九号、二〇二一年)
長村祥知「保元・平治の乱と中央馬政機関―源義朝・藤原信頼・平家―」(元木泰雄編『日本中世の政治と制度』吉川弘文館、二〇二〇年)
野口実『列島を翔ける平安武士―九州・京都・東国―』(吉川弘文館、二〇一七年)
橋本義彦『藤原頼長(人物叢書)』(吉川弘文館、一九六四年)
橋本義彦「藤氏長者と渡領」(『平安貴族社会の研究』吉川弘文館、一九七六年。初出一九七二年)
橋本義彦「貴族政権の政治構造」(『平安貴族』平凡社ライブラリー、二〇二〇年。初出一九七六年)
橋本義彦「太政大臣沿革考」(前掲『平安貴族』初出一九八二年)
橋本義彦「美福門院藤原得子」(『平安の宮廷と貴族』吉川弘文館、一九九六年。初出一九八七年)
樋口健太郎「藤氏長者宣下の再検討」(『中世王権の形成と摂関家』吉川弘文館、二〇一八年。初出二〇一一年)
美川圭「崇徳院生誕問題の歴史的背景」(『院政期の都市京都と政治』吉川弘文館、二〇二四年。初出二〇〇四年)
美川圭「後白河院政と文化・外交―蓮華王院宝蔵をめぐって―」(前掲『院政期の都市京都と政治』初出二〇一二年)

峰岸明「記録語解義」（『平安時代記録語集成』下、吉川弘文館、二〇一六年）
村井康彦「御倉町」（『古代国家解体過程の研究』岩波書店、一九六五年。初出一九六四年）
元木泰雄「平安後期の侍所について―摂関家を中心に―」（『中世前期政治史研究』吉川弘文館、二〇二四年。初出一九八一年）
元木泰雄「摂関家家政機関の拡充」（『院政期政治史研究』思文閣出版、一九九六年。初出一九八一・八四年）
元木泰雄「摂関家における私的制裁」（前掲『院政期政治史研究』初出一九八三年）
元木泰雄「摂津源氏一門―軍事貴族の性格と展開―」（『史林』第六七巻第六号、一九八四年）
元木泰雄「院政期政治構造の展開―保元・平治の乱―」（前掲『院政期政治史研究』初出一九八六年）
元木泰雄「院政期における大国受領―播磨守と伊予守―」（前掲『院政期政治史研究』初出一九八六年）
元木泰雄「院の専制と近臣―信西の出現―」（前掲『院政期政治史研究』初出一九九一年）
元木泰雄『武士の成立』（日本歴史叢書）』（吉川弘文館、一九九四年）
元木泰雄「和泉守藤原邦綱考」（『泉佐野市史研究』第三号、一九九七年）
元木泰雄「平安末期の村上源氏」（前掲『中世前期政治史研究』初出一九九七年）
元木泰雄「五位中将考」（前掲『中世前期政治史研究』初出一九九七年）
元木泰雄「『今昔物語集』における武士」（安田章編『鈴鹿本今昔物語集―影印と考証―』下巻、京都大学学術出版会、一九九七年）
元木泰雄『藤原忠実（人物叢書）』（吉川弘文館、二〇〇〇年）
元木泰雄「源義朝論」（『古代文化』第五四巻第六号、二〇〇二年）
元木泰雄『保元・平治の乱―平清盛 勝利への道―』（角川ソフィア文庫、二〇一二年。初刊二〇〇四年）
元木泰雄「頼義と頼清―河内源氏の分岐点―」（『立命館文学』第六二四号、二〇一二年）

元木泰雄「院政期信濃守と武士」（前掲『中世前期政治史研究』初出二〇一三年）
桃裕行『桃裕行著作集 第一巻 上代学制の研究〔修訂版〕』（思文閣出版、一九九四年。初刊一九四七年）
山田雄司『崇徳院怨霊の研究』（思文閣出版、二〇〇一年）
横澤大典「白河・鳥羽院政期における京都の軍事警察制度―院勢力と軍事動員―」（『古代文化』第五四巻第一一号、二〇〇二年）
脇田晴子「荘園領主経済と商工業」（『日本中世商業発達史の研究』御茶の水書房、一九六九年）
＊なお、受領の任免については、菊池紳一・宮崎康充「国司一覧」（児玉幸多ほか監修『日本史総覧』Ⅱ古代二・中世一、新人物往来社、一九八四年）、宮崎康充編『国司補任』第五、続群書類従完成会、一九九一年）によった。

解説　元木泰雄先生の略伝と学問的相貌

坂口　太郎

一

本書の著者元木泰雄先生は、一九五四年十二月七日に、兵庫県西宮市で呱呱の声を挙げられた。大阪教育大学附属高等学校池田校舎に在学されていたころ、歴史学に関心を抱かれたという。やがて先生は、古代史の通説を鋭く批判した上田正昭氏や、中世町衆の自治を切り口に京都の歴史の奥深さを説いた林屋辰三郎氏の著作に惹かれていく。

七四年四月、先生は京都大学文学部に入学され、教養部で学ばれた。とくに、上横手雅敬氏（教養部教授）による『吾妻鏡』の演習に感銘を受けて、専攻を日本中世政治史に定められた。本書において、先生が「奉書の「奉」という字は「うけたまわる」と読む。学部生の時に受けた授業で、これが「たてまつる」ではなく、全く逆の意味と教えられて驚いたことが忘れられない」（九五頁）と述懐されるのは、この折りの初々しい体験であった。

やがて先生は七六年四月に史学科に進学される。七八年三月、史学科を卒業された先生は、翌四月に京都大学大学院文学研究科（国史学専攻）の修士課程に入学された。八〇年三月に同課程を修了され、翌四月に博士後期課程に進学された。この間、先生は卒業論文で武家の棟梁の研究に取り組まれ、修士論文で院政期摂関家の家政機関について考察された。武士と貴族を通した動態的な政治史の把握、これが先生の生涯を貫く研究視角となる。

大学院で所定の年限を在学された先生は、八三年三月に、研究指導認定退学をされる。そして、京都大学研修員（八四年度のみ、日本学術振興会奨励研究員）として研究を継続された。やがて八七年四月、先生は大手前女子大学文学部に専任講師として着任され、九〇年十月に助教授に昇格された。九四年八月、『日本歴史叢書　武士の成立』（吉川弘文館）を上梓され、当時活発であった武士論に貴重な一石を投ぜられている。

翌九五年一月、先生は御家族とともに阪神・淡路大震災で被災され、兵庫県芦屋市の御自宅が倒壊したが、多くの知友の励ましを受けて、何とか災禍を乗り越えられた。大震災の直後、学位請求論文『院政期政治史研究』で、京都大学から博士（文学）の学位を授与されている。九六年二月には、学位請求論文に増訂を加えて、思文閣出版より上梓された。

そして、九七年四月、先生は京都大学総合人間学部助教授に就任された。学界の輿望を担い、その存在感はいよいよ大きいものがあった。こののち先生は、練達の筆致を以て多数の著作を発表されていく。その皮切りが、『人物叢書　藤原忠実』（吉川弘文館、二〇〇〇年）であり、これに続く『平清盛の闘い』（角川書店、二〇〇一年）は秀逸な作品である。以後の単著・論文は枚挙に暇がなく、生彩に富む叙述と論理の明晰は、他の研究者の追随を許さぬものがあった。

二〇〇三年四月、教員組織の統合によって、先生は大学院人間・環境学研究科助教授となられ、翌年三月に教授に昇格される。学内での業務は年々多くなったが、決して学問を疎かにされず、平氏政権論から鎌倉幕府論へと研究の地歩を進められた。大学院生・学部生への指導にも余念なく、先生の門下には中世前期のみならず、中世後期を専攻する者も集った。また、先生が立命館大学・関西学院大学・龍谷大学に出講されたのも、重要な教育活動である。

先生は、多くの実力ある研究者と密接に交遊された。とりわけ、中世武士研究の第一人者である野口実氏、院政研究の牽引者である美川圭氏、有職故実と武具研究の本流を継ぐ近藤好和氏、生粋の京都研究者である山田邦和氏とは、互いに学問的示唆を与え合うことが多かった。そして、企画者としても抜群の才覚を有された先生は、これらの諸氏を率いて、重要なシリーズを数多く編まれている。とりわけ、『日本の時代史七　院政の展開と内乱』（吉川弘文館、二〇〇二年）や、『京都の中世史』全七巻（吉川弘文館、二〇二一～二二年）は、中世史研究に大きなインパクトを与えるものであった。

二〇年三月、先生は定年退職を遂げられ、京都大学名誉教授となられた。受講生や由縁の若手研究者二十名はこれを記念すべく、論文集『日本中世の政治と制度』（吉川弘文館）に寄稿して、先生に献呈した。コロナ禍のため最終講義は中止を余儀なくされたが、この論文集が先生への枯れない花束となったのは、せめてもの慰めといえよう。

京大退職後の先生は、研究の集大成を期して、著述の執筆・編成にいそしまれた。ところがこれより先、一〇年一月に発症された間質性肺炎（特発性肺線維症）によって、先生の肉体は病魔に蝕まれ、意識朦朧となられることが多くなる。不幸にも、先生の御母堂も同病を患われており、孝心あつい先生は御令妹とともに、御母堂を見送るために心を砕かれた。それが先生の病状を悪化させ、紆余曲折の闘病の末、ついに二四年四月九日朝、京都府城陽市の南京都病院において、六十九歳を一期として逝去された。

死に先立ち、先生は門下の佐伯智広氏・長村祥知氏、そして筆者に対して、自らの遺著になる著作・論文集、あわせて三冊の公刊を託された。すでに、佐伯氏の尽力によって、論文集『中世前期政治史研究』が昨年九月に吉川弘文館より上梓されている。本書はそれに続く第二弾ということになる。

二

さて、本書は、桓武平氏の「日記の家」に生まれた平信範（一一一二～八七）の日記『兵範記』を素材としたものである。記主の信範は実直な実務官僚であり、情報収集に長けていた。『兵範記』では、朝廷儀式や摂関家の家政、あるいは院・貴族・武士・寺社勢力の政治的動向が活写される。まさに院政期を知る上での根本史料といっても過言ではない。

もっとも、変体漢文で書かれた『兵範記』を正確に読解することは、なかなか至難の業である。まして、煩雑な儀式の記事は、専門外の人の関心を引きにくく理解しがたい。そこで、先生は、歴史を愛好する一般の方が『兵範記』に興味を抱けるよう、保元の乱に至る政局の記事を軸として、『兵範記』を読み解く書物の執筆を考えられたのであろう。

そもそも、先生は大学院生の時代から『兵範記』に親しまれ、摂関家の家政機関（政所・侍所）の研究に利用されていた。また先生は、一九八〇年五月に発足した立命館大学の兵範記輪読会にも参加され、『兵範記』をより深く読み込まれていた。この会の代表は、先生の親しい先輩である杉橋隆夫氏であり、先生はその招請を受けて参加されたのであった。

兵範記輪読会では、『増補史料大成　兵範記』の翻刻を、記主信範の自筆浄書本（原本）と校合しつつ読み進め、あわせて人名カードを採った。先生は他の参加者とともに『兵範記』の講読を進めながら、カードを採る作業も行なわれている。八〇年代から九〇年代の輪読会には、杉橋門下の西村隆氏、先生の後輩にあたる美川圭氏・上島享氏・川端新氏、さらに先生の盟友であった野口実氏も参加し、京都の中世前期の研究者が集う場でもあった。

やがて、一九八七年三月、輪読会による『増補史料大成　兵範記』第一巻分の『人名索引』が、『立命館文学』の別巻として公刊された。次頁に図版として示すのは、筆者が所持する橋本義彦氏の旧蔵本であり、表紙に杉橋氏・先生・美川氏の連名による謹呈サインがある。橋本氏は、院政期研究の第一人者であり、『兵範記』にも造詣は深かった。架蔵本はよく使い込まれた跡があり、先生の尽力された『人名索引』が果たした学問的役割の大きさを物語る。

『兵範記人名索引』の公刊はその後も続くが、輪読会は二〇〇六年八月十日に『兵範記』を読了し、カードの採録を終了している（翌年、『人名索引』の統合版が思文閣出版より公刊された）。このとき、発会以来のメンバーは、代表の杉橋氏を除くと、先生と西村隆氏の二人だけであった。先生の義理堅い性格と『兵範記』への強い関心を物語るものである。

先生は、京都大学退職後の二〇二〇年度と二一年度に、関西学院大学大学院文学研究科で講

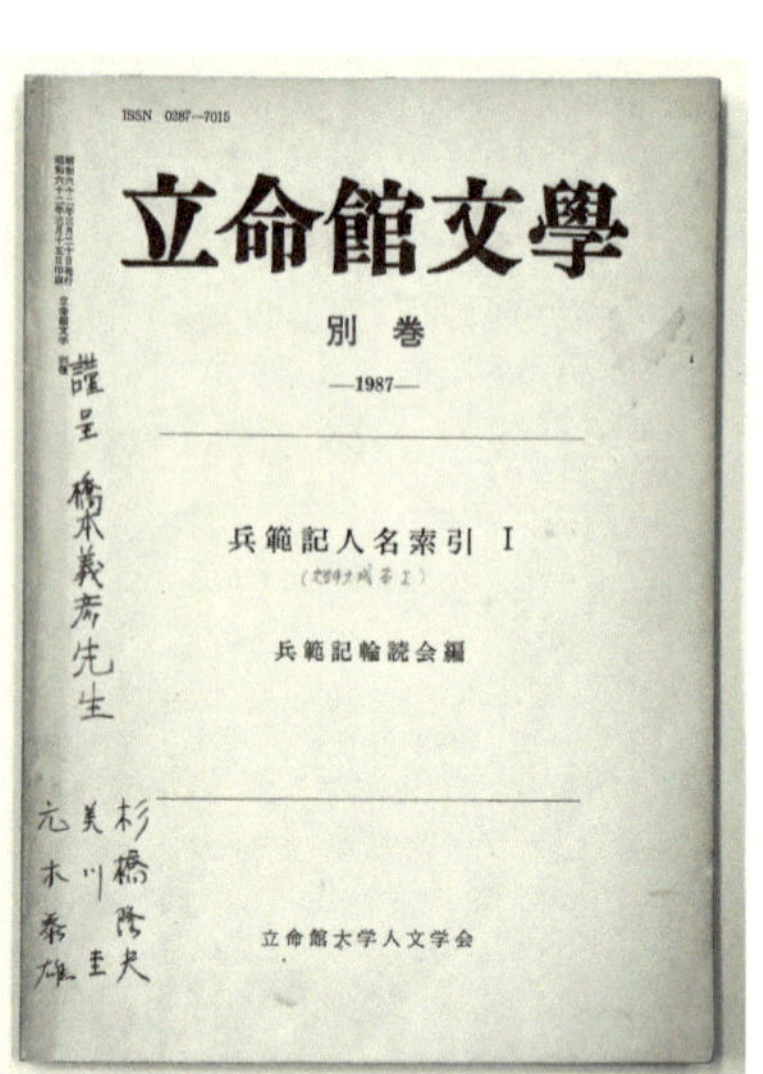

兵範記輪読会編『立命館文学別巻
兵範記人名索引Ⅰ』（1987年、坂口太郎蔵）

義を担当された。オンライン講義であったが、『兵範記』の長承元年（一一三二）記、久安五年（一一四九）記、仁平二年（一一五二）記から保元三年（一一五八）記を読まれている。先生は、つねづね御著書の執筆に先立って、その内容を講義されたが、この両年の講義が本書執筆の基盤となった。本書の構想は、その数年前であろうか。

次に一考を要するのは、本書のスタイルである。すなわち、これまでの先生の著作や論文では、史料引用はほとんど絶無に近く、先生は幾多の史実を自家薬籠中のものとし、もっぱら御自身の叙述で済ませられる傾向が強かった。しかし、本書は『兵範記』に限らず史料引用が格段に多い。筆者は本書の初校を初めて目にしたとき、いささか怪訝に思ったことであった。これまでの先生の著作を知る読者でも、あるいは引用の多さに戸惑われる方もいるかもしれない。そこで、先生があえてスタイルを変えられた意図を考えてみたい。

そもそも、『兵範記』の伝存記事は、仁平二年（一一五二）正月から保元三年（一一五八）十二月までの七年間と、仁安元年（一一六六）九月から嘉応二年（一一七〇）六月までのおよそ四年間、これら二つの時期にほぼ集中する。後者は平家一門の隆盛期にあたるが、すでに先生には、『平清盛の闘い』（前掲）や『平清盛と後白河院』（角川学芸出版、二〇一二年）などの著作がある。本書でこれらとの重複を避けられるのは、自然であろう。

一方、前者の時期は、先生にとって研究の原点というべき、摂関家の家政機関などの記事が多い。おそらく、本書を構想する際、先生の胸裏には研究を志した初心への回帰の念が起こったのではないか。とくに、先生最初の論文「平安後期の侍所について」（『史林』第六四巻第四号、一九八一年）は、後年の論文と異なり、史料引用が多く、若書きゆえにむしろ丁寧である。おそらく、先生はこの原点に立ち戻り、『兵範記』を詳しく読み解くことで史実の魅力をすくい上げ、歴史の息吹を読者と共有することを考えられたような気がする。

こうしてみれば、史料引用が多い、やや生真面目な本書のスタイルは、先生の自己反省ともいえよう。史料の原文を読み解くことは、相応の時間を要する。逆に、引用史料が少なければ執筆が進むが、速さは結構ずくめではない。それは歴史家から熟慮を奪い、史眼を曇らせる場合もある。よって、先生は、本書に確かな学問的生命を与えるため、あえて初心に立ち戻り、丹念な史料引用と解釈を行なわれたと考えられる。これは死を予感した歴史家の良心と言ってよい。筆者は、先生の心事を、このように理解するものである。

三

筆者が先生より本書刊行の相談にあずかったのは、二〇二三年六月八日のことである。これより先、間質性肺炎が悪化された先生は、前年十二月一日に京大病院に緊急入院され、最新治療を受けておられた。これを知った筆者は、病床の先生にお見舞いの電子メールを差し上げたのであった。幸い、この折りの治療は奏功し、年を越えた二月五日に先生は退院された。そして、先生は、自宅療養のなかで、何とか本書を脱稿されている。

まもなく先生の肺炎が再び悪化し、入退院や転院を余儀なくされることを考えれば、この執筆は、先生にとって、文字通り身を削る作業であったと推察される。日増しに衰弱する肉体に鞭打ち、本書を完成させられた強靭な意志は、学問への執念の深さを物語るものであり、驚歎するほかない。まさに本書は、先生が心血を注がれた最後の著作である。

さて、再び京大病院に入院された先生が筆者に託された作業は、本書における『兵範記』を始めとする漢文体の引用史料（読み下し文）や、先生による記述内容の誤りをチェックするというものであった。かつて筆者は学窓にあったころ、先生の著作について、その下読みや校正をお手伝いしたことがあった。その経験から、今回も三ヵ月程度であれば、仕事や自分の学事の合間に済ませられようと見込み、承諾を申し上げたのであった。

ところが、自宅に届いた初校は、筆者の予想を超えて大部なものであった。『兵範記』の引用は多く、翻刻・影印との照合、さらに読み下し文のチェックだけでも相当な時間を要することが察せられた。しかし、季布の一諾は重い。重病の先生を失望させるわけにはいかないのである。

やがて作業を始めると、後述する読み下し文の問題以外にも、思い違いによる史実の誤記、史料解釈の不備、史料典拠の脱漏といった問題が散見された。これは、先生が御体調の悪い中で無理を押して執筆されたためであるが、当然適切な訂正が必要となる。そこで、筆者は全体にわたって典拠史料を確認し、先生による記述の妥当性を検証して適宜修正を加え、史料典拠も注記していったのである。また、初校には図版や参考文献一覧がなく、本文中にも先行研究がそれほど記載されていなかった。そのため、筆者は、記述の前提となった先学の論著を究明して本文に注記し、参考文献一覧を逐次作り上げていく方針を立てて作業した。

かくして、刊行への道のりはいっそう険しくなり、筆者は自らの学事をほとんど擲（なげう）って取り組んだが、それでも作業は進まず、いつしか日を過ごした。二〇二三年の末、先生は介護付き施設への入居を検討され、そこで筆者と打ち合わせをされる御意向であったが、御病状が悪化したため、南京都病院への転院を余儀なくされた。筆者としても、検討を要する箇所について御判断を仰ぎたかったが、とうてい面会は叶わず、深刻な状況の先生に長文の書面で質問をすることも憚られた。そして、ついに先生の訃報に接したのであった。

やがて先生の御通夜に参じた筆者は、一周忌までに本書を刊行するために、自らの学問的経験と判断にもとづいて、懸案の問題を一つひとつ解決する決意を固めた。

とくに、『兵範記』の引用文については、再び文法の活用の誤りや送り仮名の不統一をチェックし、原本の影印との照合を徹底した。そして、先生の訓読を厳密に検討したのである。

　およそ平安古記録には、通行の国語辞典に収載されていない語彙が少なくない。まして、本書は「『兵範記』を読む」と題する以上、引用文の隅々まで正確・厳密な訓読を行なうことが生命線となる。そこで、先生の訓読を検討したところ、必ずしも平安時代の古訓・熟語を用いられないために、読解が不十分になっている箇所が多数見いだされた。よって、観智院本『類聚名義抄』、三巻本・黒川本『色葉字類抄』などの古辞書に所見する古訓、さらに日本語学の研究成果も参照して、訓読と解釈に補訂を加え、引用文に振り仮名を付けた。

　また、先生は、例えば「可レ令二領知一之由」（『兵範記』仁平三年［一一五三］六月六日条）を、「領知せしむべきの由」のように訓読されていた。しかし、日本語学の知見によれば、平安・鎌倉時代において、活用語の連体形と体言の間にある格助詞「之（の）」は、「かくのごときの」の例外を除いて読まれなかったという(1)。このことは、漢文と読み下し文の二種類がある「石清水八幡宮権別当田中宗清願文案」（石清水八幡宮・天理図書館蔵）や「鎮西探題裁許状案」（『青方文書』）などを見ると、ただちに了解される。よって本書では、「かくのごときの」の場合を除いて、すべて「の」を除いた。

　以上の点、本書の価値を高めるために、あえて改訂を辞さなかったのである。もし不備があるとすれば、それはすべて筆者の責任に帰するものである。泉下の先生、あるいはこの僭越を咎められるかもしれず、お叱りは甘んじて受ける覚悟であるが、しかるべき学問的根拠にもとづく処置であることを明記し、謹んで先生の尊霊、そして読者の清鑑を請いたい。

四

先生は本書に「あとがき」を残されなかった。そこで、先生の回想文である「日本史修行四半世紀」と「附高から始まった歴史学への道」を付載し、故人の余香とした。

とくに、「日本史修行四半世紀」は、短文ながら絶妙な緊張感を備えるものである。筆者は、この一篇こそ、先生の主著『院政期政治史研究』（思文閣出版、一九九六年）の「序論」と表裏をなし、先生の学問的抱負と透徹した見識を示すと考えている。

まず、先生は、年来の持論たる貴族と武士との統合的理解の必要性を説きつつ、自己の研究の軌跡を回顧され、研究の根底に史料との絶えざる「対決」があったと告白される。そして、大局的な政治史研究は客観的でなければならず、歴史の構造的な把握とともに、政治的集団の相互関係と特質を解明することに、政治史の要諦を見て取られるのである。

実は、この認識は、先生が日本中世史研究の泰斗である佐藤進一（さとうしんいち）氏から受けた教訓を踏まえたものであった。二〇〇四年二月に、先生が京都女子大学宗教・文化研究所ゼミナール（野口実氏の主宰されたゼミ）の掲示板に書き込まれた文章（No.1277）に、次の一節がある。

政治史は様々な政治勢力の角逐（かくちく）の結果であり、個人の恣意（しい）で動かされるものではない、各政治勢力の性格と相互関係を正しく把握することが政治史把握に不可欠ということと思います。これは、20年前、大会報告の抜きずりをお送りした際に、佐藤進一先生が激励の言葉とともにお手紙に書かれたものです(2)。

すなわち、先生は、一九八五年度の日本史研究会大会中世史部会で、「院政期政治史の構造と展開」という報告をされた。その内容は、翌年の『日本史研究』第二八三号に掲載されたが、先生は佐藤氏に抜刷を献呈し、激励と右の貴重な教訓を授かったのであった。以後、先生は生涯を通して、政治史研究の基礎に堅実な制度史の分析を置くことを意識され続ける。献呈論文集の題名に、「政治」と「制度」の語を用いられたのもその現われである。

ただし、ここで注意を要するのは、続けて先生が、「とはいえ、人間が偶発的な運命に左右される以上、政治史にも偶然の要素は含まれる」(三八七頁)と付け加えられたことである。これは御自身が阪神・淡路大震災に被災され、からくも生き延びられた深刻な実体験にもとづくものであった。確かに、一人ひとりの人間の運命に注視するならば、そこに社会構造のみに還元できない人智を超えた作用を見て取ることができるし、多様な人間の意思・行動が時代の流れと絡み合って、ときに歴史の行方を左右することもある。先生が『院政期政治史研究』の「序論」において、「単に精細な制度史研究を蓄積することが新たな政治史叙述を可能にするものでもない」(二六頁)と述べられたのは、おそらくこのような認識の上に立つ心構えであろう。

ゆえに、劇評家が俳優の演技に目もくれず舞台を眺めるだけではいけないように、歴史家は一面で「人間通」であることも要請されるのである。その意味で、かつて歴史哲学者の神川正彦(かみかわまさひこ)氏が、「しかし、科学としての歴史が本来的に意味をもつのは、人間が一人一人まさに歴史的に存在しているからなのである。その逆ではけっしてない」(3)と指摘したことは興味深い。

先生が個別の分析に長ずる一方、雄渾な歴史叙述をいくつも執筆され、時代と格闘した史上の人々に限りない関心を注がれたのは、このような問題意識とも通底しよう。そして、ここに先生の文章家としての実力が絶妙に作用したのであった。

さて、こうした方法論についての若干の思索の末に、先生は「必然と偶然の軋轢を如何に評価するかは、依然として政治史の大きな課題である」（三八八頁）と述べられる。筆者は、政治史の研究に取り組むとき、しばしばこの一節を思い出すことがある。そして、老熟期を迎えられた先生が、ヒストリアン――単なる研究者ではなく――として、この根本的課題をどのように認識されていたのか、これを聴き得なかったことを、いまつくづく残念に思う。

それにしても、本書が上梓に至る過程は難航であった。南河内の寓居と高野山の職場を電車で往復する際、一冊分の校正紙、『兵範記』の影印と翻刻数冊をリュックサックに入れ、車窓から紀見峠、さらに紀の川の四季が織りなす風景を眺めながら、ひたすら『兵範記』の訓読・解釈を検討し続けたことは、まことに忘れがたい思い出である。

この間、担当編集者の竹内祐子氏は、筆者の作業を根気強く待たれ、激励された。また、後輩の山本みなみ氏は、三校をお手伝いくださった。ともに心より御礼を申し上げたい。

繰り返すが、本書は元木泰雄先生が心血を注がれた最後の著作、まさに獲麟の書である。先生は死して亡びず。本書がながく読み継がれることを祈念して、この拙い稿を結ぶ。

二〇二五年二月上澣　降雪著しき高野山にて

注

（1）小林芳規「「花を見るの記」の言い方の成立追考」（『小林芳規著作集』第六巻　文體・文法・語彙、汲古書院、二〇二四年。初出一九五九年）参照。

（2）https://rokuhara.sakura.ne.jp/bbs/（二〇二五年二月七日閲覧）。

（3）神川正彦「れきし　歴史」（『学芸百科事典［エポカ］』一八、旺文社、一九七五年）。

（高野山大学文学部准教授）

角川選書 676

『兵範記』を読む　保元の乱の全記録

令和7年3月28日　初版発行

著　者／元木泰雄

発行者／山下直久

発　行／株式会社KADOKAWA
〒102-8177　東京都千代田区富士見2-13-3
電話 0570-002-301（ナビダイヤル）

印刷所／株式会社KADOKAWA

製本所／株式会社KADOKAWA

帯デザイン／Zapp!

●お問い合わせ
https://www.kadokawa.co.jp/（「お問い合わせ」へお進みください）
※内容によっては、お答えできない場合があります。
※サポートは日本国内のみとさせていただきます。
※Japanese text only

定価はカバーに表示してあります。

ISBN 978-4-04-703603-1　C0321

◆◇◇

角川選書

この書物を愛する人たちに

詩人科学者寺田寅彦は、銀座通りに林立する高層建築をたとえて「銀座アルプス」と呼んだ。
戦後日本の経済力は、どの都市にも「銀座アルプス」を造成した。
アルプスのなかに書店を求めて、立ち寄ると、高山植物が美しく花ひらくように、
書物が飾られている。

印刷技術の発達もあって、書物は美しく化粧され、通りすがりの人々の眼をひきつけている。
しかし、流行を追っての刊行物は、どれも類型的で、個性がない。
歴史という時間の厚みのなかで、流動する時代のすがたや、不易な生命をみつめてきた先輩たちの発言がある。
また静かに明日を語ろうとする現代人の科白がある。これらも、
銀座アルプスのお花畑のなかでは、雑草のようにまぎれ、人知れず開花するしかないのだろうか。
マス・セールの呼び声で、多量に売り出される書物群のなかにあって、
選ばれた時代の英知の書は、ささやかな「座」を占めることは不可能なのだろうか。
マス・セールの時勢に逆行する少数な刊行物であっても、この書物は耳を傾ける人々には、
飽くことなく語りつづけてくれるだろう。私はそういう書物をつぎつぎと発刊したい。
真に書物を愛する読者や、書店の人々の手で、こうした書物はどのように成育し、開花することだろうか。
私のひそかな祈りである。「一粒の麦もし死なずば」という言葉のように、
こうした書物を、銀座アルプスのお花畑のなかで、一雑草であらしめたくない。

一九六八年九月一日

角川源義